溢课堂

吴林　孙智明　主编

纸有童画

孙智明——编著

CNS PUBLISHING & MEDIA | 湖南美术出版社
全国百佳图书出版单位

前言

我们身边的每一个孩子都充满着创造的智慧，他们生来求异，不愿去模仿和重复别人的思想。老师在艺术课堂中的宽容、期待、激励，是孩子进行艺术创造至关重要的诱发因素。小鸟要展翅翱翔，需要有自由的天空，孩子们的艺术主张要自由飞翔，也需要思想自由驰骋的沃土，教师在课堂上不应束缚孩子们的思想，要使他们感到“要创作，很简单，趣味横生”。孩子的眼中忽闪着智慧，儿童的感受搅拌着视界，每节课都令人激动不已。每个孩子都是诗人，饱含着深情，在童年的心田上畅写着明天的诗句。艺术教育不能仅仅停留在儿童明天的发展上，更重要的是帮助每个孩子在当下获得童年的快乐和幸福时光。儿童最终能主动地学习，那一定是因为他无比热爱。除了教会儿童学习基础知识，教师应更多地关心和点亮他们的精神世界，让艺术走进生活！每个生命都是珍贵的，一路有艺术陪伴，渐生惊喜。我们的孩子在一天天长大，如果生活中有艺术陪伴，生活充实，有滋有味；如果有艺术引领，浸润心房，人生有趣，画画儿真的会渐渐成为每个孩子发自内心地需要并认可的伙伴。

陪伴的力量是相互的，我们在和孩子一起学习艺术的过程中付出了辛劳，却也收获了令人大开眼界的新奇与快乐；在《纸有童话》中，孩子引领我们发现一个个奇妙的世界，并展现了属于他们这一代人独有的、具有艺术生命力的、认知真实的自己。我们看到，他们在创作中多么富有勇气，也正是这份勇气的累积让我们更加安心地放手让他们肆意挥笔；我们互相关照却也尊重彼此的“边界”，因为那是属于艺术本身的……老师的爱可以给孩子以喜悦，让他们紧张的情绪得以松绑。表现与创作是孩子的自由，未知的一切，孩子们都可以和老师一起探索、实验、发现。关键是老师和孩子彼此要对上眼，“臭”味相投，一起往“美”的世界里走。即使孩子不会创作，也可以跟老师一起欣赏。在路上寻觅风景，可以看见更大的世界与更多的美，而在孩子的世界里，所有这些形式各异的“玩耍”里，最重要的其实不是对完美结果的期待，而是“一同”。在创作时我们和孩子一同观察、一同动手，一同体会。我们倾听他们的认知，感知他们的思路；我们像聊天那样谈感想，无论看到什么、想到什么，都是收获，是那些对美的挖掘，是那些对“真”坚持不变的追求。

世界那么大，“美”不是单一形式，而是散落在不同调色盘里的颜色记忆。无论我们在教学之路上向何处前行，我们都希望能在奔向“生活美学”的途中，多上“审美”这一项。因为，在未来，与熟练的技能相比，更要紧的是有一颗丰盈的心——要知道，一个能在感知中挖掘“美”的人，常常会比其他人拥有更丰富的世界。我们未来的艺术世界，最核心的竞争力，是能发现生活之美！一定是“善于发现生活之美”的，因为，能找到生活之美的人，会感念自己还活着，还有机会享受，更有机会改变。“纸”有童话，让我们首先学会感谢自己，心中有希望！未来有开始！

阿童

目录 CONTENTS

第 I 单元

UNIT 1

形状与表达

第1课　LESSON 1　大石头大花脸

山上的石头们可神气了，它们有的很高，有的很矮，有的很胖，有的很瘦。一个个很精神，每天都兴高采烈的！这天它们嘻嘻哈哈打打闹闹，开心得不得了，一不留神，一个个咕噜咕噜地滚下山去了，这下，各种泥巴、树叶、野草、野花沾了石头们一脸。哈哈，大花脸！石头们你看看我，我看看你，笑翻了一地。

年龄段

7~8岁

工具材料：彩色卡纸、贴纸、剪刀、水彩笔若干

创作过程：

1 自己剪个奇怪的形

2 剪出各种各样的碎纸条

3 将一面涂上胶水后翻过来贴纸条

互动时光：

剪出大的形状代表石头，注意石头形状的多样性；再剪出很多细碎的彩纸点点、彩纸条条等，均匀地散落在桌面上代表山上的花花草草，然后在“石头”上涂上胶水，翻过来去吸贴各种各样的碎纸条。翻动的姿态可模拟石头滚来滚去的样子，师生互动生成有趣的课堂，最后添加大石头大花脸的五官！

图片资料

作品欣赏：

陈芮琪　8 岁

王远　8 岁

仲骏杰　8 岁

袁薏然　8 岁

王左宜　8 岁

施书骅　8 岁

祁思远　8 岁

王子睿　8 岁

黄一轩　8 岁

第2课 LESSON 2 哥俩真的好

首先让孩子通过游戏的方式剪出各种各样的图形，在图形的拼摆过程当中让他们发现摆出来的图形像什么。在形似的基础上，让孩子找出小毛驴的共同特征。通过儿歌唱诵的活动进行互动，将课堂游戏化、概念化、简单化，注重小毛驴哥俩之间的一种特殊关系。孩子摆放图形时，教师要尽量关注、满足他们内心情感的发生、发展，在此基础上去指导他们组织画面，那样就形成了一堂非常有趣的、轻松的美术活动课。

年龄段

8~9岁

工具材料：彩色卡纸、贴纸、剪刀、水彩笔若干

创作过程：

1 剪形状并拼摆动物姿态

2 剪窗花贴纹样

3 摆放出亲热的姿态

王子涵 9岁

互动时光：

❶ 通过对两头可爱的小毛驴的一个特定场景安排，让孩子们找到它们相互之间的亲近、喜欢、融合等与人类相似的情感。

❷ 在表现手法上，让孩子们运用简单的剪、拼、贴，表现小毛驴那可爱的造型、亲近的姿态，让孩子们感觉简单的图形拼摆是如此容易操作。

❸ 在剪窗花的环节中，孩子们可以随意按照自己喜好的方式进行叠折，剪花。随心所欲剪出的花型都可以成为小毛驴身上的花衣服。

作品欣赏：

何加欢　9 岁

季雯静　9 岁

蒋嘉仪　9岁

许洺诚　9岁

邹家豪　9岁

陈宣妤　9岁

孙祎朵　9岁

陈睿　9岁

徐文渊　9岁

李卓然　9岁

徐梦洁　9岁

陈薏朵　9岁

第3课 LESSON 3 小象和它的小伙伴儿

通过简单的纸张形状的剪拼，请小朋友用这些形状进行拼摆小象的游戏，想象小象在干什么，它在跟谁在说话呢。小象身体上的花纹，孩子们可以在剪刻窗花游戏当中以各种各样的形状剪出。可以无拘无束地叠，随心所欲地剪，自由自在地贴，孩子们按照自己想要的方式把小象和小鸟进行自由的组合，一个有趣的画面就非常轻松地呈现在我们的眼前。

年龄段

8~9岁

工具材料：彩色卡纸、贴纸、剪刀、水彩笔若干

创作过程：

1 剪形状并拼摆小象姿态

2 剪窗花，贴小象身体上的纹样

3 摆放出“自嗨”的姿态

庞诗佳 9岁

互动时光：

❶ 可以通过最简单的形状去表现小象的身体、鼻子、象牙、腿这些基本特征。

❷ 用黑色的卡纸把这些基本特征形迅速地剪出来，并在纸上进行贴板。

❸ 选取些自己喜欢的色纸，通过叠折剪刻的方式自由自在地完成窗花作品，再运用合理的拼贴手法完成轻松的剪贴画。

作品欣赏：

杨瑭雨 9 岁

严歆博 9 岁

杨画雨 9 岁

张若杨　9岁

褚奕阳　9岁

许天泽　9岁

马吴双　9岁

顾吴凡　9岁

钱栊渲　9岁

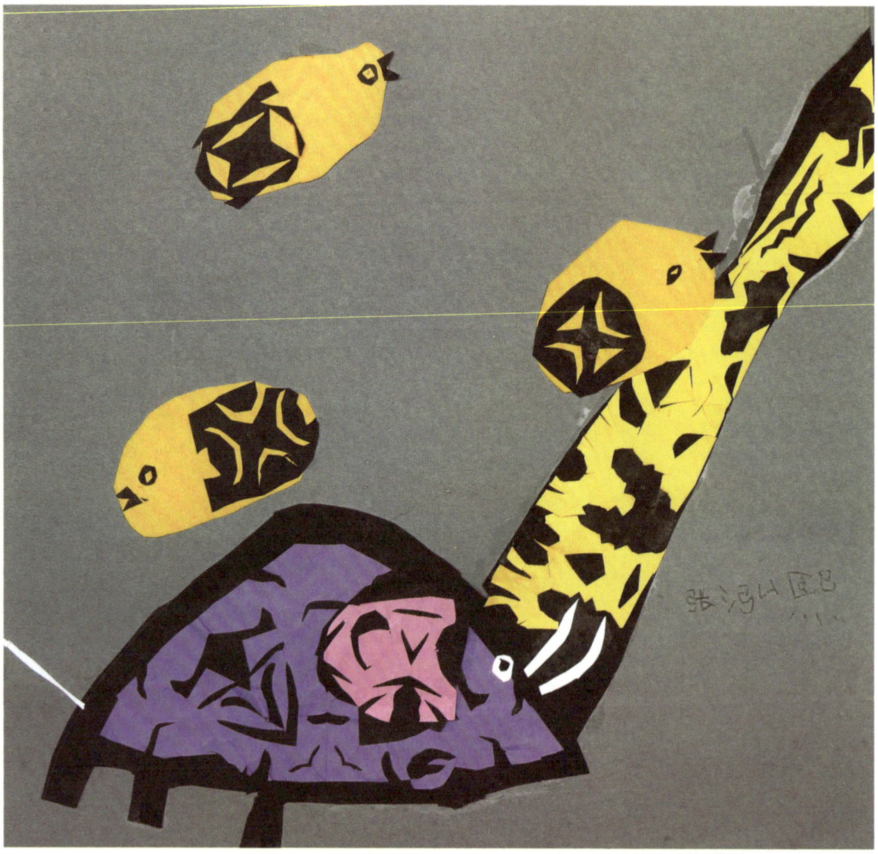

张泓熙　9岁

周斯蘅　9岁

第4课　LESSON 4　有模有样

将一张纸，自由自在地剪出有各种各样角的形状，然后看一看，它是不是一张奇怪的人脸呢？它像不像一个奇特的面具？它像不像一个异类？它像不像一个变化多端的折纸？然后在这个基础上给它添加最神奇的眼睛和鼻子。张开它的大嘴，挥舞它的头发，看看它是不是具有魔力的神呢……每个人可以自由自在地将它的五官进行组合改变。用盘绕、分散等方式将它们的头发进行造型。用各种各样的方式接二连三地去改变，让这个棱角分明的脸散发出独特的情绪！

年龄段

8~9岁

工具材料：卡纸、贴纸、剪刀、水彩笔若干

创作过程：

1 折转剪刻

2 五官添加

3 表情拓展

丁思淇　9岁

互动时光：

① 将一张底板纸进行任意的抠挖，或者是折叠，再剪出各种各样具有轮廓的边。把它放在桌上，从任意角度去发现哪个边可以作为它眼睛的位置、鼻子的位置、嘴的位置。用最简单的线条去丰富脸部五官。

② 用最直接、轻松、简单的方法缓解孩子对造型的紧张感，同时又训练了孩子对非几何形状的大轮廓的定向与把握，最大限度地训练了孩子掌握、概括特殊基本型的创作方法。

作品欣赏：

孙润彤　9岁

左汶艳　9岁

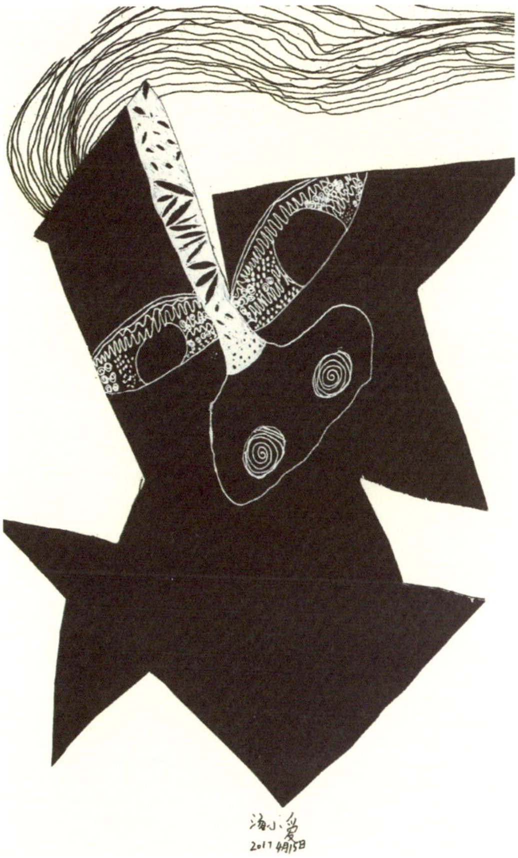

汤小爱　9岁

苏子寓　9岁

李承阳　9岁

杨丰玮　9岁

谢雨珈　9岁

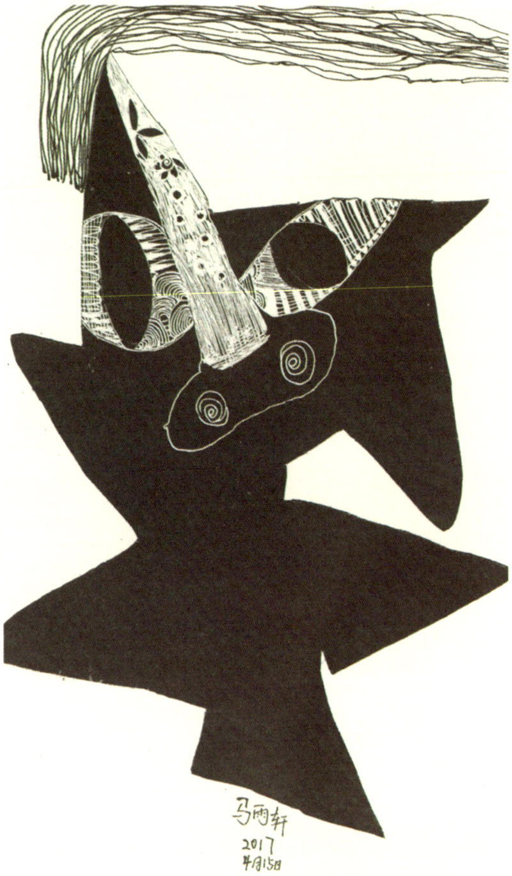

马雨轩　9岁

葛陶铭　9岁

颜易谨　9岁

第2单元

UNIT 2

观察与联想

第 5 课　LESSON 5　打开魔术盒

打开一个魔术盒子，在里面可以藏下自己的理想，种下神奇的希望，记录自己的梦想，实现自己的愿望。把这个过程通过画画的方式记录下来。一个魔术盒里装的，可以是我们童年时听到的一个又一个的童话故事，譬如女娲补天、大禹治水、小猫钓鱼等，也可以是童年里看的那些经典的动画片，譬如《小蝌蚪找妈妈》《大闹天宫》《宝莲灯》等。把这些耳熟能详的经典故事放进你自己的魔术盒吧，带着它，你们可以在将来成长学习的道路上看到整个世界。

年龄段
9~10岁

工具材料：彩色卡纸、贴纸、剪刀、水彩笔若干

创作过程：

1 了解各种魔术盒子

2 自行剪贴喜好的物品

3 注意黑、白、灰关系的使用

李卓然　10 岁

互动时光：

大家喜不喜欢魔术盒呀？今天啊，我要带大家来收藏一个魔术盒。我们可以先用纸做出一个盒子，圆的方的都可以。然后在这个盒子里面放上你最喜欢的东西或者最想要的东西，或者是你希望拥有的东西，包括喜欢看的书、看到的花儿、喜欢听的音乐等一切你希望拥有的。

作品欣赏：

于钦媛　10 岁

何加欢　10 岁

孙祎朵　10 岁

徐文渊　10 岁

蒋佳呈　10 岁

袁颢哲　10 岁

许洛诚　10岁

邹家豪　10岁

陈睿　10岁

陈宣妤　10岁

黄铄淇　10岁

陈薏朵　10岁

陈咨延　10岁

徐梦洁　10岁

第6课 LESSON 6

米罗的新装

大师米罗笔下那些神奇的圈、神奇的线、神奇的形状，对孩子们来说都充满着一种诱惑，大师的笔画出了一种天马行空的想象空间。孩子们，这是一张纸，请你们通过任意的感知去剪和贴，将大师那种天马行空的想象挪移到纸上。在努力剪贴的过程当中，孩子们发现了简单的组合原理和拼摆之美。

年龄段

9~10岁

工具材料：彩色卡纸、贴纸、剪刀、水彩笔若干

创作过程：

1 通过剪纸游戏获得自由的形

2 加入有趣的色彩

3 加入有趣的线画

吴子墨 10岁

互动时光：

① 鼓励每一个孩子在拼摆过程当中像大师一样，将形状进行大小、方向、疏密、粗细的改变，在纸面上制造出奇特的视觉效果。

② 把平时这些并不怎么起眼的符号，通过组合创造出一个完整的形状，孩子们对这个形状表现出无与伦比的感受和喜欢。

③ 米罗笔下的形状，通过孩子们的创造又散发出新的表现力。后期我们会再学一学米罗，让孩子们用一些喜欢的颜色，自由自在地在这些形状边缘上进行任意的发挥。其实每个孩子都是心理大师，可以创造出新的表达力量。

作品欣赏：

帅琳璠　10 岁

朱康然　10 岁

陈甜　10 岁

朱华君　10 岁

袁灏哲　10 岁

赵泽楠　10 岁

朱珍妮　10 岁

华子安　10岁

李承阳　10岁

钱依辰　10岁

陆可妍　9岁

第7课 LESSON 7 神奇的工具车

年龄段
9~10岁

我们在日常生活当中，会看见各种各样的车。你们知道吗，除了我们经常坐的小轿车、公共汽车、货车以外，还有一些非常奇特的车。它们有着各种各样的本领，有的车可以搬起几百斤重的石头；有的车可以将很重的东西随意搬动；有的车可以搭很长很长的梯子，方便人们爬到很高的地方；有的车装有巨大的螃蟹脚，可以抓起各种各样长长短短的东西；有的车像坦克一样，可以将凹凸不平的路给碾平；有的车像一个巨人，可以将我们人手够不着拿不到的东西轻而易举地取到；还有的车拥有特异功能，可以做人类无法做到的一些事情。动动你们的脑筋，想一想这些具有强大功能的车是什么样子的呢？

工具材料：彩色卡纸、贴纸、剪刀、水彩笔若干

创作过程：

1 观察

2 加入有趣的色彩

3 加入有趣的线画

王左宜 9岁

互动时光：

我们的生活当中也正因为有了这些具有十八般武艺的车，很多让我们头疼的事情才得以解决。你认识它们吗？能不能把它们的样子想象出来呢？能不能用你的小手把这一辆辆具有独特功能的车给创作出来呢？用简单的纸随意地剪剪贴贴，此时此刻，你就是一个伟大的工程车设计师，开工吧！

作品欣赏：

施书骅　9岁

袁薏然　9岁

仲骏杰　9岁

许越涵　9岁

陆可妍　9岁

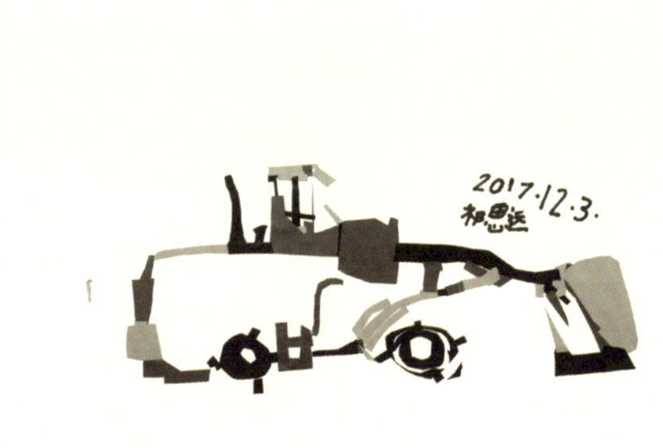

祁思远　9岁

黄一轩　9岁

王子睿　9岁

陈浩轩　9岁

王远　9岁

第8课 LESSON 8

书房里的椅子

书房里有一张特别的椅子。它很顽皮，很搞笑。有一天晚上，当灯熄灭以后椅子身边发生了一件很奇怪的事情，书房里突然出现了很多很多的小玩具，它们在那儿忙活什么呢？让我们仔细看一看。月光下，椅子王国突然变得热闹起来了，来了很多的小人，很多的玩具，它们围着椅子谈笑风生，尽情地唱歌跳舞，聚会游戏。这张椅子很开心地看到，自己的玩具朋友们在它的靠背上、座面下开着各种各样的 party，建造出各种各样的活动空间和游戏场所。玩具朋友们在这里尽情地唱啊跳啊！你们看，它们举行了各种各样丰富多彩的活动，请你们用纸和笔将这欢乐的场景表现出来吧！

年龄段

9~10岁

工具材料：彩色卡纸、贴纸、剪刀、水彩笔若干

创作过程：

1 观察椅子并剪拼造型

2 注意深浅变化

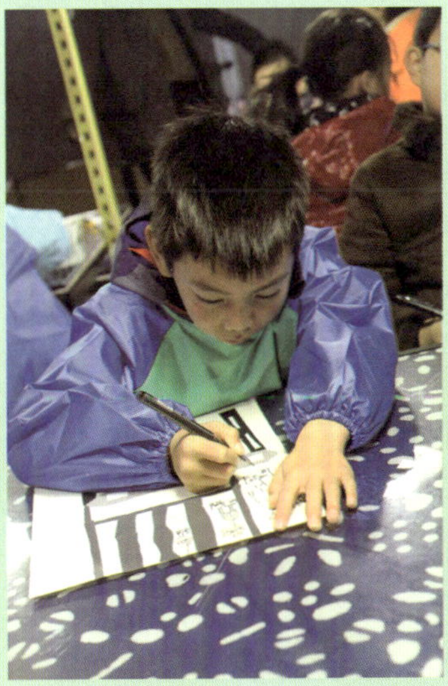

3 添加线条

马吴双 9岁

互动时光：

让孩子通过黑白灰三种即时贴纸进行剪拼贴。鼓励孩子们先观察，再将自己喜欢的椅子通过剪贴的方式创作出来；然后添画线条，用讲故事的方式表达椅子和玩具小伙伴们的一个狂欢之夜。注意所有的故事都应在椅子边上完成。

作品欣赏：

严歆博 9 岁

刘泽宇 9 岁

褚奕阳 9 岁

顾昊凡 9 岁

周斯蘅　9岁

许天泽　9岁

钱梽湜　9岁

张泓熙　9岁

杨瑭雨　9岁

张若杨　9岁

朱彦甯　9岁

第3单元
UNIT 3
生活与艺术

第9课 LESSON 9

生活中的小点滴

年龄段
7~8岁

厨房里有哪些东西令你印象最深刻？如何通过最简单的剪贴方式来对你印象最深的厨房用品进行创作？孩子们要仔细观察一下。厨房里经常可以看到的物品有什么呀？有锅碗瓢盆，有各种佐料盒，有微波炉、茶壶、茶杯，有一些盘子、碟子、刀叉和菜板。你们能记得几个东西的样子呢？把你们记得的样子画出来、剪出来、贴出来。

卫生间里有什么呀？有没有浴缸？有没有淋浴喷头？仔细地回想你们家的卫生间，把你们能想到的东西，通过剪拼贴的方式创作出来。

妈妈每次做家务都很辛苦，你能不能帮妈妈做一些力所能及的事情呢？比如，妈妈每次把衣服洗好了，你能不能帮妈妈去晾衣服呢？今天，我就来看看我们小朋友会不会晾衣服。

工具材料：彩色卡纸、贴纸、剪刀、水彩笔若干

创作过程：

1 想象生活物品

2 找到主体进行剪贴

3 添加辅助物

黄明宇 8岁

互动时光：

黑、白、灰是兄弟三个，他们之间亲密无间，一起玩耍。在剪贴游戏的时候，小朋友们要注意谁在下面，谁在上面；下面的形状要大一点，观察要仔细一点；上面的装饰可以自由一点，简单一点。

作品欣赏：

凌逸帆　8 岁

刘赵一　8 岁

吕欣潞　8 岁

张皓文　7 岁

周熠宸　8 岁

孙浩越　8 岁

汤袁懿　8岁

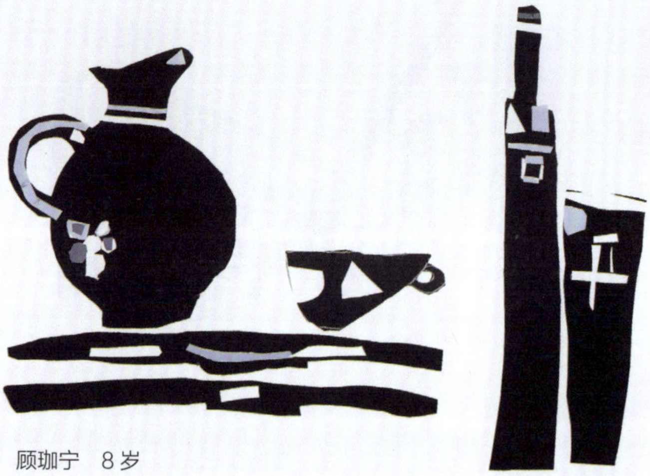

顾珈宁　8岁

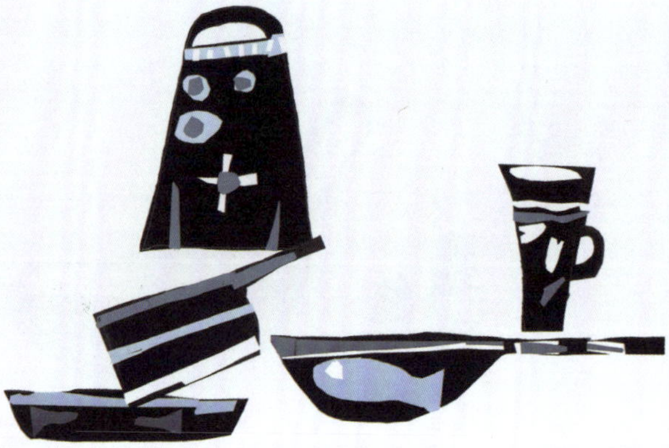

陈佑晞　8岁

李奕非　8岁

郭雅涵　8岁

钱誉博　8岁

钱子凝　8岁

孙诣喆　8岁

李欣源　8岁

鲁书宏　8岁

周欣冉 8岁

戴靖颐 8岁

第 10 课　LESSON 10　我的晚餐我做主

今天我是厨师长，要做一份有特色的西餐。西餐需要各种各样的食材，你们最喜欢什么呢？在五颜六色的贝壳里加上一些海鲜，配上几块胡萝卜；营养丰富的蘑菇，加上一些鱼片，配上一些香料，点缀着一些火龙果；选一块自己喜欢的牛排煎成五分熟，再配上一点沙拉酱和水果，就是份大餐；几片烤肠，配上一点孜然，然后再放上一点香菜，色香味俱全；用各式各样的蔬菜做成一份沙拉，再点缀一些西红柿或圣女果，估计会有很多人喜欢；煎一个荷包蛋，加上几片培根，色香味俱全……记住，别忘了带上刀叉，到时候可以美美地享受。

年龄段

10~11 岁

工具材料：彩色卡纸、贴纸、剪刀、水彩笔若干

创作过程：

1 剪出一个餐盘

2 剪贴各种西餐食物

3 剪贴摆放刀叉

曹涵嫣　10 岁

互动时光：

让孩子们先用简单的黑白灰即时贴做出盘子，然后通过剪贴的方式在盘子上面随心所欲地完成各种各样食物搭配的造型游戏。剪贴创作以后，让孩子们通过线画的方式添加一些简单的桌布，配合精美的餐具，形成一幅生动的画面。

作品欣赏：

俞荞　11岁

吴采禾　10岁

王梓晗　10 岁

朱华君　10 岁

张然　10 岁

王晨萱　10 岁

张娴　10 岁

陈语馨　10 岁

许天杨　11 岁

石昕逸　10 岁

第 11 课　LESSON 11　桌子　椅子

年龄段

9~10岁

一张桌子，可以是方的、长的、圆的、扁的、变形的。

一张椅子，可以是圆的、三角的、带花儿的、有角的，镂空的、靠背的。

做一张自己最喜欢的有趣的桌子，给它设计美丽的花纹；再做一张自己最喜欢的椅子，让桌子和椅子成为最好的朋友。它们在一起干什么呢？有的椅子和桌子在谈心；有的椅子跟桌子在打架；有的桌子跟椅子可好了，像亲兄弟一样；还有的椅子轻轻地靠在桌子边上睡着了，享受着家的温暖。

一张桌子一张椅子，是最简单的生活。但是这最朴素的生活，却充满着一种幸福的味道。

工具材料：彩色卡纸、贴纸、剪刀、水彩笔若干

创作过程：

1 将桌子和椅子图片自由摆放，观察后进行剪贴

2 简单地进行黑白灰纹饰剪刻

3 增加有趣的物体使其具有故事性

张晋鸣　10 岁

互动时光：

尝试做出有脾气的桌子和没脾气的椅子，或者是有脾气的椅子和没脾气的桌子。有脾气的桌子是什么样儿的呢？有脾气的椅子又会是什么样儿的呢？这张桌子没有脾气，显得很温柔；那张椅子也没有脾气，显得很安静。假如在生活中椅子和桌子都没有脾气，那么，它们会过得非常平和、幸福和健康。假如桌子一生气，生气地和椅子打起架来，最终缺胳膊少腿儿的，椅子不能坐，桌子不能用，那就不好了。

作品欣赏：

陈甜　10 岁

吴子墨　10 岁

朱珍妮　10 岁

倪婷　10 岁

王子涵　10 岁

华子安　10 岁

钱依辰　10 岁

周大钧　10 岁

第12课 LESSON 12 影子的传说

看一看水中晃动的倒影。晃动的倒影会因为水边建筑或者风景的改变而产生不同的形态，有建筑的影、有植物的影、有花卉的影，甚至有人物活动的影。这些影在水面上呈现出非常神奇的状态，有水波荡漾出来的影，有光线变化的影，有自由自在的影，有安静的影，也有在湖面上漂浮的、晃动的影，这些影都是自然界当中最奇特的现象。

我们用黑色去捕捉那些看得到的影，用白色去呈现那些在晃动的影。在影的空间，融入你自己的想象，融入你对奇妙大自然的一种感悟，进行一些有趣的创作，看一看自然界中最神奇的倒影，究竟有着怎样的神奇。

年龄段

10~11岁

工具材料：彩色卡纸、贴纸、剪刀、水彩笔若干

创作过程：

1 根据水影的晃动意象剪刻

2 将黑白光影的形状概念性地添加入画

3 用线描绘荡漾的波纹

刘栖宇 10岁

互动时光：

每一个倒影都会因为它的邻状物而产生不同的样子。我们在创作的过程中可以自由自在地将这些影呈现在纸面上。可以剪，可以刻，甚至可以撕拼、添加、捕捉、改变。这些都是大自然生态序列当中最美妙的一种状态，非常的神奇与美妙。

通过对线条与块面的组合，画面上呈现出一种非常当代的艺术感，每一幅作品都可以让我们感受到很神奇的，关于黑与白的影像力量。

作品欣赏：

曾含屿　11 岁

顾羽熙　11 岁

金昱辰　10 岁

张千弈　11 岁

郭雨桐　11岁

单宸梓　11岁

陆子滔　11岁

陈韬炜　11岁

顾伊迪　11岁

顾其然　11岁

倪邢煊　10岁

程理　11岁

第4单元
UNIT 4

绘本与影视

第13课 LESSON 13 阿凡提 最聪明

阿凡提是一个聪明的老头儿，总是骑着他的小驴。在我们的童年生活当中有许多关于阿凡提的值得回忆的故事。他有着聪明的大脑和机灵的双眼，每当他的小眼珠一转，把小胡子一捋，脑海中一定会有一个绝妙的想法冒出来。他嫉恶如仇，爱帮助穷人，憎恨欺负老百姓的恶霸。

他的小驴跟他配合得非常默契，就像他的亲密小伙伴儿。看看你们笔下的阿凡提，他这时候想出了一个什么主意呢？

年龄段

9~10岁

工具材料：彩色卡纸、贴纸、剪刀、水彩笔若干

创作过程：

1 了解经典故事，塑造人物

2 关注人物特征，自由表现

3 注意黑白灰的交替使用

李承阳 9岁

互动时光：

先通过欣赏有关阿凡提的经典动画片和绘本故事，让孩子们对阿凡提这个人物形象有一个最简单的了解。然后让他们观察阿凡提和小驴的特征，让孩子凭借着对人物的一种概念化认识去进行五官特征创作。

在创作过程当中，不要过分地要求孩子去完成阿凡提的一个特定形象。应鼓励孩子们去刻画并赋予阿凡提顽皮孩童的形象，甚至可以将其刻画成与孩子同龄的形象，这样才能让孩子心目中产生对阿凡提的好感，并且愿意去创作。

作品欣赏：

苏子寓　9岁

蒋嘉仪　9岁

谢雨珈　9岁

颜易谨　9岁

季子珺　9岁

张鹤轩　9岁

丁思淇　9岁

左汶艳　9岁

第14课　LESSON 14　马蒂斯遇上老鼠嫁女

年龄段

10~11岁

“老鼠嫁女”是中国家喻户晓的民间故事，大意是这样的：老鼠一家常年住在阴暗的墙洞里，过着担惊受怕的日子，为了摆脱这种生活，年迈的父母准备为女儿选择一个有权有势的女婿。它们首先想到了太阳，因为太阳照亮四方，万物生长都离不开它，所以便前去说亲，太阳听了以后说：“我虽然光照四方，但乌云一来便把我遮住了，我不如乌云，还是去找乌云吧。”乌云说：“尽管我有遮阳的力量，但是风一吹，我就‘云消雾散’。”风笑道：“我可以吹散乌云，但只要墙就可以把我制服。”墙说：“在这世上我最害怕老鼠。”老鼠夫妇面面相觑商量着，我们老鼠怕谁了？对！自古以来怕猫！于是他们找到了花猫，花猫答应了这门乐事，在迎娶的那天，老鼠们用最隆重的仪式送女儿出嫁，意想不到的事情发生了，大花猫一口吃掉了所有的老鼠。

工具材料：彩色卡纸、贴纸、剪刀、水彩笔若干

创作过程：

1 用废旧纸张摆贴出马蒂斯的画

2 剪刻老鼠嫁女的经典镜头

3 组合

徐铭礽　11岁

互动时光：

我们尝试用最轻松的现代方法去创作一幅新版的老鼠嫁女。请你先把任意剪贴的废旧纸贴在纸上，然后再把传统的老鼠嫁女故事嫁接进去看一看，让传统与现代文化相碰撞。马蒂斯遇上中国剪纸会给人一种怎样的感觉呢？

马蒂斯是西方野兽派代表艺术家。请你将他作品中的抽象、大胆以及色彩感等符号和中国传统文化巧妙地组合，让画面产生一种新的视觉感受，这也是实验性探索课程的剪纸技法，非常有意思。

作品欣赏：

侯一祁　11岁

孙锦楠　11 岁

徐晗　11 岁

曾含屿　11 岁

李婧祺　11 岁

刘栖宇　10 岁

俞沁妍　11 岁

茅宇泽　11岁

沈天琪　11岁

陆子滔　11岁

顾其然　11岁

陈韬炜　11岁

顾羽熙　11岁

第15课 LESSON 15 我有一个马伙计

年龄段

10~11岁

你知道马儿长成什么样子吗？你知道马儿是人类的朋友吗？假如有一匹小马是你的伙伴儿，你准备和它玩什么呢？你准备把它打扮成什么样子呢？你想跟它做一些什么样的游戏呢？

来认识一下你的新伙伴儿，这是一匹可爱的小马。今天，希望你带着你的小马去溜达，去散步，你可以牵着它，也可以骑上它。你可以给它喂它喜欢吃的，也可以带它去看我们的城市，甚至可以把它带回到你的家里。

记住，它不仅仅是动物，它还是你的好伙伴。它可以跟你聊天儿，可以带着你到处去遨游，可以是你最真诚的朋友。

工具材料：彩色卡纸、贴纸、剪刀、水彩笔若干

创作过程：

1 观察一匹有趣的马

2 自行剪贴马和人物

3 注意人与马的关系

李宇翔 10岁

互动时光：

给孩子们提供小马的图片，让他们仔细观察。先让孩子喜欢这匹小马，让他们看见小马的模样。让孩子们在观察的基础上，把小马的样子通过最简单的剪贴呈现出来，然后把自己当作小马的好伙伴，在画面中创作出有趣的故事。

作品欣赏：

刘惜辰　10 岁

刘雨凡　10 岁

羌熙　10 岁

陶子晨　10 岁

吴亦涵　10 岁

周子雯　10 岁

卢许诺　10 岁

季忆　10 岁

毛芯蕊　10岁

闫一诺　10岁

卢君航　10岁

金昱辰　10岁

第 16 课　LESSON 16

致敬经典

年龄段

10~11 岁

这些经典的动画片讲述了一个个有趣的故事。它们告诉我们，作为一名中国人，我们一定要有自己的尊严和立场，要将中国人身上的英雄气质和不屈精神发扬光大。

《哪吒闹海》讲的是哪吒出生后，太乙真人贺喜，收他为徒弟并赐以乾坤圈和混天绫两件宝贝。哪吒七岁时，天下大旱，甘露未降，他决定去东海教训下龙王。他用混天绫搅动海水，掀起大浪撼动龙宫。龙王三太子带着虾兵蟹将与他搏斗，结果大败……

《天书奇谈》讲的是天宫的袁公乘玉帝赴瑶池聚会之际，私取天书下凡，将天书文字刻在石壁上，后被三只狐狸偷学，狐狸偷学后危害百姓，最后，学习法术后的蛋生与袁公一起消灭了狐妖……每个孩子可以选取动画片当中最吸引自己的那一段，用剪纸的方式把经典的瞬间和镜头创造出来。

工具材料：彩色卡纸、贴纸、剪刀、水彩笔若干

创作过程：

1 欣赏经典动画

2 关注具体画面

3 自由创作

陈谦　11 岁

互动时光：

在动画片的欣赏中，我们关注故事的发生、经过、高潮、结束。这不仅是一个故事，更是一段传奇！

作品欣赏：《哪吒闹海》

周天陆　11 岁

金轩正　11 岁

徐曹予　11 岁

杨易　11 岁

陆锐　11 岁

王钦文　11 岁

《天书奇谈》

桑飞杨　11 岁

杨睿熙　11 岁

钱可欣　11 岁

《渔 童》

梁博文 11岁

赖澜菁 11岁

鲍章阳 11岁

顾轩铭　11 岁

陈明朗　10 岁

陈梓妍　10 岁

图书在版编目（CIP）数据

溢课堂 / 吴林，孙智明主编. 一长沙：湖南美术出版社，2019.7

ISBN 978-7-5356-8885-9

Ⅰ. ①溢… Ⅱ. ①吴… ②孙… Ⅲ. ①美术课 - 学前教育 - 教学参考资料 Ⅳ. ① G613.6

中国版本图书馆 CIP 数据核字 (2019) 第 183530 号

溢课堂

YI Ketang

纸有童画

出 版 人：**黄　啸**

主　　编：**吴　林　孙智明**

编　　著：**孙智明**

责任编辑：**吴海恩**

装帧设计：**格局视觉 Gervision**

责任校对：**彭　慧**

出版发行：**湖南美术出版社**

（长沙市东二环一段 622 号）

经　　销：**湖南省新华书店**

印　　刷：**长沙新湘诚印刷有限公司**

（长沙市开福区伍家岭街道新码头 9 号）

开　　本：**889mm×1194mm　1/16**

印　　张：**32.25**

版　　次：**2019 年 7 月第 1 版**

印　　次：**2019 年 7 月第 1 次印刷**

书　　号：**ISBN 978-7-5356-8885-9**

定　　价：**196.00 元（共七册）**

邮购联系：0731-84787105　邮编：410016

网　　址：http://www.arts-press.com/

电子邮箱：market@arts-press.com

如有倒装、破损、少页等印装质量问题，请与印刷厂联系调换。联系电话：0731-84363767

溢课堂

吴林 孙智明 主编

稚言稚绘

张云 编著

CNS PUBLISHING & MEDIA | 湖南美术出版社
全国百佳图书出版单位

前言

有老师跟我说，张云老师特赞成我“尊重孩子感受，呵护孩子原初”的教育观，还说张云老师是我的“铁杆粉丝”，但我的心也没“动”，为什么呢？我曾遇见不少说一套，做一套，明一套，暗一套，“下定了决心”就教简笔画的老师，他们见了我也说这样的话，可回去之后该怎么教还是怎么教，几年后再见面还是那样，除了更能“演”了，没什么变化。所以，虽然我听说张云老师跟我是一个“线上”的“一个战壕”的战友，我也没在意，直到张云老师的书摆在我面前时，我才意识到老师们跟我说的话是真的。

近年来社会上出现了不少教孩子画画的书，书里的文字虽然也是说培养孩子的想象力，让孩子自由地去画，老师不要教太多，但给文字配的图画却构图饱满，画面完整，色彩漂亮，“清一色的”整齐，就是一眼望过去很光鲜的那种画，没有多少展现了孩子的气息。当我翻开张云老师的这本书时，我还没来得及看清画的是什么，瞬间就被孩子单纯的造型、有趣的画面透出的浓浓的“孩子气”所感染。

我感觉张云老师在选画时，好像不太在意孩子的画像不像和外观漂亮不漂亮，她注重的是孩子的内心感受，从心底流淌出来的能照射出孩子纯真的东西。在她眼里，有个性、有味道、有自己想法的画才是好画。

书中《会飞的蘑菇城堡》就是这样的，通过一个故事，引发孩子的想象，画出了自己想象中的蘑菇城堡。画蘑菇时想着城堡，画城堡时想着蘑菇，画的蘑菇城堡既不像蘑菇，也不像城堡，该有的特征都没有，但却有“超级”的想象力和创意。这个会飞的蘑菇城堡充满着神奇的幻想和童话般的意境。

在张云老师的书里，我特别喜欢《小刺猬找朋友》里的小刺猬，个个长得像不同用途、不同型号的“大毛刷”，像车刷？鞋刷？牙刷？都像，又都不像，似是而非，且形象幼稚可爱，有趣好玩，这就是孩子的感觉。就是这个“不怎么像刺猬”的刺猬，才在不经意中流露出孩子的纯真，反映了孩子的认知世界。像《小刺猬找朋友》里这么单纯可爱的画当下可不多。这不是技巧高低的事，主要是辅导老师的审美趣味决定了孩子的画的品味。有多高明的老师，就有多高明的学生，每个优秀的学生后面，一定有个优秀的老师。

幼儿美术虽然也是儿童美术，但幼儿美术与一般意义上的儿童美术不一样，它是一枝独放的花。最主要的区别在于幼儿美术没有技巧，只有体验；没有学，只有画；没有规矩，只有规律。幼儿从一出生在他们的精神胚胎里就已经埋下了“想象和绘画”的种子，这颗种子不需要人管，自己就会生根、发芽、抽叶。想象力也不需要培养，不用管就有了，画也不用学，孩子天生就会。像张云老师书中的《奇怪的蛋》，那种画是教出来的吗?

好的儿童画都是引导出来的，不是教出来的。孩子画画一旦脱离了感觉，就是“教”出来的“成长”，这样的教育只有一种结果，那就是认知与知识的分离，最终也形成不了智慧的力量。

像《神奇的种子》就是这样的好课。幼儿画的是“知道”，不是真实的茎。他们画画儿只能在事物的高矮、大小、粗细、曲直里找不同，而不会在前后、遮挡、透视、空间、比例里找变化，因为前者是感觉，后者是理性，不是一个思维路径。这也是孩子的画只要成人“动一笔”就能看出来的原因。

以前，见过几本书中幼儿画的树林，有遮挡、有透视、有前后、有穿插，还有弯弯的小路通向远方。画是立体了，好看了，但这还是孩子的思维吗？还是孩子的认知吗？认知需要“等”，“等”就需要“慢”。所以，幼儿美术一定是

“慢教育”，快了就“跟不上”慢了。

全书我只看了十几课就被孩子的画的纯真所打动，少有成人的痕迹，多有孩子的冲动，像小刺猬、小毛驴的形象非常可爱。说实话，现在微信上打着“专教低幼儿”牌子的老师可不少，大多是一知半解，真懂幼儿教育的不多，能够把握幼儿教育审美和系统化知识的老师不多。尊重孩子的话谁都会说，能像张云老师那样做到的不多。

张云老师走进了孩子的情感世界，潜心研究教学，她在课题设计中要求孩子们“摆脱概念化造型，大胆创作”，不要管像不像，自己高兴就行，并“鼓励幼儿自主设计情境”，不要只顺着老师的指引，自己想怎么画就怎么画，并提示孩子“把注意力放在颜色精灵的特点上，而不是形状上”，“激发孩子创作欲望”。在具体方法上“不要规定从‘哪个部分’开始贴……可以从最喜欢的部分开始”等教育理念，具有现实针对性和实际效用，值得引起低幼儿美术老师的思考。

我对张云老师了解不多，很难仅从一本书和偶尔的见面谈话中知道更多，我只是择一而论，说得少，漏得多。实际上，她的教育思想十分丰厚、全面、透彻、系统。这次能把张云老师研究的成果结集出版，也是儿童美术界的一件大事，想必会产生很大的影响，让更多的儿童美术工作者受益。我们期待着。

李凌

目录 CONTENTS

第1单元

UNIT1

玩色单元

第1课 LESSON 1 奇怪的蛋

工具材料：

各种长脖子鸟图片、水粉笔、水粉颜料、彩色卡纸、棉签、黑白色超轻泥

年龄段

3.5~4.5岁

教学任务：

1. 突出特征，丰富感知。

2. 鼓励幼儿自主设计情境，摆脱造型束缚，大胆创造。

3. 学会用水粉颜料作画，不依赖圈形涂色。

教学引导：

故事与讨论

1. 今天，我们在路边发现了一颗巨大的蛋。是谁的蛋呢？蛋说："我的妈妈长着长长脖子并且有一对大翅膀。"

我们快来查查资料，看看是什么动物有着长长的脖子和一对翅膀。（放各种长脖子鸟图片）啊，原来它们是长着长脖子的鸟。

图片资料

它啄破了蛋壳，露出嘴尖说：“我想从蛋里钻出来，可是力气不够，怎么办呢？”（孩子们积极想办法展开讨论）

2. 老师当时正好带了几块巧克力，就给它吃了，它一用力，“啪”的一声就出来了。哇！一大团黑乎乎的毛团团。

3. 这只可爱的大黑鸟破壳而出后，马上就伸展它长长的脖子，这里看看，那里看看，充满了好奇。它是饿了吗？还是在找妈妈？

图片资料

思考与创作：

1 用水粉笔取黑色和赭石色颜料，一笔一笔地画“巨大的毛团团”和鸟的头，千万不要圈形。（可故意将身体和头画得很近，请小朋友想想办法，怎样才能画出“长长的脖子”？）

2 可以让孩子们尝试连接各种方向和状态的脖子，讲一讲长脖子鸟在干什么。

3 用棉签画鸟的红色嘴巴，用黑白色超轻泥做鸟的眼睛。

教学提示：

在引导孩子们看“长脖子鸟”图片的时候，千万不要重点介绍鸟的名称，而要引导孩子们观察长脖子鸟的姿态，尤其是脖子的变化。

告诉孩子们如何用水粉笔取颜色，争取一次取两种颜色。

让孩子们根据自己的创作需要来画长脖子鸟的各种姿态，不强调造型，只要画出鸟的“长脖子”即可。翅膀、羽毛、眼睛、嘴巴，可让孩子们根据自己的感知和需要自由添加。

老师可以请孩子们在范画上添加很多弯弯的“长脖子”，激发孩子们更加有趣、大胆的表现。

作品展示：

侯昀汐　4 岁

马睿晗　3 岁半

杨济瑄　4 岁

郑嘉程　4 岁半

朱梓嘉　4 岁半

曹镱川　4 岁

第 2 课　LESSON 2

火烈鸟的礼物

年龄段

3.5～4.5 岁

工具材料：

火烈鸟图片、黑色卡纸、水粉颜料、黑白色超轻泥、水粉笔

教学任务：

1. 学会处理多个造型之间的关系。

2. 摆脱概念化造型，大胆创作姿态生动的火烈鸟。

3. 用笔触解决颜色变化，不要平涂颜色。

图片资料

教学引导：

故事（梗概）

1. 小猪佩奇的爸爸要过生日了，邀请了很多小动物来参加他的生日会。小动物们都给猪爸爸准备了生日礼物，如蛋糕、鲜花，等等，火烈鸟家族也收到了邀请，可是，他们觉得这些礼物都太普通了，没有新意。

2. 火烈鸟家族决定为猪爸爸跳一支优美的舞蹈作为生日礼物，因为他们体态优美，颜色亮丽。（出示图片，老师和孩子们一起讨论火烈鸟的姿势和特征）

3. 经过排练，在生日这天，火烈鸟们在美丽的水边为猪爸爸和森林的小动物们表演了精彩的舞蹈，猪爸爸觉得很幸福，大家也非常开心。这美好的一刻，如果能留下来该多好呀，可是没有照相机，所以猪爸爸想请小朋友们帮忙把这个好看的舞蹈画下来，好吗？

图片资料

思考与创作：

1 为什么叫火烈鸟呢？因为它的颜色像火一样。它的身上有没有其他的颜色呢？（尝试一笔取两个颜色来画）能不能一笔画出两个颜色呢？

2 火烈鸟在跳舞的时候是什么样子的呢？你觉得什么姿势最优美？脖子怎样弯？腿呢？头呢？在老师画的火烈鸟上来试一试吧！

3 一只火烈鸟跳舞够不够？其他火烈鸟的姿势会和它一样吗？它们又是怎样跳的呢？纸不够了怎么办？ 它们在什么地方跳舞呢？

教学提示：

要选一些有动态感的火烈鸟图片或者选火烈鸟的局部图片，引导孩子们画出火烈鸟之间相互遮挡的关系，强调火烈鸟舞蹈时相互之间的配合。

可以给孩子们讲解一下“火烈鸟为什么是红色的”小知识，也可以告诉孩子们火烈鸟身上的颜色是“暖暖”的。

环境添加无须讲解，可涂、可洒、可点。

作品展示：

杨济瑄　4 岁

程赞羽　4 半岁

赵一敬　4 岁

卜奕辰　3岁半

韩梓铭　4岁

吴思缇　4岁

田梓汐　4岁半

第3课 LESSON 3

樱桃树大滑梯

工具材料：

滑梯图片、樱桃树局部图片、过滤纸、墨汁、毛笔、水彩笔、记号笔

年龄段

3.5~4.5岁

教学任务：

1. 通过游戏引导孩子们观察、表现树干与树枝的不同方向和粗细变化。

2. 初探水墨带来的不同墨色变化。

3. 摆脱概念化造型，鼓励孩子根据需要表现画面。

图片资料

教学引导：

故事与讨论

1. 小朋友们都去过游乐场吗？玩过什么好玩的呢？有没有玩过滑梯呢？都玩过什么样的滑梯？今天老师要带大家去发现一个非常神奇的滑梯，这个滑梯非常非常大，而且特别特别好玩，你们肯定没见过，我们一起去看看吧！

2.（出示樱桃树局部图片）观察樱桃树局部，这就是我们的樱桃树超级大滑梯。看，我们可以从这个大滑道滑下来，

图片资料

钻进旁边的小滑道里，又从这里滑出来……你觉得你的大滑梯怎样才能吸引人，才能更加有趣呢？里面藏着哪些小秘密、小机关呢？

思考与创作：

1 这么厉害好玩的超级大滑梯，也要用特别厉害好玩的工具来建造（出示毛笔和墨汁），和孩子们一起演示并讲解：这些工具特别强大，大家一定要小心用，一点一点地用，轻轻地画，才能建造更多更好的大滑梯……看谁的滑梯最有趣。

2 大滑梯建成了，迎来了第一批宝宝来玩，看看它们是谁。

哇，这么多胖胖圆圆的樱桃宝宝，它们都在大滑梯的哪里玩？怎么玩的呢？这些樱桃宝宝都是什么样子的？

3 玩累了怎么办？喝点水吧！玩热了，就打开绿色的小阳伞吧！

这么高的大滑梯，樱桃宝宝在上面玩会不会有危险？万一掉下来怎么办？没关系，每个樱桃宝宝都有一根安全绳，只要把安全绳牢牢地系在大滑梯上就行啦！

教学提示：

用滑梯上的很多滑道来引导孩子观察和表现树干、树枝的不同方向和粗细变化，注意语言的生动性。

樱桃在大滑梯上“玩耍”的时候，可以引导幼儿讨论：有的樱桃宝宝很勇敢，喜欢冒险，跑到了滑梯的最顶上；有的樱桃宝宝比较胆小，要邀好几个伴才敢上去。这个过程是解决幼儿画樱桃时的聚散问题。

本节课的目的不是学画树，所以老师无论在示范还是辅导时，都要引导孩子讲出自己的画面情节，鼓励有创意的想法，而不去纠正造型。

樱桃和叶子用水彩笔画，再用“喝水”的方法来将樱桃和叶子的颜色晕开。

作品展示：

张轩铭　4岁

杨昊桦　4岁半

苗瑞璇　3岁半

王希芃　4岁

程若琳　4 岁半

魏凡丝　4 岁半

蒋昊辰　3 岁半

第 4 课　LESSON 4

荷塘游乐园

工具材料：

各种季节的荷塘里不同颜色的荷叶图片，荷叶与小红鱼的图片，水彩笔、毛笔、过滤纸、棉签、水粉颜料

年龄段

3.5～4.5 岁

教学任务：

1. 通过观察，寻找各种不同颜色、不同形状的荷叶并展开讨论和联想。

2. 观察并体会不同水墨颜色相互交融的神奇变化，发现其中的美。

3. 让孩子们感受友谊的美好，从小培养他们关爱他人的良好品质。

教学引导：

故事与讨论

1. 观看图片，改变“绿色荷叶”的观念，和孩子们一起寻找和感叹大自然的五彩斑斓和无限可能。

2. 这些水中的叶子颜色为什么不一样？样子为什么不一样？除了我们看到的，它们还有可能变化成别的颜色和模样吗？又小又瘦的？又矮又胖的？长尾巴的？

图片资料

大家知道吗？有一个特别有意思的水中游乐园，

可以邀请有着漂亮颜色和好听名字的荷叶宝宝来玩。这些收到邀请的荷叶宝宝可高兴了，在游乐园里玩得非常开心。有的手拉手在说悄悄话，商量着去哪儿玩，有的一大群一起做游戏……后来，他们还带来了自己最好的朋友小红鱼，一起玩起了捉迷藏。

思考与创作：

1 哪些荷叶宝宝受到了邀请呢？他们是胖胖的还是高高的，是害羞的还是调皮的？在游乐园里他们都在玩什么呢？是高兴地翻跟头还是跳圆圈舞？（请小朋友上来画一画）

2 在游乐园里，这些荷叶宝宝还会变形呢！不信？看，这里有一瓶神奇的魔法药水，当我们把这种药水涂在荷叶宝宝身上，念出咒语，荷叶宝宝就会变身，变成一片片又大又胖的超级荷叶哟！

3 看，小红鱼也游来啦！（观察荷叶与小红鱼的图片）捉迷藏大家有没有玩过？小红鱼会躲在哪儿呢？

教学提示：

提示孩子用毛笔直接涂画荷叶，用清水晕开，不要勾形涂色，要他们根据自己的创作需要来画各种形态和姿态。

解决孩子画得太满太多的构图问题，可以用“游乐园里人多好还是人少好”这个话题来引导，要注意语言的趣味性。

画小鱼时，不要告诉孩子鱼应该怎么画，只要提示小鱼儿有眼睛、有尾巴就行了。我们只需要提供给孩子们一个有情境的开头，剩下的就让他们自己去完成吧！

作品展示：

刘金哲 4岁

田舒赫　3 岁半

朱芮瑶　3 岁半

薛依宸　4 岁半

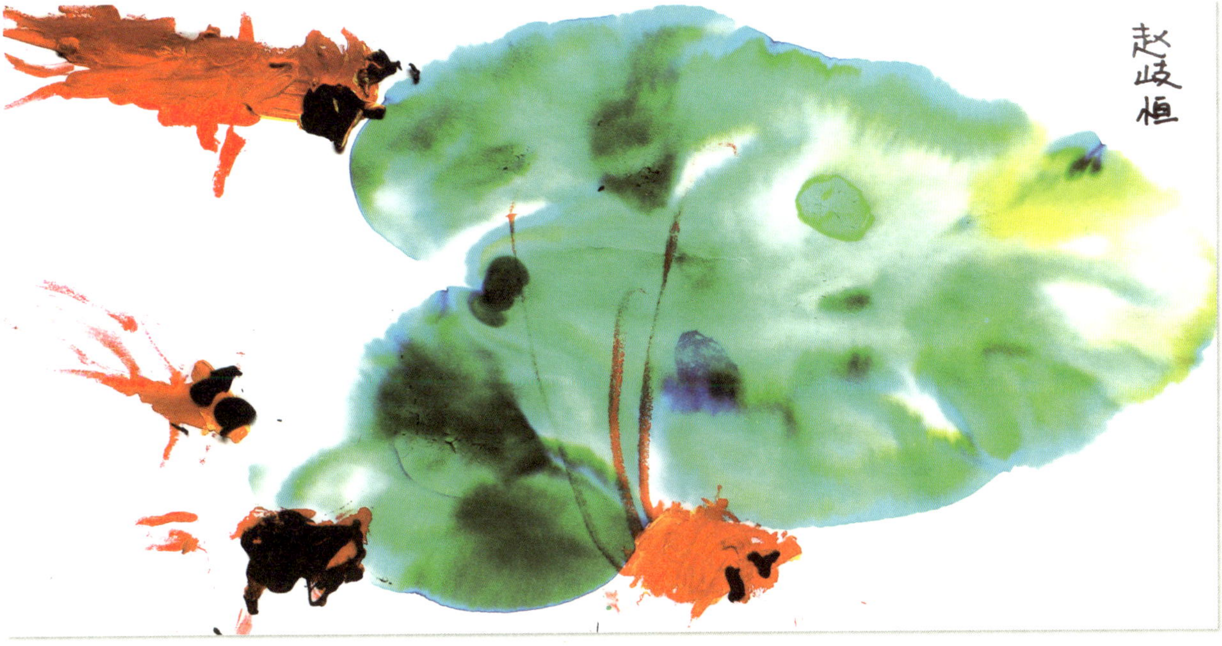

赵岐恒　4 岁

第5课 LESSON 5 颜色大战

工具材料：

水彩笔图片、水彩笔、过滤纸、毛笔、黑白色超轻泥

年龄段

4~5岁

教学任务：

1. 鼓励孩子们赋予每种颜色不同的心情或形状，用水彩笔表现。

2. 根据颜色偶然形成的痕迹来大胆展开创作。

3. 观察、寻找、探索颜色融合产生变形、变色的神奇现象，培养孩子们对色彩语言的认知能力。

4. 感悟团结的力量，培养孩子们乐于相互帮助的优良品质。

教学引导：

故事与讨论

1. 每一种颜色其实都是一个精灵宝宝，他们平时就藏在水彩笔里，供小朋友画画用。他们不工作的时候，就会偷偷跑出来一起玩游戏。每一个颜色精灵跑出来的时候就会显出原形，变成自己本来的样子。

2. 每个颜色精灵原来的形状会是什么样子的呢？他们会是什么性格的呢？（高高的、瘦瘦的、调皮可爱的、内向害羞的、爱欺负人的、爱打滚的、喜欢滑来滑去的……）

他们中谁和谁会是好朋友呢？经常怎样玩呢？玩什么呢？（老师首先讲解，鼓励孩子大胆设想，勇敢发言，创编情节。）

图片资料

3. （出示黑色）颜色精灵们都玩得非常开心，只有黑色精灵孤零零地待在角落。因为没有其他颜色精灵喜欢和他交朋友，他们都觉得黑色太脏了，不漂亮。黑色精灵好伤心。这时，突然空中出现了一只巨大的绿毛怪，想要把颜色精灵吃掉，让自己变得漂亮起来。颜色精灵好害怕，在这个危急时刻，天空下起了一滴一滴的小雨，这可不是一般的雨，这些雨滴落在颜色精灵身上，神奇的事情发生了，一个个弱小的精灵宝宝融合在了一起，变成了一个个巨大的精灵彩团，一直被大家嫌弃的黑色精灵突然跳了出来，告诉大家："不要怕，要团结起来，我能变成武器帮助你们。"于是，黑色精灵变成了彩团上的牙齿、犄角、利爪、尖刺……哇，好厉害，还长出了好多只眼睛……瞬间，所有的颜色精灵变成了超级厉害的小怪兽，绿毛怪见了，吓得嗷嗷叫，再也不敢来了。

思考与创作：

孩子们根据老师的故事，一边作画一边创编，自己的颜色精灵变成了什么样子？黑色精灵为他们增加了什么武器？神奇的小雨滴是怎么下的？是一滴一滴的，还是哗啦啦的？要把武器画在精灵彩团的哪里，弄成什么样子才最厉害？

教学提示：

- 提供的水彩笔不需要太多，常见的五六种颜色即可。（对于低幼年龄阶段的色彩课，尽量不要一次提供给孩子太多的颜色，每节课慢慢增加数量，这样不仅可以避免画面脏，而且对孩子们循序渐进地感受和认知颜色有帮助。）

- 示范时，老师可以根据孩子们的描述随意画痕迹，以此感染孩子们把注意力放在颜色精灵的特点上，而不是形状上。

- 故事内容可以根据需要随时调整，老师可以通过自己的肢体语言和夸张的语气将孩子们带入情境，引起孩子们的关注和兴趣。

作品展示：

焦雨歆　5岁

杨婧宜　4岁半

冯帅锦　5岁

刘子嘉　5岁

周恩孜　5岁

赵洪萱　5岁

张雅淅　5岁

姚禹辰　5岁

第2单元

UNIT 2

拼贴单元

第6课　LESSON 6　百变小怪兽

工具材料：

各种小怪兽的图片、零碎的彩色卡纸边角料、固体胶、黑白色超轻泥

年龄段

3.5～4.5岁

教学任务：

1. 利用不规则形，根据需要主动创造新形象。

2. 激发孩子创作欲望，让他们喜欢不断尝试和探索。

3. 学会用固体胶将硬纸片贴牢。

教学引导：

故事与讨论

1. 老师用很奇怪的声音和动作向孩子们打招呼。孩子们很疑惑，老师今天怎么啦？好像变了一个人，原来，今天老师模仿了一只小怪兽。

2. 为什么要模仿小怪兽呢？原来，老师昨天去了一个特别好玩的玩具村庄，里面有一只很可爱的小怪兽。

图片资料

这只小怪兽经常帮助玩具村庄打跑那些想要偷玩具的坏蛋。小怪兽特别厉害，他能变形，遇到不同的坏蛋，就会变成不同样子的怪兽，所以，他总能打赢。（老师举例子说明怪兽打坏蛋时都会变成什么形状和样貌）

图片资料

3. 隔壁有个坏蛋村，坏蛋村的村长听说小怪兽打败了很多坏蛋，非常非常气愤，就用魔法把小怪兽抓走了，玩具村庄也遭到了破坏。小怪兽用自己身上的一个神奇按钮，召唤来了他的怪兽家族（出示各种小怪兽图片，依次解说名字和功能），他们和村民们一起，打败了坏蛋村长，解救了小怪兽。后来，怪兽家族的怪兽们，赐予了小怪兽更加神奇的百变力量，他可以进行无数次变形和组合，变得更加厉害了！

思考与创作：

我看到小怪兽变得这么勇猛，特别开心，我也好想当那只小怪兽哇，可以保护玩具村庄，还能帮助更多的小朋友呢！（示范：用纸片来随意摆放拼贴，边贴边讲）如果我是小怪兽，我的身体一定是这样的，头这样可不够，上面还得有尖尖的刺。几条胳膊？几个爪子？牙齿呢？尾巴呢？功能最强大的是哪儿？眼睛有没有什么特别之处？对啦，千万别忘了我身上的那个神奇按钮哟，遇到危险时这可是能救命的！哎呀，我好厉害呀！我要改个名字，叫“哇哇神奇小怪兽”！小朋友，你们呢？

教学提示：

孩子们对于怪兽这个题材会非常感兴趣，老师讲述故事时语言与声调要生动夸张，抑扬顿挫，把孩子带入情境（内容可以自创，或者根据孩子们的反应来修改）。在讲述的过程中，要随时强调怪兽的特异功能，暗示和鼓励他们大胆想象。

准备的碎纸片最好是不规则形的，平时上剪贴课留下来的碎纸最好，可以让孩子们根据需要来选择大小、形状和颜色。如果没有满意的形状，可以直接撕开或剪开。

不要规定从“哪个部分”开始贴，鼓励孩子们边贴边变化，既随机又有想法，可以从自己认为最强大的部分开始，也可以从最喜欢的部分开始。

孩子们分别给自己起个好玩的怪兽名字，老师要细致地记录下来。

作品展示：

刘诣恩　4 岁

巩翼瑭　4 岁

杨诗霖　3 岁半

张禹瑶　4 岁半

齐凡溪　4 岁半

田若熙　3岁半

程忻怡　4岁半

路凯博　3岁半

肖靖桐　4岁

杨浩林　4岁半

第7课 LESSON 7 英雄公鸡

工具材料：

各种鸡的图片、斗鸡图片、黑色复印纸、油画棒、彩色卡纸、超轻泥

年龄段

4~5岁

教学任务：

1. 通过观察，突出公鸡的形象特征并表现公鸡的不同姿态。

2. 学习撕细长条，学会用粗细不同的线条来表现羽毛。

3. 培养孩子们正义、善良的优秀品质。

教学引导：

故事（梗概）

1. 在喔喔村，有一只特别威武的大公鸡，他负责守卫家园。由于他曾经赶跑过狐狸、啄瞎过蛇眼，还成功地从大老鼠嘴下救出过一只小鸡，因此他被喔喔村的村民们称为“英雄公鸡”。

2. 虽然被大家称为英雄，但是他并没有得意洋洋，

图片资料

也没有骄傲，仍然一直在坚守岗位。渐渐地，“英雄公鸡”年纪越来越大啦，本领也不如以前了，但是大家都还是非常尊敬他。

3. 有一只喜欢画画的小鸡，特别崇拜“英雄公鸡”，他听了很多“英雄公鸡”的事迹，就把“英雄公鸡”每一个特别厉害、特别威武的样子画了下来，贴在了喔喔村的各个角落，那些打坏主意的动物们再也不敢来欺负喔喔村了。大家觉得这个办法怎么样？我们也来帮帮这只聪明善良的小鸡，给“英雄公鸡”做个像，保护喔喔村吧！

思考与创作：

1 大家观看公鸡、母鸡和小鸡的图片，一起思考和讨论，找特征，找不同。想一想，“英雄公鸡”会是什么样的？它与我们见过的大公鸡有什么不同呢？它在战斗的时候又会是什么样子的呢？

2 接下来我们用撕和拼的方式把这只“英雄公鸡”做出来。你觉得它身体的哪个部位是最厉害的，就从哪个部位开始撕。可以从头部开始，也可以从翅膀甚至尾巴开始。长长的羽毛怎么撕呢？可以像老师一样，用两只手的大拇指和食指挨在一起轻轻地撕。不满意怎么办？可以重新撕一次。尾巴不够大怎么办？可以拼一拼，小块的可以留着作其他用。

图片资料

3 最后给我们的“英雄公鸡”穿上美丽的五彩羽毛衣服，就像盔甲一样，好神气！看看谁的公鸡最“威武神气”。

教学提示：

- 孩子们可以从鸡的任何一个部位撕起，避免造型雷同和呆板。
- 鼓励孩子撕出自己满意的形状，不满意的形状可以先留着，不同大小、粗细的纸都可以派上用场。
- 羽毛可以用油画棒画，老师与孩子们一起讨论怎样画出一根一根羽毛的感觉，颜色不限，通过观察图片可知，任何颜色都可以叠加在一起。
- 用超轻泥添加大公鸡的眼睛、嘴巴、指甲等部位，这些孩子们已有经验，不必过多要求。

作品展示：

高皓轩　5岁

王艺凡　4岁半

王颢宁　4岁半

李茗宴　4岁半

赵一敬　4岁半

赵若希　5岁

鲁一一　5岁

钟梓轩　5岁

第8课 LESSON 8 小老虎找妈妈

工具材料：

老虎等动物图片、彩色卡纸、固体胶、油画棒、超轻泥

年龄段

4~5岁

教学任务：

1. 了解老虎的特征，能撕出大小不同的纸块表现老虎的动态。

2. 学习用局部来表现画面，学会处理两个物体之间的关系。

3. 表达和感悟对妈妈的深厚感情。

教学引导：

故事与讨论

1. 有一只小老虎，名字叫艾米。他一直和小动物们在森林里快乐地生活着，他发现每个好朋友都有自己的妈妈，可自己从来没有见过妈妈，于是萌生了去找妈妈的念头。

图片资料

2. 小老虎的妈妈长什么样子呢？小老虎没有见过，小朋友们知道吗？她和小老虎长得一样吗？小老虎问了很多人，谁都没有见

过他的妈妈，只知道他妈妈长着和他一样美丽的条纹，有胡须，有爪子，还有什么呢？（出示图片，分析特征，一起找一找哪个才可能是小老虎的妈妈。）

3. 经过大家的帮忙，艾米终于找到了自己的妈妈，他好高兴，和妈妈亲了又亲，抱了又抱。如果你是艾米，你刚找到妈妈会怎样做？妈妈又会怎样做呢？

图片资料

思考与创作：

1 用一张纸随便撕一个形状， 从小老虎艾米的头开始撕起。艾米的脸是胖胖的还是瘦瘦的？耳朵大还是小？头是正的还是歪的？身体是横着还是竖着？四条腿是站着还是跳起来的？

2 身上的花纹要用四根手指慢慢地撕，要有长有短，有粗有细。耳朵、鼻子和嘴可以用什么样的小纸块来表示呢？

3 妈妈和艾米有什么不一样？比他大还是一样大？颜色一样吗？妈妈是什么姿势的？贴不下了怎么办？

教学提示：

要鼓励幼儿将老虎的头、躯干、四肢拼向不同的方向，这样动态自然就出来了。

几乎任何形状的纸块都可以作为老虎身上的一部分，幼儿不满意的话可以自己拼接。

鼓励幼儿敢于贴半只老虎或者只贴一个头、一条尾巴，让他们根据自己的需要灵活掌握构图。

五官、胡须、爪子可用油画棒画出、超轻泥捏出或者撕纸撕出，不限制。

作品展示：

魏琳昕　5岁

郭琳熙　5岁

郝正涵　4岁半

侯昀汐　4岁半

司翔曦　5岁

杨济瑄　4岁半

第9课 LESSON 9 家庭温暖日

工具材料：

各种长颈鹿亲昵的照片、彩色复印纸、固体胶、方形素描纸、记号笔

年龄段

4～5岁

教学任务：

1. 通过语言来表达、感受“爱与被爱”。

2. 抓住长颈鹿的特征，用姿态表达情感。

3. 学会撕出细小的形状，表现动物的局部特征和画面的遮挡关系。

教学引导：

故事（梗概）

1. 今天是一个特殊的日子——“家庭温暖日”。小朋友听说过这个日子吗？没有？当然没有啦，因为这是长颈鹿家族的特殊日子。一到这一天，小长颈鹿们都会回忆自己最暖心、最感动的事情，并向家人们讲出来。大家都很喜欢这个日子，因为这个日子会让所有的长颈鹿都觉得自己非常幸福。

2. 出示长颈鹿图片，依次播放，边放边讲：

这只长颈鹿宝贝叫米可，他和爸爸去散步的时候，突然遇到了一只大狮子，米可吓得发抖，在危险关头，爸爸挺身而出，用长长的腿保护米可，勇敢地面对猛兽，发出挑战，吓跑了狮子。米可对爸爸无比崇拜，觉得爸爸是世界上最伟大、最无敌的英雄，所以，在家庭温暖日他讲述了这个时刻，感动了很多长颈鹿。

（换一张图片）这只长颈鹿呢，名叫果果，她在妈妈生病时帮妈妈拿药、倒水，妈妈病好了，特别感动，用脸紧紧地贴着果果的脖子，说：“宝贝，谢谢你！”

图片资料

3. 哇，家庭温暖日好感人啊！小朋友们，如果你也来参加家庭温暖日，你会想起什么呢？你会说些什么呢？

思考与创作：

长颈鹿的身体最特别的部位是哪里？它们可以用什么样的姿势怎样表达爱意呢？将脸部相互贴着，亲着、依靠着……撕下的头部和脖子怎样变动位置和方向呢？纸不够了怎么办？宝宝挡住了妈妈怎么办？用什么方法去撕长颈鹿身上的斑纹和鬃毛呢？

教学提示：

教学时要选择各种亲昵姿势的长颈鹿的图片，让孩子们用眼睛感受，老师还可以和孩子们现场还原各种温暖亲密的姿势。

老师在讲解图片时，要声情并茂地叙述，用情感代入教学。后面的图片可以请孩子们自己来编故事讲一讲。

创作时，老师撕纸要随意大胆，不要小心翼翼、反复修改，也可以请孩子们一起来合作，重点放在“表达爱的姿势”这个点上，而不是造型上。

要教会孩子们用四根手指撕出细小形状的方法。

作品展示：

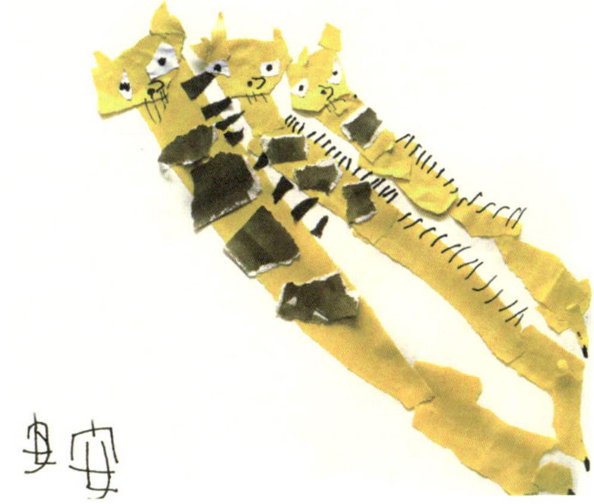

赵睿琦　5岁

李玥凝　5岁

赵一敬　5岁

马宇桐　5岁

王泽淼　5岁

张禾林熙　4岁半

刘君泽　5岁

刘昭阳　4岁半

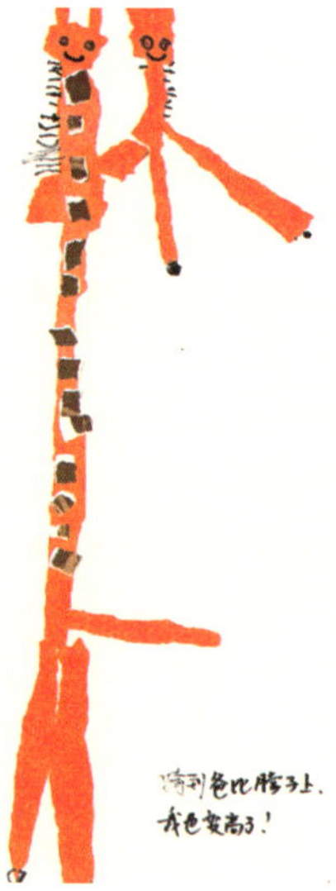

钱依晨　4岁半

第3单元

UNIT 3

主题创作单元

第 10 课　LESSON 10　小刺猬找朋友

工具材料：

小刺猬图片、过滤纸、油画棒、墨汁、棉签、水彩笔

年龄段 4~5 岁

教学任务：

1. 通过观察了解小刺猬的特征。

2. 摆脱概念化造型，能表现姿态生动的小刺猬。

3. 培养孩子们善良、友好的品质。

教学引导：

故事

1.（出示小刺猬图片）小刺猬美美两岁啦，本来她是一只快乐幸福的小刺猬，可是，她越来越不开心了，因为她越来越讨厌自己身上的这一身刺。

图片资料

2. 她曾经采了一大把野花想送给小兔子，可是，她的刺扎疼了小兔子，小兔子哭着跑开了；她曾经吓跑大老鼠解救出一只小鸡，可她抱着小鸡还给鸡妈妈时，身上的刺又扎疼了小鸡，小鸡连声谢谢都没说就生气地走

开了，再比如……哎呀，太多太多了。那么友好善良的美美，到头来一个好朋友都没有！她好伤心好伤心，经常蜷成一团偷偷地哭泣。小朋友们是不是觉得美美好可怜？你们愿意和她成为朋友吗？

图片资料

3. 终于有一天，小刺猬找到了一位好朋友，这个好朋友啊，不怕她的刺，特别喜欢和她在一起，那是谁呢？哈哈，对啦，是另一只小刺猬。这下美美可不寂寞了，每天都和好朋友在一起摘果子，玩游戏，笑容又重新回到了美美的脸上。

思考与创作：

1 我们的美美浑身都是刺吗？她哪些地方是没有刺的呢？没有刺的地方，用什么颜色来画呢？小嘴巴有什么特别的地方？

2 美美和她的好朋友在一起都玩些什么呢？奔跑？蜷着？摘苹果？躲猫猫？……把你能想到的最好玩的姿势画下来吧！

3 千万别忘了那些虽然样子有些可怕，但是非常厉害的尖尖的刺哟！这些刺怎么画比较好呢？是软软的还是硬硬的？是很多还是很少？长在小刺猬身体的哪个部位呢？

教学提示：

不要用“半圆形或水滴形”等形状来引导孩子们画小刺猬的身体，让他们根据自己的理解，画出不同角度的小刺猬。

让孩子们不要养成勾边涂色的习惯，直接一边造型一边上色。

刺可用棉签来画，长短、浓密、曲直由孩子们自由选择，老师只需要提示“小刺猬的刺是能保护自己的，是很厉害的”即可。

作品展示：

司翔曦　5岁

蔡浩森　5岁

刘羿辰　5 岁

侯昀汐　4 岁半

商曦文　5 岁

张禾林熙　4 岁半

张芮嘉　5 岁

李芊予　5 岁

第 11 课　LESSON 11　摘月亮

工具材料：

《皮埃尔摘月亮》绘本、各色卡纸、黑色纸条若干、固体胶、记号笔、水彩笔

年龄段

4~5 岁

教学任务：

1. 通过语言描述，启发孩子对故事情节进行丰富大胆的联想。

2. 根据联想表现丰富的画面。

3. 培养孩子利用团队力量来解决难题的能力。

绘本《皮埃尔摘月亮》

教学引导：

故事与讨论

1. 我们一起来欣赏绘本《皮埃尔摘月亮》的前半部分故事：皮埃尔想要送给妈妈一个特别的礼物，那个礼物要有妈妈的心那么大，要装满温暖和幸福，要明亮得能照亮整个夜空。最后他想把天上的月亮

送给妈妈。

2. 可是，他太小了，根本就够不到月亮。他想了一些办法，比如骑在爸爸脖子上，比如用梯子，但还是够不到。我们可不可以帮帮皮埃尔？大家有什么好的办法吗？皮埃尔说，帮他忙的小朋友，可以分到一小片月亮哟！

思考与创作：

1 月亮在天上是什么样子的？有没有变化？你想在月亮变成什么样子的时候把它摘下来呢？（月牙形时它比较小，容易摘；月亮圆的时候最好，可以把它分给更多帮忙的人；月亮变成心形最好啦，妈妈最喜欢。先从月亮上掰下来一些小块块，让月亮变小了再摘，就容易多了……）

2 摘月亮时我们还可以借助什么工具？（树、梯子、吊车、飞机、滑梯……）老师也来帮助大家，给你们一些长条条魔法棒，可以借助它来实现你们的愿望哟！怎样利用这些魔法棒呢？

3 我们一两个人的力量够不够呢？还要请谁来？大家齐心协力摘月亮的时候，每个人是怎样分工的？

教学提示：

绘本只需讲一半，讲故事不是目的，主要作用是引出主题，让孩子们感受皮埃尔对妈妈的爱并愿意帮忙。至于结局，让孩子自己去创作。（完整的绘本故事也可以请爸爸妈妈下课后给孩子来读一读。）

鼓励孩子利用魔法棒（黑纸条）来搭建、组合成自己能想到的工具，并肯定他们与众不同的想法。

月亮的形状可以由孩子自己来设计，添加环境和人物时要提示孩子突出其特征。

作品展示：

司翔曦　5 岁

侯昀汐　5 岁

潘逸林　5 岁

李玥凝　5 岁

魏琳昕　5岁

董美岩　5岁

蒋韵妍　4岁半

于跃　4岁半

第12课 LESSON 12 修 车

工具材料：

各种汽车图片、修车图片、彩色卡纸、固体胶、记号笔

年龄段 4~5岁

教学任务：

1. 能够表现丰富的汽车造型。

2. 能够以个人生活为依据创设情境，锻炼围绕主题构思画面的能力。

3. 培养孩子遇到困难不慌张，主动想办法解决的积极心态。

教学引导：

故事与讨论

1. 老师做了一个好玩的梦，梦见自己开着一辆神奇的车，载着我们全班小朋友去了一个神奇的地方。

2.（展示各种功能的汽车图片，一起分析不同汽车的作用和汽车各个部位的零件的样子）那么，我们的车会是什么样的呢？小朋友猜一猜。首先，它要装下所有的小朋友，必须要很大，车轮要很结实。其次，它不仅要载小朋友，还得载我们的衣服、零食、水、玩具等，

图片资料

所以车上要有放东西如放行李的地方。最后，这一路上我们要穿过森林、草原等很多很多特别的地方，是不是还需要其他特殊功能的装备呢？除了全班小朋友，你们还想邀上谁呢？

3. 一切准备就绪，准备出发喽！（玩开车游戏）刹车、买票、上坡、下坡喽……突然“咚”的一声，汽车不动啦！怎么回事？

4. 一起展开讨论：坏了？哪儿坏了？检查，求助，相互帮忙，一起想办法修理……

图片资料

思考与创作：

神奇的汽车可不能是普普通通的样子。它有着大大的身体和小小的零件。这块可以做什么？这一块呢？放在哪儿？……看，我的汽车最特别！

汽车哪里出故障了呢？咱们怎么修理呢？请谁来帮忙？拿什么工具？用什么办法？（一边创作一边讲）

教学提示：

老师要带着孩子们一起找出汽车的特征，例如都有轮子，但是轮子有什么不同？驾驶室和车厢可以拼成多种形状。还可以鼓励孩子在画面上表现汽车的车牌照、方向盘、车灯等细节。

所有场景的内容都要围绕着“修”来展开。

这个年龄阶段的孩子还不能很形象地画出人物，老师切记不要示范，只需要提问和讨论就可以了。例如：修车的师傅是男是女？是大人还是小朋友？他用什么方法修？他和谁配合着一起修？用语言去提示孩子丰富自己画面上的人物，要求不要太多太高。

撕的时候，不一定要一步到位，可以先大块撕，然后再用小块贴上去创造汽车形象。

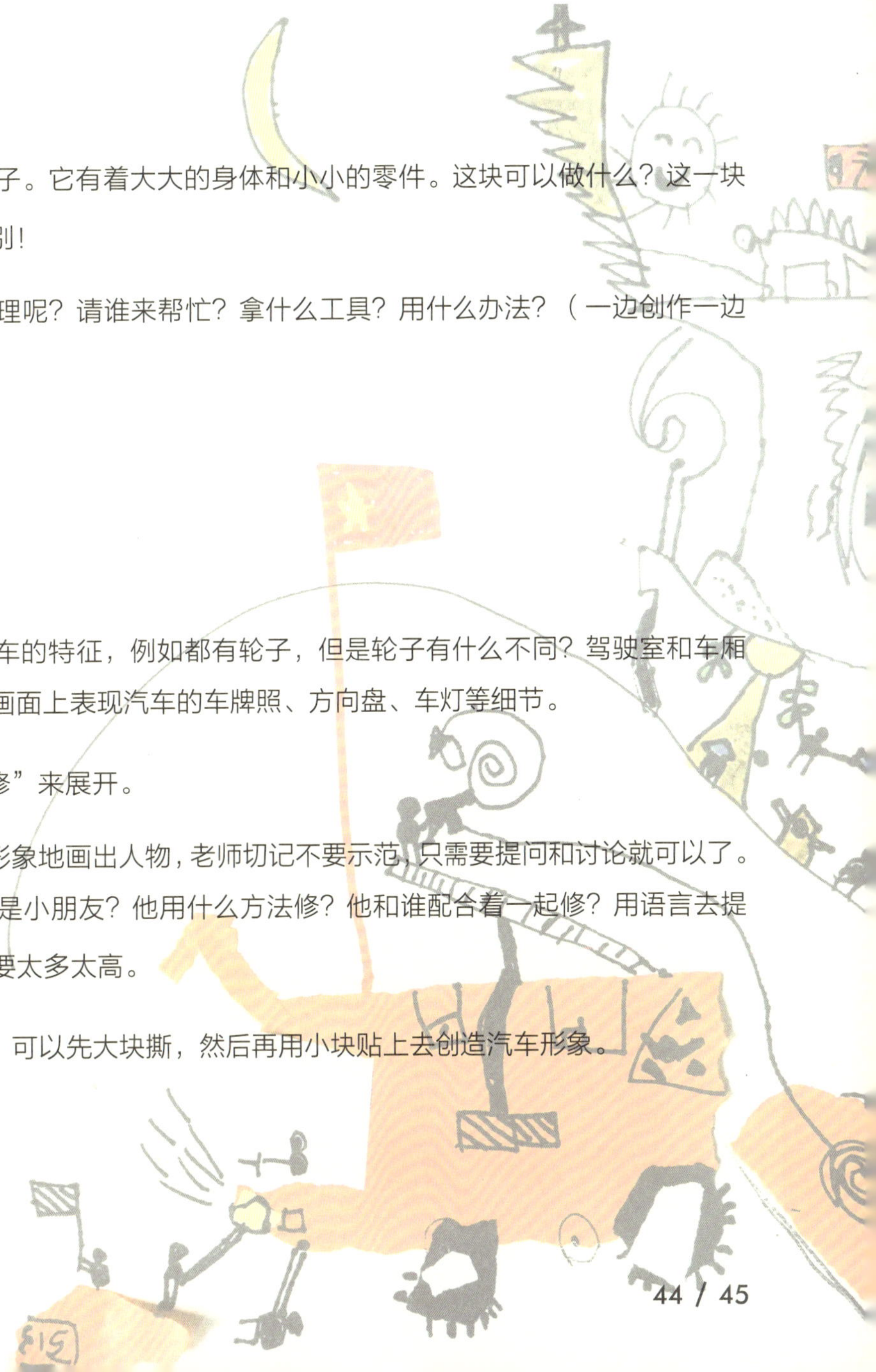

作品展示：

侯昀汐　5岁

鲁一一　5岁半

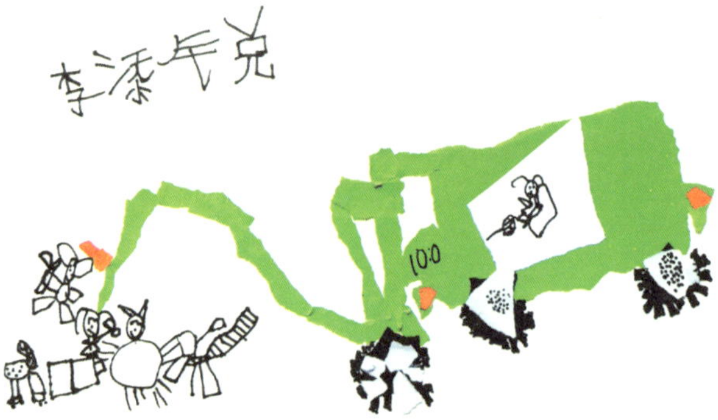

李添锐　5岁

赵岐恒　5岁

王宸宇　5岁半

赵一敬　5岁

李玥凝　5岁半

阮冠华　5岁半

赵文曦　5岁半

第 13 课　LESSON 13　阿凡提和驴

年龄段 4~5 岁

工具材料：

《阿凡提》动画片片段、毛驴图片、白卡纸、水粉颜料、水粉笔、油画棒

教学任务：

1. 了解并能抓住毛驴的特征。

2. 利用生动的人物、动物造型和构图上的遮挡关系表现阿凡提和驴之间的深厚感情。

3. 突破概念化造型，大胆表现动态。

教学引导：

故事与讨论

1. 一起讨论小毛驴的样子。播放阿凡提的毛驴图片，告诉孩子们这是一头神驴，它非常特别，也很聪明。这头驴到底特别在哪儿呢？（播放剪辑的动画片《阿凡提》）原来，这头驴不仅是阿凡提的好伙伴，还能帮助阿凡提破案呢！它可真厉害呀！它的主人叫阿凡提，阿凡提是一个非常聪明的人，穿白色

图片资料

的衣服，戴着一顶小帽子，下巴处蓄有一绺小胡子。

2. 这头神驴越来越出名，很多人都想得到它。国王听说了阿凡提的驴后，就派人把这头驴抓了起来，关在了笼子里，还找了好几头一模一样的假驴，让阿凡提分辨。国王提出，如果阿凡提能找出自己的驴，就将小神驴还给他。

3. 这可怎么办呀？这些驴长得都差不多，特别不好辨识。请大家根据图片来说一说它们的特征和不同之处。你们觉得最后阿凡提找出自己的神驴了吗？

图片资料

思考与创作：

1 笼子里的驴是这样的（画出驴的头和身体），大家觉得这是神驴吗？（不对不对，耳朵要再长一些，尾巴上面有毛毛，肚皮是不一样的颜色。）这样呢？（好像也不对，这头驴傻傻地站着，一动不动，好像假的一样，肯定不是神驴。）

2 那神驴到底应该是什么样子的呢？它被阿凡提认出来后特别开心，它好久没有见过阿凡提了，特别想念他。它开心的时候是什么样子的？它见到阿凡提时是什么样的情景呢？它和阿凡提是怎样一起欢呼的呢？它会用什么动作来表示呢？

教学提示：

本节课的重点是把握毛驴的姿态，通过分辨“真驴和假驴”，来突出“会动的驴”与众不同的姿势。

老师示范时要边讲边画，突出特征，最好根据孩子们的提示来示范不同的毛驴姿势。

画阿凡提用油画棒，不需要过多讲解和要求，孩子们根据图片和视频通过自己的记忆主观地表现出阿凡提与驴之间的关系即可。

作品展示：

侯岳铭　5 岁

刘嘉弈　4 岁半

李梓涵　5 岁

李玥凝　5 岁半

杨依诺　5 岁半

张禾林熙　5 岁

第4单元

UNIT 4

玩线单元

第14课 LESSON 14 神奇的种子

工具材料：

种子发芽的图片、盒子（挖个孩子拳头大小的小洞）及小松果、海绵块、鹅卵石、果实核等小东西（装盒子里，注意区分形状和材质），以及素描纸、记号笔、水彩笔

年龄段

4.5～5.5岁

教学任务：

1. 用触觉来感知并用画笔来表现。

2. 发现、探索、创造各种不同的线。

3. 能够将自己想象的情节用线来表现。

教学引导：

故事与讨论

1. 老师出示一个神奇的盒子，里面哗啦啦响，不知道是什么，老师的手伸不进去，好着急，小朋友们踊跃地要帮忙。

2. 让小朋友们闭着眼睛去摸一摸，并把自己的感受用笔画下来。（每个小朋友的感受都不一样。）

图片资料

盒子里是什么？它们都是来自神秘星球的小“种子”。

3. 什么是种子？种子会被种在什么地方？这些种子那么奇怪，还有什么不同的功能呢？

种子爸爸长出芽来是什么样子的？它发现其他种子还没有长出芽来，便扭过头去低头看一看……种子妈妈长出芽来时和种子爸爸有什么不同呢？种子宝宝呢？它们长出芽来以后遇到了什么？为了保护自己或者让自己更美丽，它们又长出了什么呢？

图片资料

思考与创作：

孩子们根据自己摸到的种子的感觉，创作发芽的种子。这些种子有什么不一样呢？身上都有什么特殊的地方呢？有让自己变得更美的，有让自己更厉害的，还有让自己有很多功能的……我们可以用什么样的线画出来呢？自己试一试。还可以添加带颜色的美丽的线。

教学提示：

盒子里的“种子”一定要多种多样，有硬的、软的、方的、圆的，有光滑的或者粗糙的。让孩子们摸的时候闭上眼睛轻轻地摸一个，感觉它在手心里的状态，并及时让孩子画在素描纸上。

有的孩子在摸的时候可能会有些害怕，老师可以告诉他们闭上眼睛摸就不会害怕了。无须让孩子看见“种子”的样子。

老师可以和孩子们一起用肢体语言演绎种子生长时不一样的状态，例如扭扭捏捏的，摇摇摆摆的，低头弯腰的，拉手搂抱的，等等，这样可加强孩子们的直观感受，为创作做准备。老师也可以为孩子们提供一些生动的故事情节，并鼓励孩子们将这些用线画出来。

添加颜色的时候，孩子们可以把水彩笔当成记号笔来用，创作各种线形，但不要把水彩笔当成涂色工具。

作品展示：

刘义淼　5岁

赵禹赫　4岁半

童梓尧　5岁

王芊语　5岁半

潘逸林　5岁半

第15课 LESSON 15 会飞的蘑菇城堡

工具材料：

蘑菇图片、城堡图片、黑色卡纸、素描纸、记号笔、水彩笔、白板

年龄段

4.5~5.5岁

教学任务：

1. 认识蘑菇，表现不同造型的蘑菇。

2. 学会表现更加丰富生动的线。

3. 培养孩子们善良、有爱心的优良品质。

教学引导：

故事（梗概）

1. 森林里发大水了，把小动物的家园全冲毁了。小动物们全部无家可归，生命受到了威胁。这可怎么办呢？

2. 有一只非常聪明的小兔子，他对正在哭泣的小动物们说："大家别着急，我这里有几颗神奇的种子，是一个小仙女送给我的。她说把这些神奇的种子种在一片神奇的泥土里，就能长出很多蘑菇城堡，这些城堡可以住进我们所有的小动

图片资料

物，还能根据我们的需要变成各种蘑菇形状。这样，我们就有家啦！而且，当蘑菇城堡长成的时候，这块神奇的泥土还能带着城堡飞起来，躲避洪水，躲避其他灾难，这样，我们就再也不会失去家园啦！”

3. 种子有了，泥土在哪儿呢？这就需要小朋友们来帮帮忙啦！这些泥土看上去特别不起眼，黑黑的，小小的，但是很柔软，可能有各种形状。

图片资料

思考与创作：

1 （随意撕一块黑色的纸）看！这就是那块神奇的泥土，用它种下那些种子，就能长出强大的蘑菇城堡。蘑菇城堡在上面非常牢固，当泥土飞起来的时候，蘑菇城堡会随着泥土荡来荡去，小动物在里面就像坐飞船一样，好玩极了。

2 那么，这些蘑菇城堡长出来是什么样子的呢？它们有哪些特殊的地方呢？它们移动的时候又会变成什么样子？有的蘑菇城堡里有很多机关和魔法，可以保护我们，还有很多密码和按钮，我们可以用什么样的线来表示呢？有的蘑菇城堡特别美，有好看的花纹和颜色。小窗子是什么样子的？房顶上有什么？有没有可以玩的地方？小朋友们，你们希望自己的蘑菇城堡都有些什么呢？

教学提示：

- 故事中“神奇的泥土”的作用是让孩子们创作的蘑菇城堡更加集中，避免太散。
- 因为是会飞的泥土和蘑菇城堡，所以蘑菇的造型可以是各种方向和形状的，可以用软软的线来表示。
- 可以请孩子们在白板上展示自己喜欢的花纹，由老师带领分析和讲解线的排列、大小、长短的对比带来的美感，让孩子们增强对线的感受。

作品展示：

魏琳昕　5岁半

司翔曦　5岁

许雯兮　5 岁

么芮可　4 岁半

高思琪　5 岁

刘诗雯　5 岁

第16课 LESSON 16 神 鸟

工具材料：

鸟的图片、圆形素描纸、记号笔、水彩笔

年龄段

4.5～5.5岁

教学任务：

1. 抓住鸟的特征，大胆创造新的形象。

2. 能够用各种优美的线条表现鸟的羽毛。

3. 锻炼创造和想象能力。

教学引导：

故事（梗概）

1. 鸟妈妈生了六个鸟蛋，其中五个都孵出了可爱的小鸟宝宝，只有最后一个最大的蛋，一直都没有孵出鸟来。鸟妈妈很奇怪，它会孵出一只什么样的鸟呢？小松鼠说："它可能会像我一样，是长着长长尾巴的松鼠鸟吧！"长颈鹿说："它可能会像我一样，是长着长长脖子的长脖子鸟吧！"大象说："说不定它会是一只长鼻子鸟呢！"

2. 晚上，下起了大雨，狂风大作，鸟妈妈不放心那个鸟蛋宝宝，赶紧去鸟窝看，发现只剩一个空蛋壳了！鸟宝宝去哪儿了？失踪了！

3. 由于狂风暴雨，整个城市都变得乱糟糟的，小兔子的家被冲倒了，小熊猫宝宝被刮到了大树上爬不下来，小喜鹊的鸟窝被吹到了楼房顶上，乱成了一团。可是，奇怪的事情发生了，第二天天一亮，小兔子的家恢复了原样，小熊猫宝宝安全地回到了妈妈的怀抱，小喜鹊的窝又回到了树枝上……咦？是谁这么善良，拥有什么魔力，默默地做了这么多好事呢？

4. 后来，大家终于发现，原来是一只特别美丽的神鸟做了这些事情。这只神鸟好美好美啊，翅膀、尾巴、头，都和别的鸟不一样，飞起来的姿势也特别优美，并且拥有神奇的魔力。

图片资料

这只神鸟是哪里来的呢？大家快猜一猜。哈哈，对啦，她就是鸟妈妈那个最大的蛋孵出来的！可怜的鸟妈妈，一直到现在还在找自己的鸟宝宝呢，她都不知道自己的宝宝原来是一只巨大的神鸟。她说，如果有鸟宝宝的照片或者画像，就一定可以找到自己的宝宝！我们班的小画家们能不能帮帮鸟妈妈，让她找到自己的神鸟宝宝呢？

思考与创作：

1 神鸟的神奇之处在哪里？她的头是什么样子的？头上的羽毛有什么功能呢？脖子是短的还是长的？神鸟的身体一定特别不一样，你能上来画一画吗？哇，翅膀非常巨大，好多美丽羽毛，尾巴飘来飘去的，神气极了！

2 她身上的这些漂亮的彩色羽毛会长在哪儿？为什么会长在那儿？拥有魔法排序密码吗？

教学提示：

- 可以从鸟的任何一个部位开始画，鼓励孩子大胆变形和添加。
- 身上羽毛的表现可以根据“神鸟魔力的大小”来引导孩子画出疏密线条和有变化的图案，注意语言引导的趣味性。
- 因为神鸟是会飞的，所以脖子啊翅膀啊尾巴啊都可以弯曲起来，动态的表现要灵活，圆形纸也可以很好地解决这个问题。
- 要求孩子使用的颜色不要超过四种，可以自由选择。

作品展示：

佘金诺　5 岁

刘恩曦　5 岁半

王宇琛　5 岁

潘逸林　5 岁半

钱依晨　4 岁半

商曦文　5 岁半

图书在版编目（CIP）数据

溢课堂 / 吴林，孙智明主编. 一长沙：湖南美术出版社，2019.7
ISBN 978-7-5356-8885-9

Ⅰ. ①溢… Ⅱ. ①吴… ②孙… Ⅲ. ①美术课－学前教育－教学参考资料 Ⅳ. ① G613.6

中国版本图书馆 CIP 数据核字 (2019) 第 183530 号

溢课堂

YI Ketang

稚言稚绘

出 版 人：**黄　啸**
主　　编：**吴　林　孙智明**
编　　著：**张　云**
责任编辑：**吴海恩**
装帧设计：**格局视觉 Gervision**
责任校对：**伍　兰**
出版发行：**湖南美术出版社**
（长沙市东二环一段 622 号）
经　　销：**湖南省新华书店**
印　　刷：**长沙新湘诚印刷有限公司**
（长沙市开福区伍家岭街道新码头 9 号）
开　　本：**889mm ×1194mm　1 /16**
印　　张：**32.25**
版　　次：**2019 年 7 月第 1 版**
印　　次：**2019 年 7 月第 1 次印刷**
书　　号：**ISBN 978-7-5356-8885-9**
定　　价：**196.00 元（共七册）**

邮购联系：0731-84787105　邮编：410016
网　　址：http://www.arts-press.com/
电子邮箱：market@arts-press.com
如有倒装、破损、少页等印装质量问题，请与印刷厂联系调换。联系电话：0731-84363767

溢课堂

吴林 孙智明 主编

非常线

马迎九——编著

湖南美术出版社
全国百佳图书出版单位

前言

很是怀念小时候散漫无忌的日子。

那个时候一切活动只是为了高兴，无论活动还是玩具都是自己设计、创造，绝少大人参与；邻居大叔没事了还会领着他儿子和我在老城墙下的树荫里用黄泥捏出衔着骨头的小狗、小灶台、小炊具、小碗、小盘子，这算是我艺术的启蒙吧。这种没有任何目的、任何压力的“无法无天”，时隔四十春秋依然历历在目，让我感到亲切温暖的同时也让我思考一个问题，是不是这种镌刻在记忆中的无目的的玩耍给了现在的我力量和灵感呢?

2000 年见过的法国儿童画到现在依然令我印象深刻，当时只是感觉那些作品很纯净、很简单，这种感觉触动了我内心某处，又说不出为什么。十七年过去，因为要讲课，我又找出了那些作品照片，再看依然还有这种感触，儿童画就该是那个样子！平时我们见到的很多儿童画太过复杂，有着太多老师、家长、学校、社会的影子，或是以艺术的名义或是以爱的名义或是利益驱使或是无知误导，出发点好像都是好的，但这并不代表你就无辜。

人很难走出童年，这是我成年以后的体会。成年后我们很多行为其实都是童年的折射，儿童如白纸一张，任何影响都会留下难以磨灭的痕迹，这些痕迹又会在未来影响他们的行为，那，是不是应该给孩子创造或者保留一个纯净的空间任由他们驰骋呢？或许这份纯粹会在某一个时刻发挥出无尽的力量，这，就是我设计这些线描课的初衷。

关于在儿童创作中老师的角色到底是什么，大家各有说辞，难分伯仲，个人认为，老师越少干预，孩子们的作品就越纯粹，在该纯粹的年龄就该纯粹。而线描可以说是最单纯、最简单的绘画，在技术上对于每个年龄段的孩子来说几乎没有障碍，那就剩下了一个问题，设计什么样的课才能产生那种横跨十几年的触动？

“假如儿童未经外界的干扰而成长，则他们的创造活动就无需任何特殊的刺激，每一个儿童都会无拘无束地运用创造欲望，而对他表现的方式充满了自信，这种创造的自信可由偏远地区的人来证实，这些人不曾受广告、书籍和‘教育’的束缚，我们在这些人中发现了儿童艺术最美丽、最自然和最清晰的例证。”（罗恩菲德《创造与心智的成长》）孩子本天真无邪，自自然然，充满活力和原始的创造力，但成年人却用他们的傲慢和自以为是的无知在孩子的世界里颐指气使、横冲直撞，最后，当满脑子的各种概念充斥于孩子的大脑时，他们就会习惯于用这些概念去套眼前的一切，却失去了自我感受、自我发现、自我发展、自我更新的能力和动力。写到这里，朋友圈正疯传一篇陈丹青先生谈少儿绘画教育的文章，陈先生是我钦佩的敢说实话又真诚的一个人，在文章中有这样一段话：“……13岁以前的孩子，我主张不要跟他们解释什么是‘美’，什么是‘古代’和‘现代’，……我们的概念教育开始得太早……一位美国的儿童美术教育专家看到中国孩子的绘画作品曾经说过这样的话：‘看欧美国家的儿童画感觉很轻松，觉得画者是在自觉自愿地作画，而看到中国的儿童画感觉很精美、很专业，能看出中国孩子在作画时一定很辛苦、很累！’”他的观念和罗恩菲德的观念不谋而合，虽然个人感觉最后一段文字好像不是陈丹青先生文笔，但也恰恰对应了十七年前我对法国儿童画的感触。

所以，用最简单的线条、更有趣的设计，无隔阂地进入，更深入地代入，无说教灌输，给孩子更大的空间、更大的自由，并期待这个过程能在他们的记忆中留下一抹痕迹，更期望在未来的某一天这痕迹能迸发出无穷的力量，这就是我想做的。

马迎九

目录 CONTENTS

第 I 单元

UNIT 1

线条的初识

线描是常见的绘画形式，因为简单、单纯，所以不会因为技术而影响内容，也不会出现形式大于内容的“喧宾夺主”，但大多数线描课程无非是写生性线描和装饰性线描。写生性线描很常见，课程也比较成熟，对于孩子们观察力和造型能力的培养有很大作用，但容易局限于单纯的景物描摹而又很容易获得赞赏，而成功感会使他们更走向写实。不是说写实不好，但写实只是现在众多艺术选择项里的一项，太早的写实训练无疑会束缚他们的想象力。装饰性线描看起来多变、炫目，却往往会流于“工艺”“装饰”，孩子们很容易陷入惯性描绘，难以有情感注入，有人将之称为壁纸，可谓贴切。

所以从第一节课开始，在课程的设计和课题的构思上我首先考虑的是孩子们的兴趣和如何让孩子们更大程度地参与到课程中去。这是一个试验的过程，一年的时间，前后几十节课，有的课失败于设计，有的课失败于“程度”，有的课失败于兴趣，从这些课中我遴选出 14 节比较成功的课题汇集成这本书。

单元教学设计思路

本单元只有一课内容，但可以拓展出很多课。

本课只是让孩子们发现线条、创造线条，打破线条的概念而不是去接受被冠以各种名称的线条。尽管概念是感性认识上升到理性认识的产物，但没有感性认识的积累，概念的获得无疑会影响孩子们的探索精神。方格的设计只是为了让孩子们继续思考，一个一个未填充完的空格会造成逼迫感。同时，创作过程中对他人的参考、模仿其实也是一种激发。

单元教学总目标

本单元通过线条的发现、创造和排列，打破孩子们对线条的概念化认识，使他们对线条有初步的认识，并体验线条变化的乐趣。

第1课　LESSON 1　线条的初识

线条是最朴素的绘画语言，人类的先民首先掌握的恐怕就是线条了，大量奇妙的原始画作时隔千万年依然闪烁着迷人的光芒；线条也是中国传统书法、绘画中最具有民族魅力的语言，抑扬顿挫、龙飞凤舞，无不活灵活现地表达着作者内心的世界和具有民族特色的文化内涵。线条藏在我们身边和自然界里，其实不用刻意地去认识线条，孩子们自然会发现和创造出各种各样的线条，并应用到自己的创作中去，老师只需“旁敲侧击”地去激发。

年龄段

7~11岁

材料：复印纸、黑色中性笔

教学实录：

老师： 有一句诗是这样写的，“风吹杨柳丝千缕”，诗句表达的是什么意思呢？它描写了微风吹起杨柳的树枝，就像千千万万根线条在一起翩翩起舞的场景。而诗句“雨脚半收檐断线”描写的是雨快停了，屋檐滴下的雨就不是一条条线，而是断断续续的线条了，多么有画面感啊。

图片资料

老师： 说起春天，一般人想起春天的景致，无非是柳树、桃花、小桥、燕子，但有一位叫吴冠中的艺术家却和大家的视角不同，他看春天是柔嫩多变的线条，风是线，流水也是线，大树的枝条也是线……这千万条纠缠在一起又充满韵律感的线条就组合成了我们春天的序曲。

他创作了一幅非常有名的作品叫《春如线》，让我们一起来感受一下吧。

老师： 在我们身边，其实到处都是各种各样的线条，风摆杨柳是线，楼房边角是线，风卷残云是线，波浪翻滚是线，水拍沙滩也是线……你们还见过什么样的线条？说说看。

老师：将你们的画纸用铅笔轻轻地画出一个一个的方块，它就变成了“多宝格”，把那些你见过的、你想到的精彩的线条都收藏进去，看看能变成什么样子吧。

教学总结：

这节课通过把自己创作的线条设计成“多宝格”，使孩子们轻松地认识、发现、创造出各种线条，这样的线是生动鲜活的，而不是僵化的。灌输式的教育还存在，概念的获得相对简单又容易得到“奖赏”，这会使孩子们养成偷懒的习惯，而不愿意自己去思考、发现。总之，给孩子们更大的创作与想象空间，孩子们自然会还给你更大的惊喜。这个课也可以延伸到用各种线条装饰立体物上，比如瓶子、盒子、包之类。

作品展示：

曾子懿　9岁

李梓菡　9岁

唐一鸣　9岁

李天笑　8岁

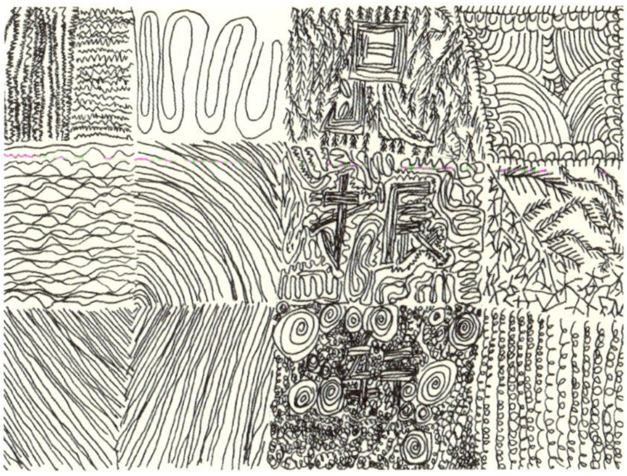

晁振轩　8岁

李志　10岁

江奕蒴　8岁

王刘婧瑶　10岁

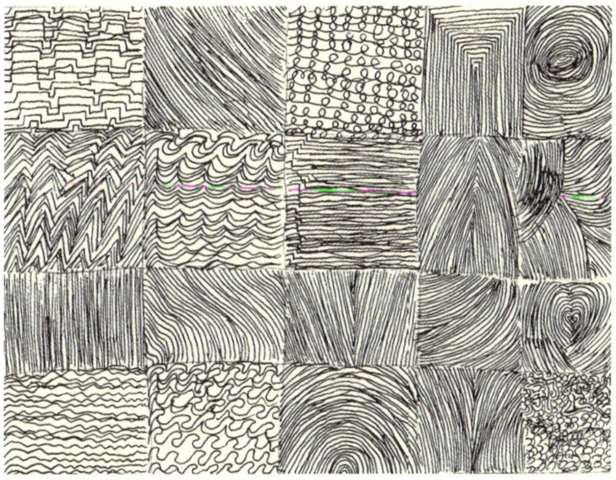

郭芷涵　9岁

张佳琳 10岁

王家瑜 9岁

第2单元
UNIT 2
游戏篇

游戏无疑是孩子们最喜欢的活动，将游戏引入教学设计中会使孩子产生更大的兴趣。现在的孩子见多识广，兴奋和关注的阈值很高，在单元设计上，蒙圈、追逐、撒野、保密等词的使用无非是想抓住孩子们的兴奋点，游戏的过程其实也是创作的过程。我在实施过程中发现，孩子们的年龄跨度比较大，但作品呈现并没有太大差别。这些课程还可以继续阐发，如《线随乐动》一课可以通过聆听不同风格的音乐来创作不同风格的作品，也可进行如《蚂蚁王国》《疯狂立交桥》《疯狂赛车》《让人蒙圈的迷宫》等内容。

单元教学设计思路

本单元以音乐、游戏、情景为切入点，将直线、折线、曲线等概念融入课中，通过表演体验线条的变化。共设计了六课内容：

第 2 课：
《线随乐动》

第 3 课：
《让人蒙圈的拖拉机手》

第 4 课：
《空中战斗》

第 5 课：
《让我在雪地上撒点野》

第 6 课：
《一只蜗牛的长征》

第 7 课：
《山路十八弯》

单元教学总目标

本单元从无意识地使用线条，到有意识地使用线条，通过层层递进的关系，使孩子们内化对线条的认识。

第2课 LESSON 2 线随乐动

年龄段 7~11 岁

绘画和音乐都是我们内心情感、体验、思考的表达，绘画主要用形、色、质和点、线、面、体等造型手段去表现，而音乐主要用节奏、旋律、音色、和声、力度等去表现。音乐中的节奏、旋律，音的长短、高低、强弱、速度等也完全可以用线条长短、粗细、多少、虚实的变化来表现。本节课首先用音乐《战鼓》导入，鼓声由舒缓到密集、由慢到快，震撼人心，感染力极强，孩子们很容易被鼓声吸引，也很容易用有节奏的点去表现鼓声，进入绘画状态后再进行音乐的欣赏与线条的表现，相对来说就会很容易。

材料：复印纸、黑色中性笔

教学实录：

老师：请大家闭上眼睛，让我们一起去聆听一首音乐（《战鼓》），听完后你们有什么感受？很震撼，能感受到力量、节奏、杀气……

老师：你们想到了什么画面？列阵对峙、战鼓雷雷、长枪大戟，音乐仿佛将我们带到那杀气腾腾的古代战场，令我们心情激荡。

老师：假如用画笔表现鼓声，该怎么表现呢？有的孩子说用点，对！但鼓声有缓有急、有轻有重，我们又该用什么样的点去表现呢？

图片资料

老师： 如果鼓声可以用不同的点来表现，那么这一首音乐（交响曲《斗牛士进行曲》）又该怎么去表现呢？

老师： 听到这首进行曲有什么感觉？振奋、激动、有力量、有气势……

老师： 乐曲开始时号角齐鸣，让人感觉气势不可阻挡，而突然，音乐又变得低回婉转，柔和、细润、悠扬，好像一缕阳光在平静的水面划过，有一种翩翩飞舞的美感……如何用画笔表现？和刚才我们用点去画鼓声一样吗？不同的话，又该如何去表现呢？

教学总结：

音乐和绘画都能表达我们内心的情感、体验和思考，但毕竟有所不同，所以先从单调的轻重快慢不同的声音来切入，再慢慢引到简单的音乐、复杂的音乐，孩子们就可以进入状态了。音乐的选择很重要，老师应尽量挑选有节奏感、线条感的音乐（比如小提琴、二胡等音乐），进一步还可以拓展到欣赏交响乐等复杂多变的音乐，也可以让孩子们涂画色彩或运用不同的工具表现等，创作更加丰富的作品。

作品展示：

宗家胜　9岁

王炫然　10 岁

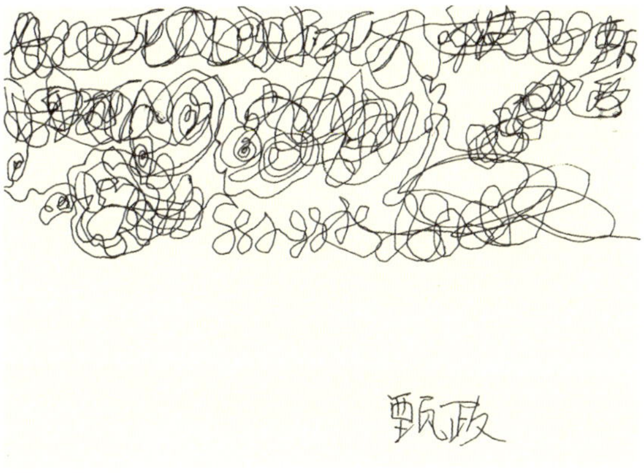

甄政　8 岁

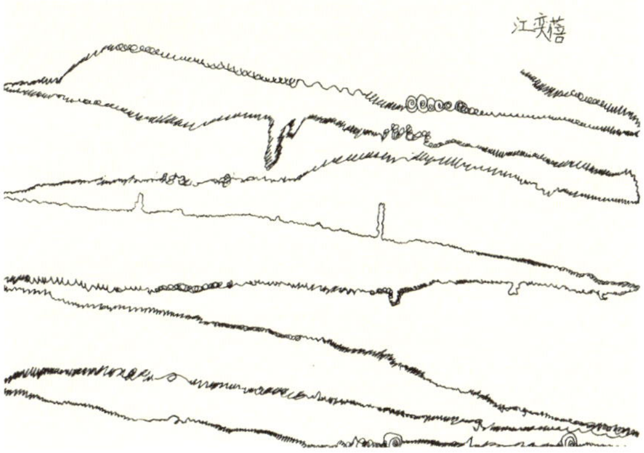

江奕蓓　8 岁

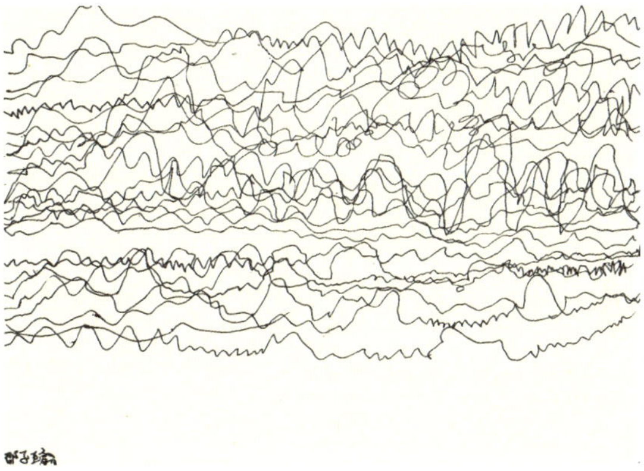

邵子瑜　8 岁

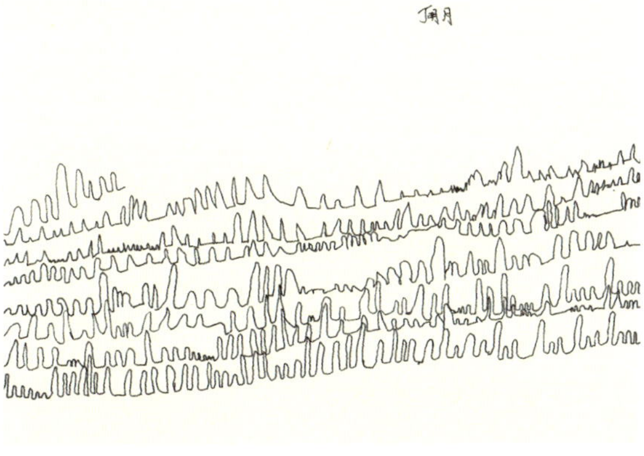

丁明月　9 岁

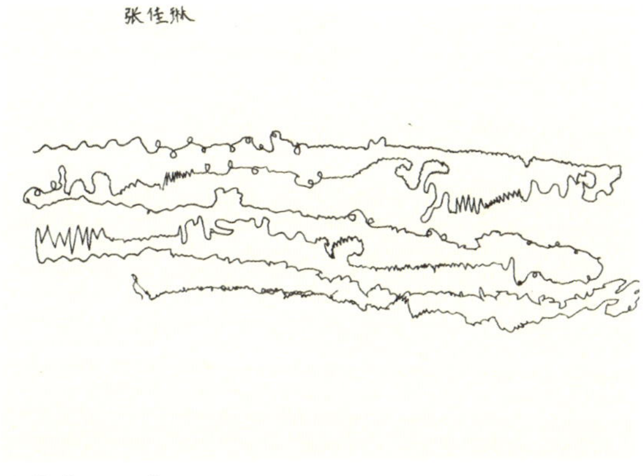

张佳琳　10 岁

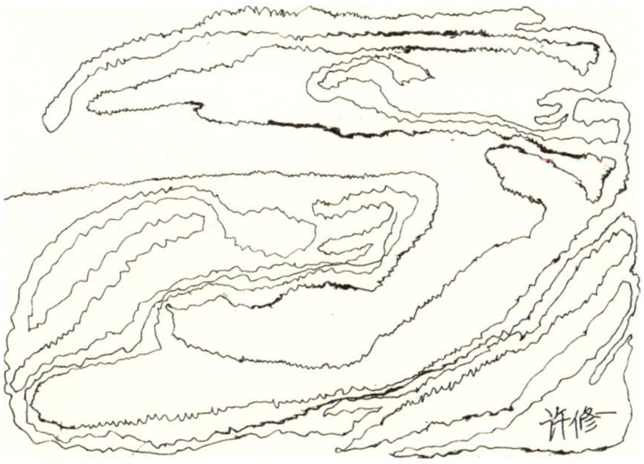

许修一　9 岁

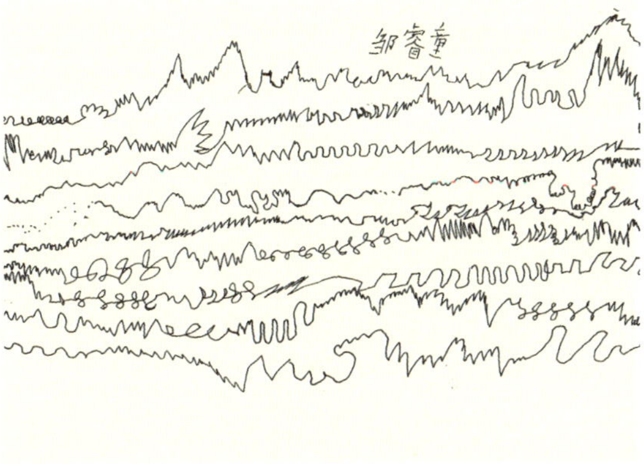

邹睿童　8 岁

第3课 LESSON 3 让人蒙圈的拖拉机手

本节课很简单，就是让孩子尝试用直线、曲线、折线等线条进行排列设计，本身主题性不强。就因为主题性不强，孩子们创作的状态也更为轻松。小孩子总是对搞怪、开玩笑很感兴趣，在本课中，拖拉机手是个引子，“蒙圈”是个噱头，目的是让孩子们对本节课内容产生强烈的兴趣，能更深入地投入创作中去。

年龄段

7~11岁

材料：复印纸、黑色中性笔

教学实录：

老师：你们认为艺术家是什么样子的？长头发？大胡子？不修边幅？整天坐在画室里默默思考？或者拿着画笔、背着画板满世界地去写生？

老师：你们认为普通人可以成为艺术家吗？或者说普通人也能像艺术家那样创作出惊人的作品吗？

图片资料

老师：请看图片，你们看到了什么？

老师：田野的耕地本来长满了绿油油的庄稼，秋天到了，庄稼收割完又到了播种的时候，于是农夫们开起了拖拉机开始翻耕土地。

老师：翻耕后土地变成了什么样子？一根根整整齐齐的线条铺满了大地，大地呈现出奇异壮观的景象。谁说艺术只属于艺术家？农夫也是艺术家呢！农夫们用拖拉机做画笔、用大地做画纸，在平原、高原、高山上“画”出了一幅幅让人惊叹的艺术作品，有的整齐划一，有的扭曲宛转，有的延绵至天际……

老师：今天，你们就是一个个拖拉机手，拖拉机就是你们的画笔，大地就是你们的画纸，想象一下，你们的拖拉机能“耕”出什么样的线条？你们想“耕”出什么样的“作品”来？开动你们的脑筋，让观看者都蒙圈去吧！

图片资料

教学总结：

强调“蒙圈”在本节课中很重要，孩子们对这种游戏很感兴趣，能创作出富有变化的作品，拖拉机的图片老师们可选择最老式的，能避免司空见惯的汽车造型带给孩子们视觉的局限性。

作品展示：

张佳琳　10岁

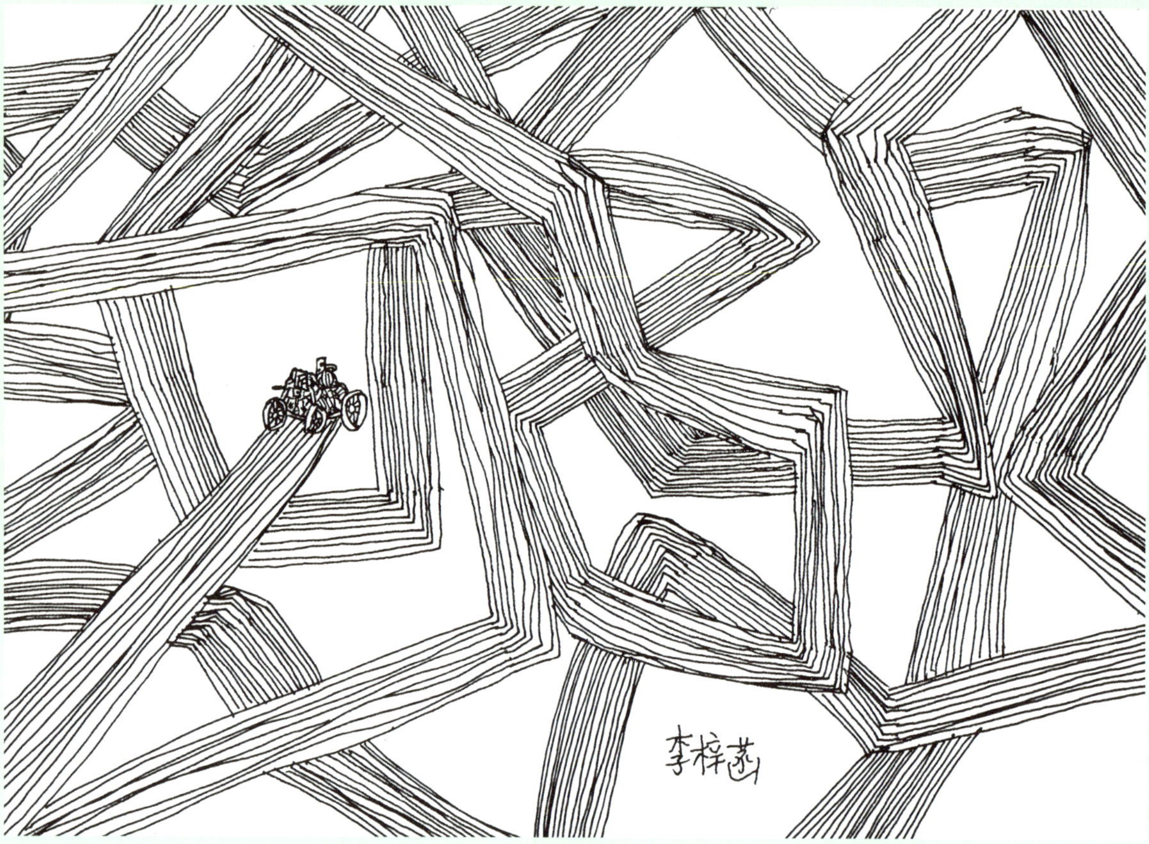

李梓菡　9 岁

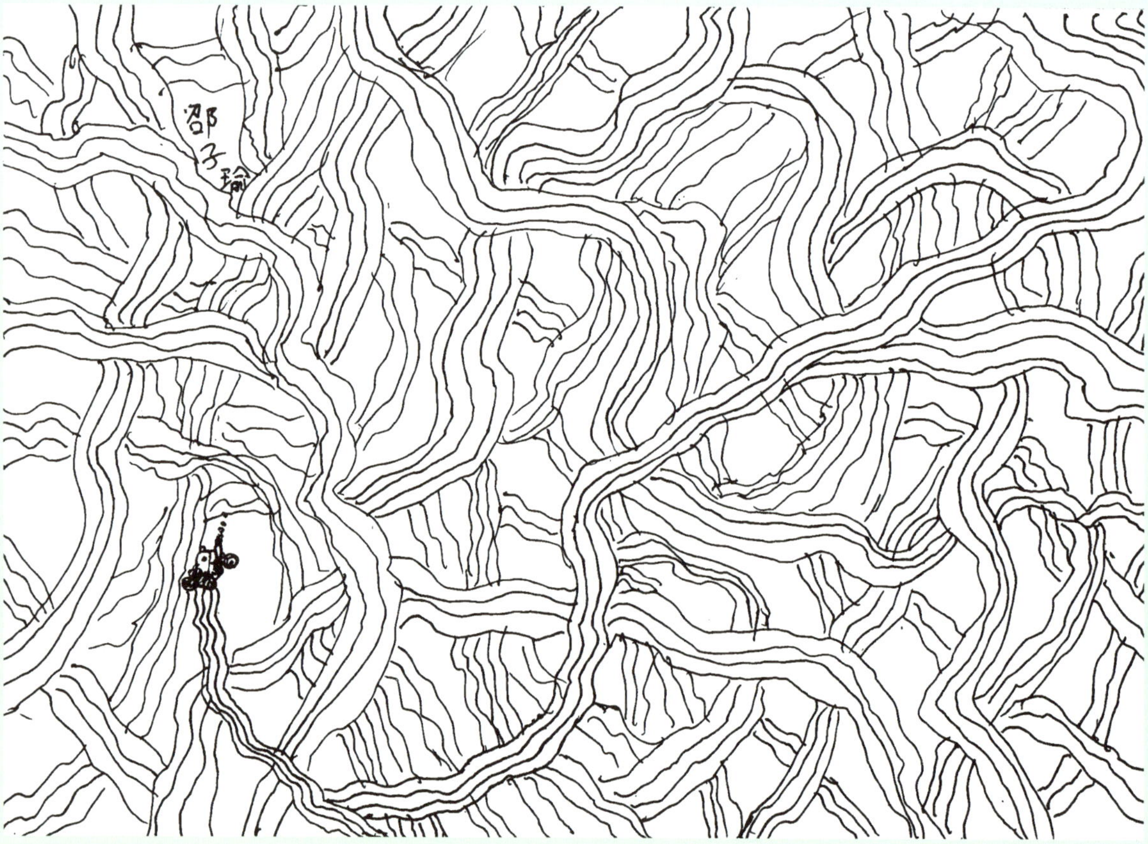

邵子瑜　8 岁

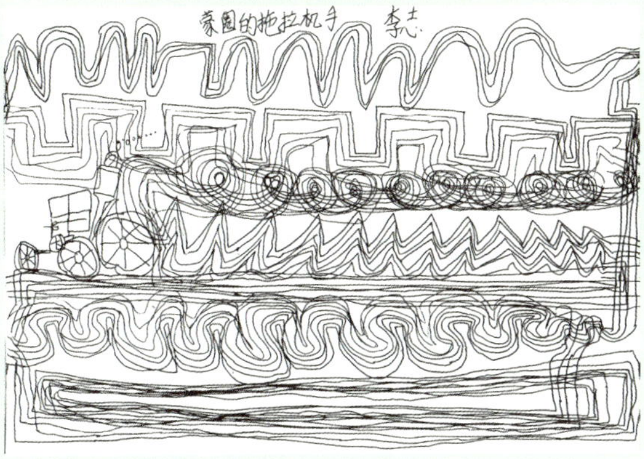

李志 10岁

田恬 9岁

邹睿童 8岁

王菁然 9岁

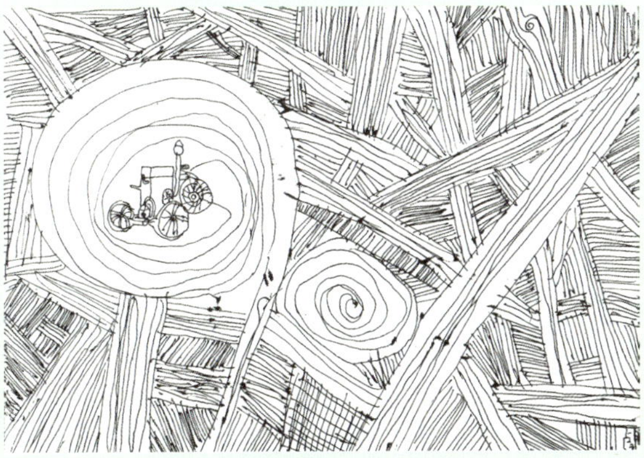

卢泽畅 8岁

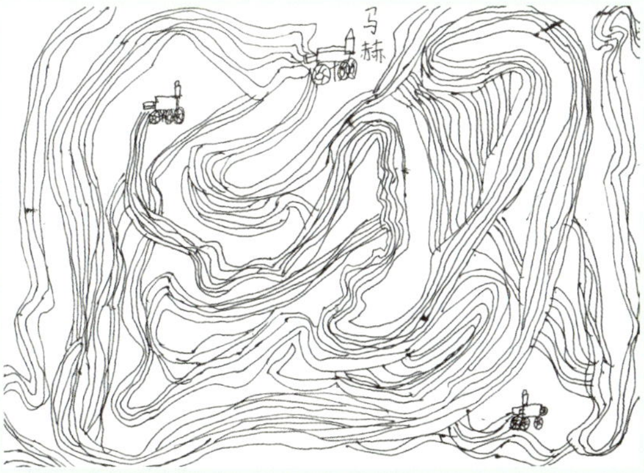

马赫 10岁

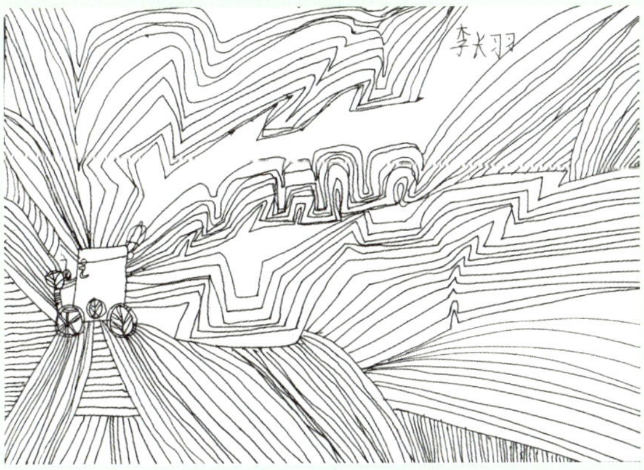

李长羽 8岁

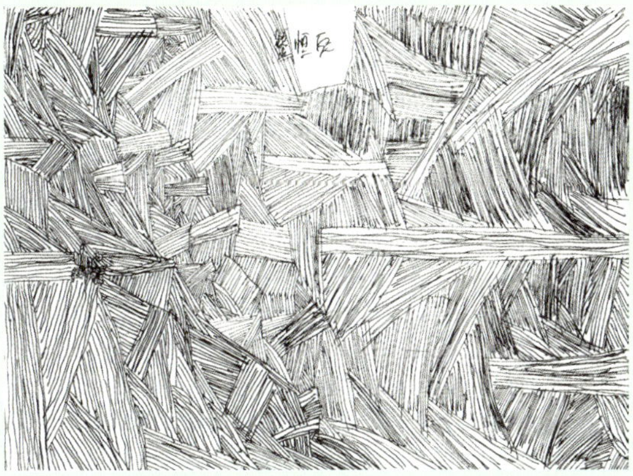

黎恒辰 8岁

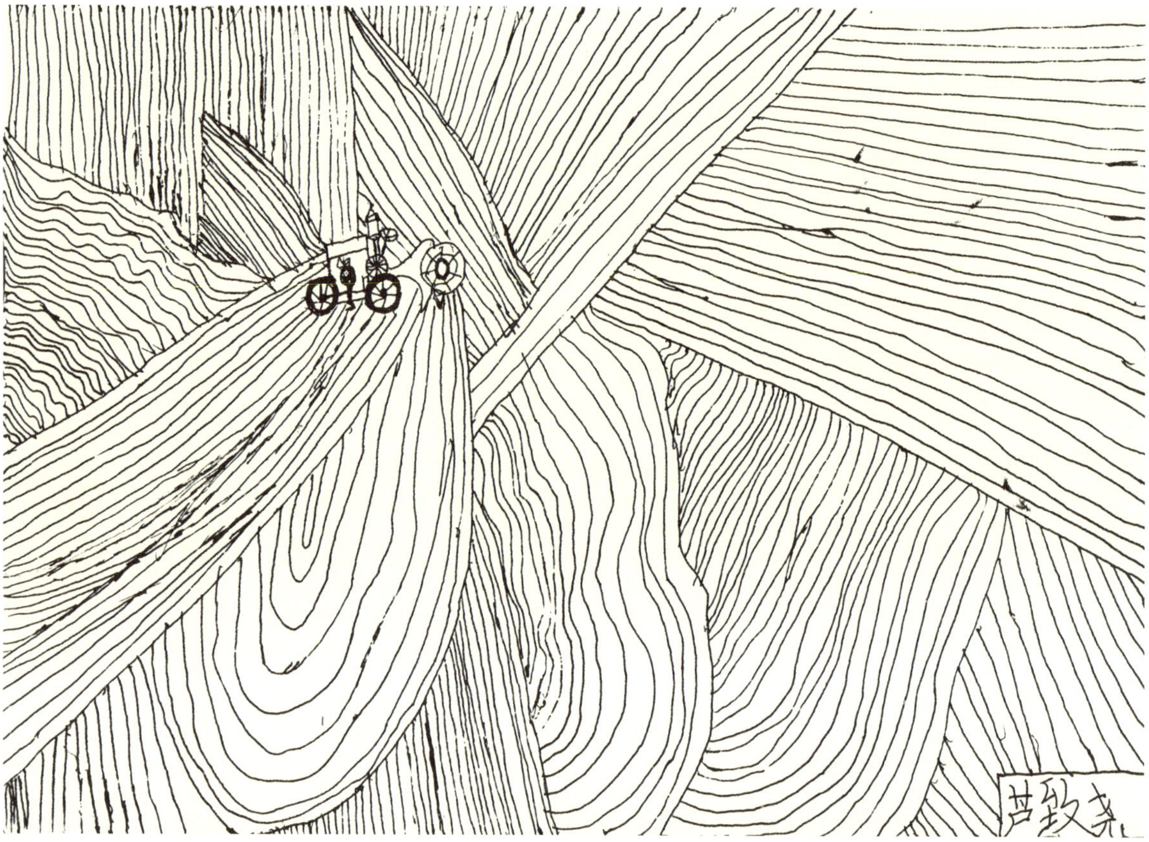

芦致尧　7 岁

宗家胜　9 岁

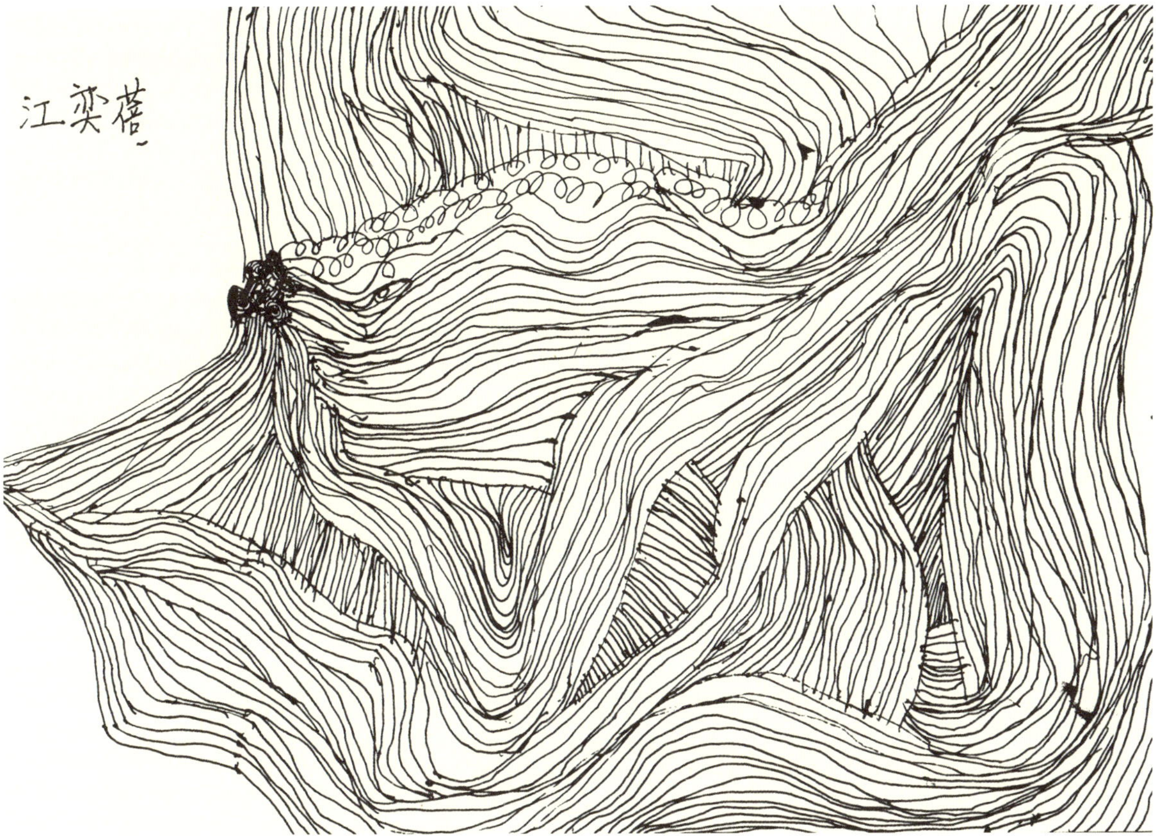

江奕蓓　8 岁

江奕蒴　8 岁

第4课 LESSON 4 空中战斗

这节课是上节课的延续，通过让孩子进行飞行的“模拟”去感受曲线和直线、折线的不同，和上节课内容不同的是，这些线条不仅可以排列，还可以穿插、叠加。模拟飞行活动是让孩子们对“飞行”有切身的体验，从而能更深入地理解曲线的感觉。

年龄段
7~11岁

材料：复印纸、黑色中性笔

教学实录：

老师：我们上节课做了一次疯狂的拖拉机手，同学们以大地做画纸，以拖拉机做画笔，“画”出了很多精彩的作品，今天让我们从地面来到空中，把天空也当成画纸来作画一番怎么样啊？

老师：现在，你们不再是拖拉机手了，而是一群搏击长空的飞行员，正驾驶着飞机和敌人进行空中追逐演习，请你们伸开双臂，模仿一下飞机是怎么飞行的。

老师：让我们再回忆一下，比较一下上节课的内容，在地上开拖拉机和在天上飞行有什么不同的感觉？

老师：同学们说得很好，拖拉机“画”出的线条是直线和有弧度的曲线，也可以“画”出折线，但是飞机只能“画”出直线和弧线，并且可以叠加，就是有上下之分，这是两节课最大的不同之处。

老师：两位同学一组，伸开双臂表演一下，感受被追击的时候自己采取什么样的飞行姿势才能甩开后面的飞机呢？追击对方的时候又是什么样子的呢？

老师：把你们的“飞行”轨迹画出来，看看是什么样子的。

图片资料

教学总结：

和上节课线条的比较是这节课的重要内容，飞机图片尽量选择奇特的机型，让孩子们产生兴趣，孩子们的表演体验对创作也有很重要的作用。

作品展示：

赵伯瀚　8岁

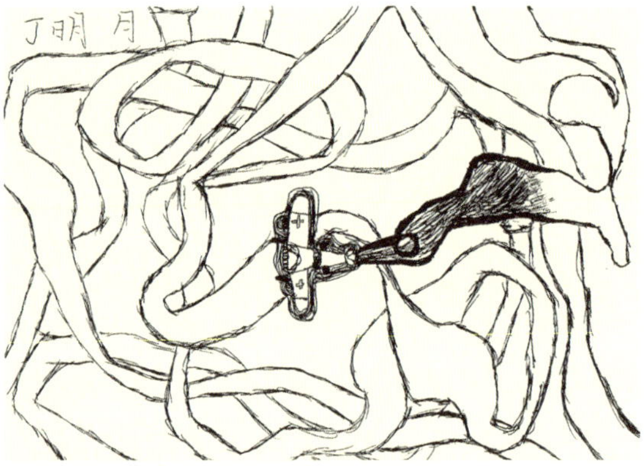

丁明月　9岁

宗家胜　9岁

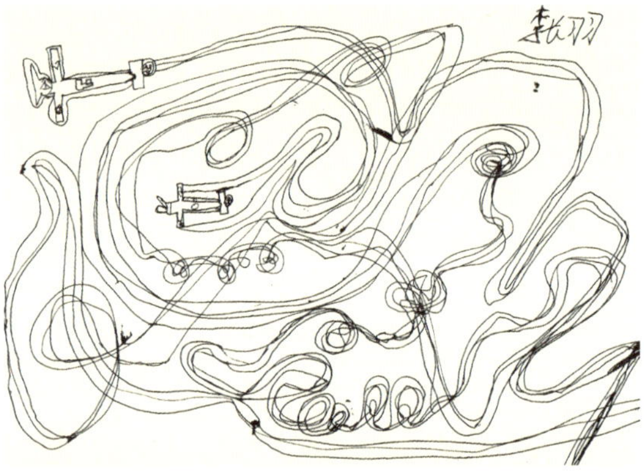

李长羽　8岁

刘鲁豫　9岁

李志　10岁

邵子瑜　8岁

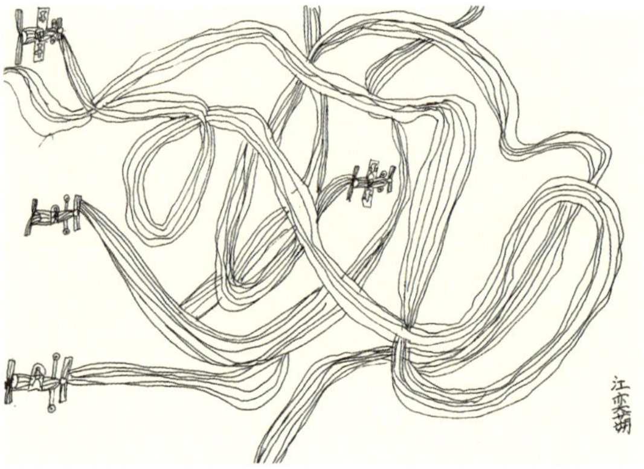

江奕蒴　8岁

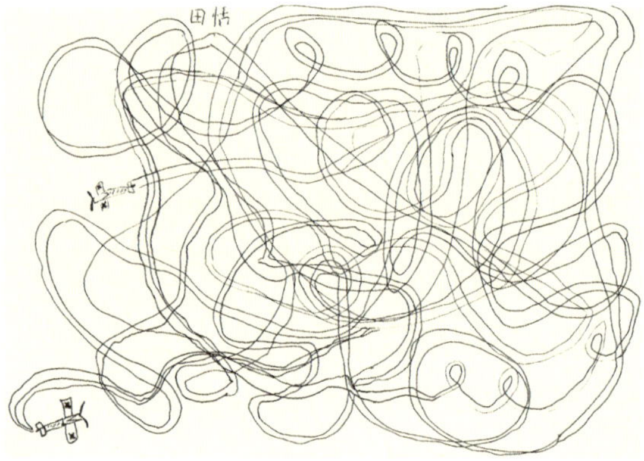

田恬　9岁

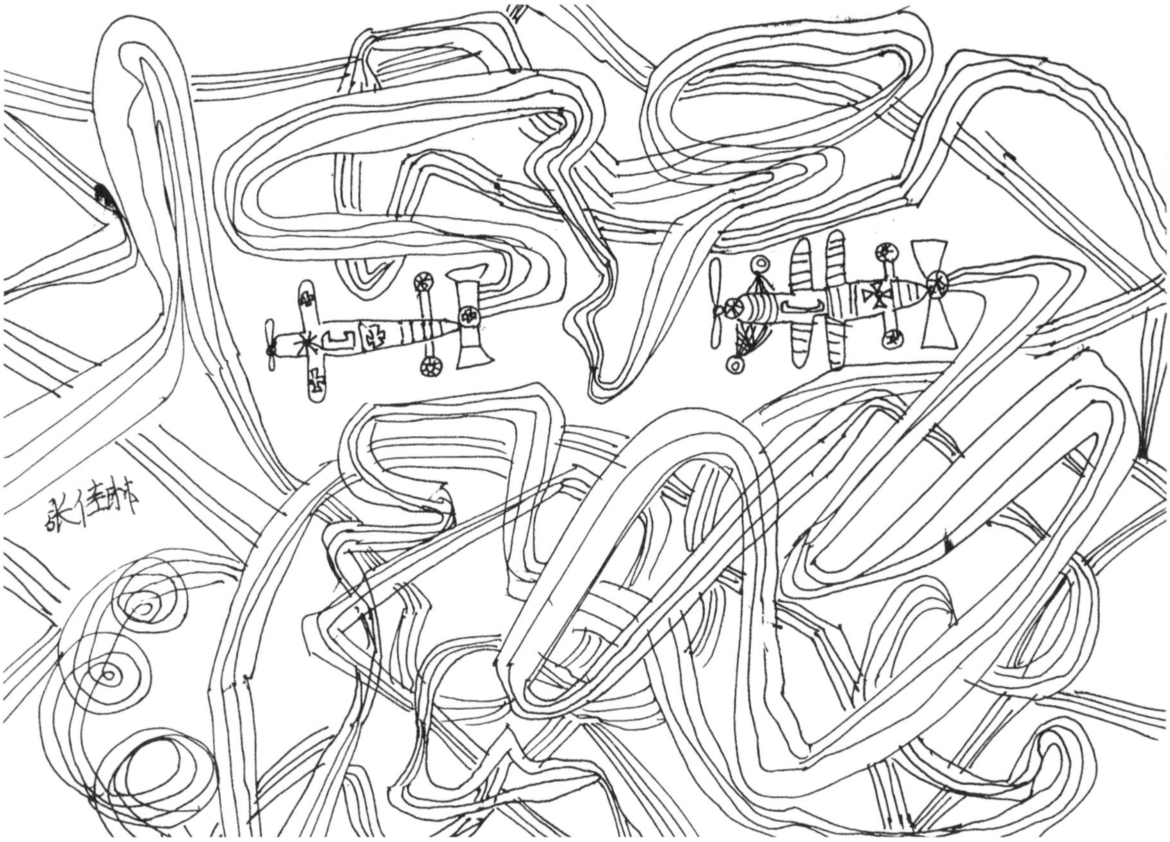

张佳琳 10岁

李梓菡 9岁

第5课 LESSON 5 让我在雪地上撒点野

如何有趣地吸引孩子们，如何让孩子们很投入地创作，是老师最应该考虑的问题。下雪对于孩子来说是冬天最令他们兴奋的事儿，在一块洁白无瑕的雪地上第一个留下自己的痕迹，又是孩子们最向往的事儿，本节课即在轻松的课题中去体验在雪地中自由奔跑的快乐。毕加索说他毕生都向往着像孩子那样去画画，不就是说的自由吗？

年龄段

7~11岁

材料：复印纸、黑色中性笔

教学实录：

老师： 冬天到了，最高兴的事儿是什么？最高兴的莫过于早晨醒来往窗外一看，哇，下大雪了。

老师： 大雪停了，大地白茫茫一片真干净，看到这洁净的雪地，你们最想干什么？

老师： 堆雪人？打雪仗？滑雪？或者干脆躺在雪地上打几个滚儿？不管怎样都是让人想起来就兴奋的事儿！可是，有的人玩法和咱们都不同。

老师： 图片中是什么？好像是一幅幅美丽的画。再仔细看看，哦，有的同学发现了，是有人在洁净的雪地上用脚走出的

图片资料

各种线条，这是在阿尔卑斯山脚下，一群人以大地做画纸，用脚做画笔，“画”出了这样硕大无比的大地画。

老师：我们也来试一试吧，把白纸当作雪地，把笔当作我们的脚，看我们能画出什么样的画来！

老师：当你们在雪地上走过，会留下什么？脚印。那假如你们不停地走下去，会在雪地上留下什么？会留下一根根的线条。假如你们不停地走下去呢？就会留下很多很多线条。但假如你们变着花样去走呢？就会留下花样百出的线条。什么？跳着走？那就会留下一个一个的点……

教学总结：

这节课的“体验感”“投入感”很强，教学目的很单纯，就是让孩子们体验线条的自由变化，创作时没有压力，玩得很嗨，孩子们作品的呈现可以说是异彩纷呈。主题性创作往往因为有主题会影响孩子“放肆”，而这种课题就是让孩子们纯粹玩的内容，作品反而能释放出更多的精彩。

作品展示：

王菁然　9岁

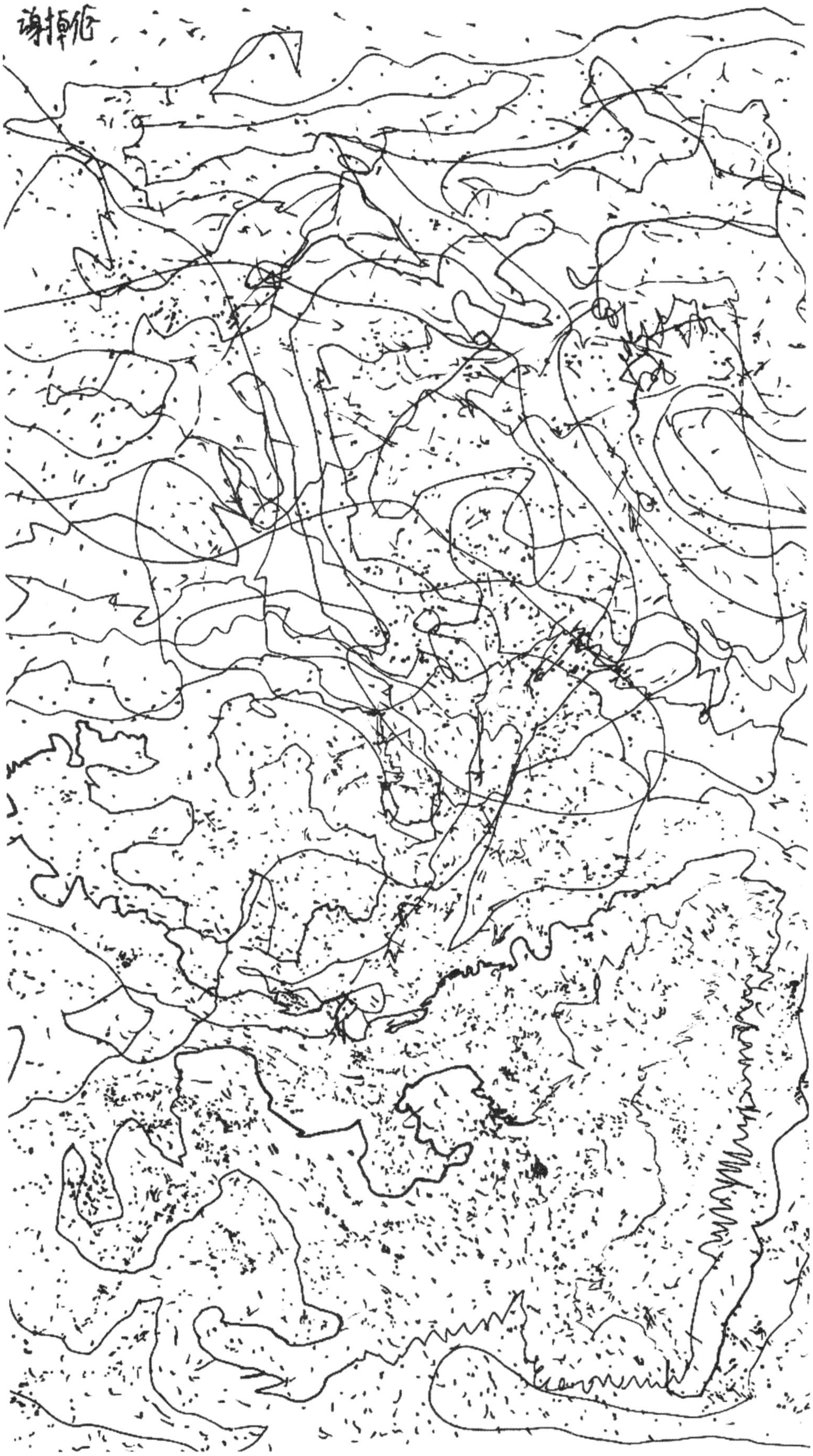

谢卓伦 8岁

邹睿童　8 岁

卢泽畅　8 岁

沙宗澍　9 岁

李志　10 岁

许修一　9 岁

田恬　9 岁

李长羽　8 岁

赵伯瀚　8 岁

第6课　LESSON 6

一只蜗牛的长征

蜗牛是孩子们很熟悉且关注挺多的小动物，它笨拙、缓慢却很坚持，爬行时总是在地上留下一根长长的黏液线条。本节课尝试着让孩子想象蜗牛慢慢爬过一个一个的障碍，而留下一个一个奇妙的形状。教学中采用了先保密不让其他人知道它爬过什么物体，然后让其他孩子去猜的方法，来增加孩子参与的热情。

年龄段

7~11岁

材料：复印纸、黑色中性笔

教学实录：

老师：先来听一首曾经很有名的歌曲《蜗牛与黄鹂鸟》，这首歌里唱到了什么？对，唱到了一只身上背着重重的壳，一步一步往上爬，坚信只要坚持不懈就一定能吃到那甜甜葡萄的蜗牛。

图片资料

老师：蜗牛，一个普通又总是引起人们关注的小生灵。说说你对蜗牛的看法吧——笨拙、缓慢、坚强、不屈不挠、永不放弃……地球上任何一个生命都值得我们尊重和敬畏，哪怕是一只小小的蜗牛。

老师：现在，你们就是一只只坚强的蜗牛，有一种不达目的决不罢休的学习精神，有一种无论任何艰难险阻都要越过的坚韧精神。今天，你们要进行一次长途跋涉，走过的任何地方，都会留下你们那标志性的亮闪闪的线条足迹，而这些线条记录了你们行进的艰难和必胜的信心。

老师：你们可能会遇到各种各样的障碍，别人眼里的一个小小的杯子，在你们面前也如泰山一般高大，但你们会慢慢地越过，远行的路上遇到过什么艰辛，只有你们自己能体会。你们一言不发、默默地凝视远方，但是你们留下的线条足迹向世界宣告了你们的胜利！

教学总结：

这节课的乐趣就在要边画边去想爬过的物体的特点，还不能说出来，要让其他同学去猜，这样的课程设计充满了趣味和动力，作品也就散发出鲜活的气息。

作品展示：

刘鲁豫　9岁

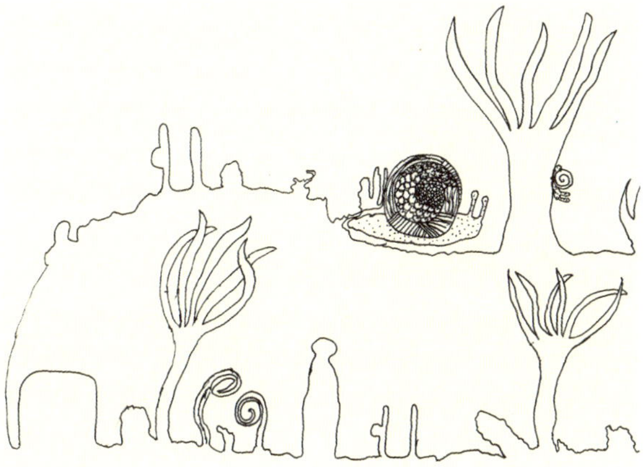

芦致尧　7岁

晁振轩　8岁

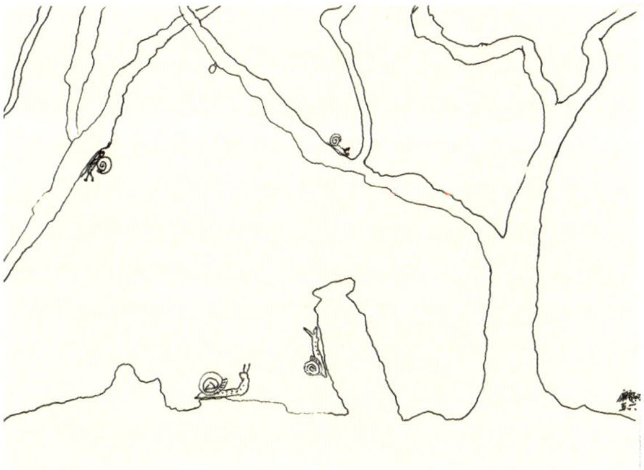

康家兴　8岁

甄政　8岁

许修一　9岁

第7课　LESSON 7　山路十八弯

年龄段

7~11岁

路通向家也通向远方，路可以说是世界上最富于变化也最能让人想起乡愁的。东西方美术作品里都有对路的描绘，中国山水画里更少不了蜿蜒曲折的小路和行走在山路上的高人雅士，给画面平添了许多生气。山路也是所有路里最有诗意也最有线条感的，山地起伏多变，山石犬牙交错，树木繁茂杂乱，所以需要大量图片展示和师生探究等方式唤醒孩子对山路的记忆和激发他们表现山路的兴趣。但山路依据山势而成的特点难以把握，需要当作课堂上的重点内容着重处理。

材料：复印纸、黑色中性笔

教学实录：

老师：鲁迅说，这世上本来就没有路，走的人多了就有了路，你们走过什么样的路呢？

老师：我们见过笔直的马路，乡间曲折的小路，公园里宛转的鹅卵石路……

老师：最有趣的是蜿蜒曲折、依山势而成的具有特色的山路。我去过太行山的郭亮村，天梯几乎是垂直的，其实就是在石壁上顺着石壁凸出或凹下去的石头开凿出来的小路，过去山民上、下山只能走天梯，据说以前种地用耕牛只能是在山下买了小牛犊抱上山养大。各地方的山差别很大，山路的样子也差别很大，有的绵延细长，有的惊险万分，有的曲折多变，生活在大山深处的人，世世代代就靠这样的羊肠小道和外面的世界有了联系。

老师：修建山路可没有平原修路那么简单，大山高高低低，有沟壑有大石，有河流有小溪，有树林有杂草，山路因此产生了无穷的变化。

老师：这是一座无名山，山的深处生活着一群山民，他们想到外面的世界去看一看，咱们帮他们修一条小路吧！不过，山路为什么会弯弯曲曲，而不是笔直的？遇到沟壑、石头、大树……，我们该怎么办？

教学总结：

当年希望工程“我要上学”的主题海报中，女孩的那双充满渴望的大眼睛的摄影作品感动了世人，也使人们开始关心那片贫困山区的孩子们。这节课情感驱动很重要，常言道，有兴趣才会有动力。图片的选择要突出一些情感色彩，山也最好选择脉络清晰的，当然，课程内容也可以设计成快乐有趣的，比如妖精巡山、山路赛车之类的。

作品展示：

江奕蒴　8岁

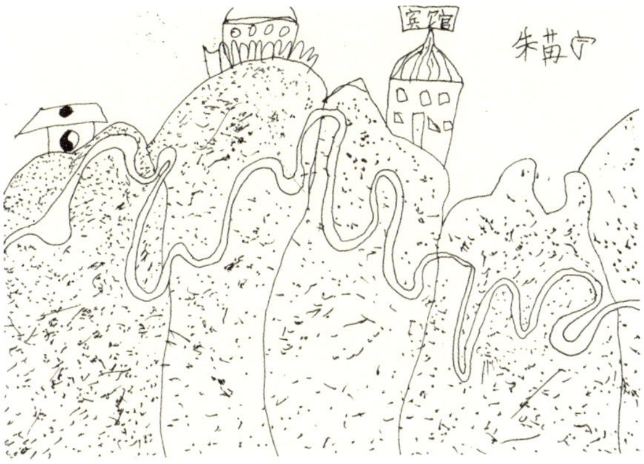

朱苒宁 8岁

邹睿童 8岁

邵子瑜 8岁

田恬 9岁

芦致尧 7岁

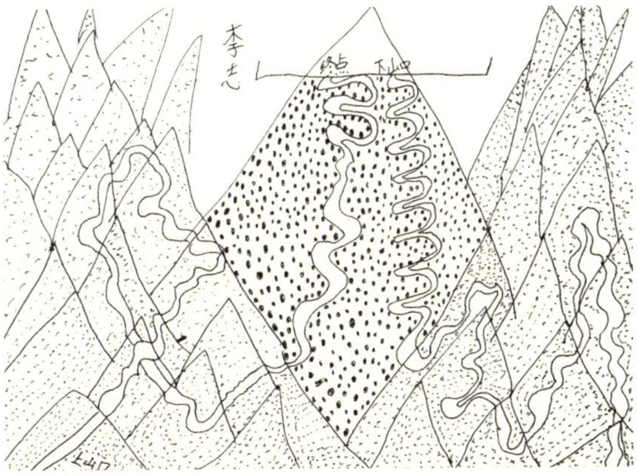

李志 10岁

江奕蓓 8岁

李梓菡 9岁

张佳琳　10 岁

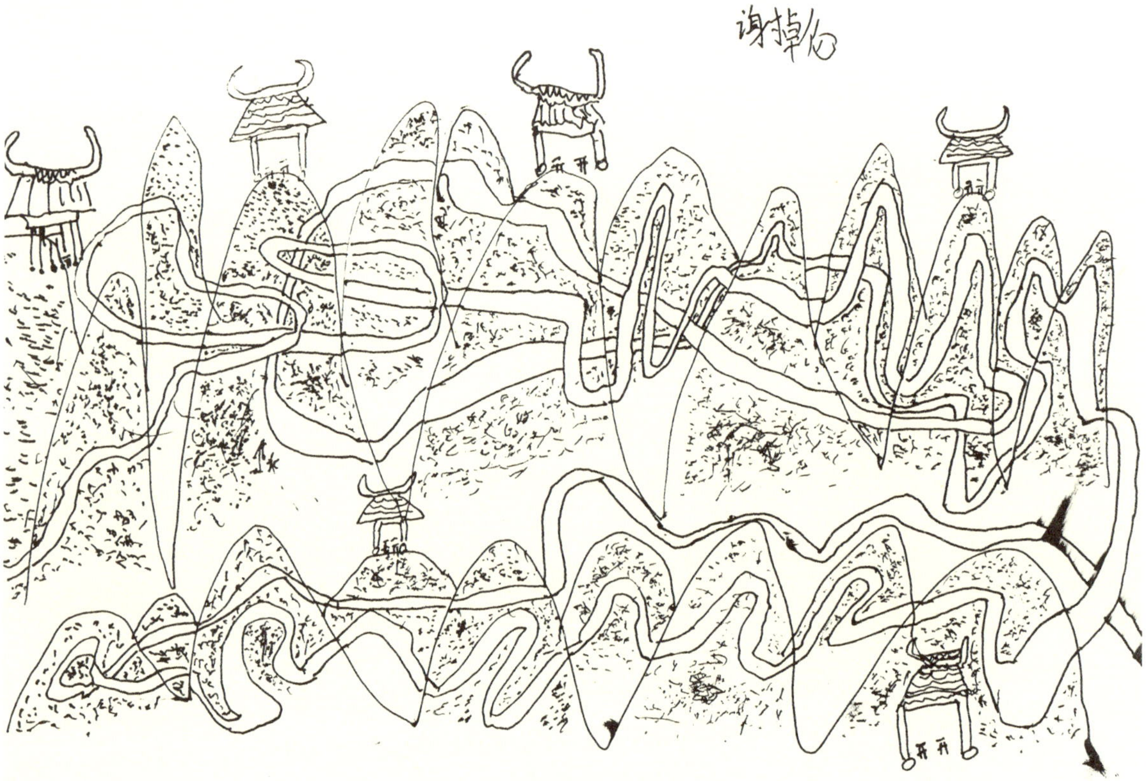

谢卓伦　8 岁

第3单元
UNIT 3
嬉闹篇

这一单元的课例兴许是受了杜尚的影响。杜尚给小便池起名为“泉”，给蒙娜丽莎画上小胡子……尽管有人称他是严谨认真的艺术家，是现代艺术的守护神，但也有人称他是高雅艺术的嘲弄者，是艺术花篮中的一条毒蛇，是毁灭美的恶魔，但无疑，他促使或强迫我们以新的眼光和视角来看待整个艺术史和艺术品。尽管杜尚已去世数十年，但他仍给予我们很大的现实意义。给伟大以嬉闹，给平凡以不凡，给平常以不平常，是这一单元的设计意图。老师们也可以继续在此基础上设计新的课程，可以对更多的世界名画进行“加工”，比如《毕加索的面具》《凡·高的星空》，等等，但对大师作品不必过多言语，太多的作品内容解释会影响孩子们发挥创想。

单元教学设计思路

本单元通过给大师们开玩笑的方式，给孩子们一个暗示，大师的作品也是需要被我们挑战超越的。共设计了三课内容：

第8课：《给蒙娜丽莎换个发型》

第9课：《达利的胡子》

第10课：《这是我喜欢的动物》

单元教学总目标

本单元通过给蒙娜丽莎设计发型、给达利设计胡子，再到给动物进行装饰，来培养孩子们的装饰意识，这也是对前几节课内容的进一步拓展。

第8课 LESSON 8 给蒙娜丽莎换个发型

人都是爱美的，从不同的发型就可以看出来，古今中外的人都会在打造发型上奇思妙想。孩子们对不同的发型都很有兴趣，短发、长发、卷发、盘发、丸子头……，可以很轻易地进入创作状态。每一根头发就是一根线条，这根线条又可以有无穷的变化，几张发型的图片就足以引发孩子们无尽的想象力。

年龄段

7~11岁

材料：复印纸、黑色中性笔

教学实录：

老师：每个人都拥有乌黑茂密的头发，每个人都有适合自己的发型，互相看一看，同学们的发型是什么样子的。

老师：有的是短发，像一根根冲天长戟；有的是长发，显得很柔顺，像飞流直下三千尺的瀑布；有的是麻花辫，顾名思义，像那著名的天津大麻花。你们有没有见过其他的奇特、漂亮、有趣的发型？来说一说。

老师：头发其实是一根根的线条，而线条又是可以千变万化的，所以发型也可以是各种各样的。大家看，它可以如火焰冲天，可以如万马奔腾，可以如山峰高耸，可以如乱麻一团，当然，还可以严肃得如老爷爷的脸……

图片资料

老师：有一位女人，可以说是全世界最有名的女人，她已经有500多岁了，但看起来还是那么年轻，她谜一样的微笑迷惑了千千万万的人，这个人是谁？蒙娜丽莎。这幅画的作者是大名鼎鼎的达·芬奇。不过，今天咱们不管她的微笑多么神秘，达·芬奇多么伟大， 我们一起来给她开个大大的玩笑，给她换个发型如何？

教学总结：

这节课的灵感就来自达利《蒙娜丽莎的胡子》，关于大师如何伟大不必多言，孩子们自有他们心中的经典，达·芬奇和蒙娜丽莎的故事能起到吸引孩子们的作用，蒙娜丽莎像就是一个待加工的素材，而线条在这里已经开始向“有用”变化了。

作品展示：

张佳琳　10 岁

朱苒宁　8岁

李梓菡　9岁

王菁然　9岁

邹睿童　8岁

李长羽　8岁

刘鲁豫　9岁

江奕蓓　8岁

田恬　9岁

第9课 LESSON 9

达利的胡子

年龄段

7~11岁

萨尔瓦多·达利，西班牙超现实主义绘画大师级人物，与毕加索、马蒂斯一起被认为是20世纪最有创造性和影响最深远的三位艺术巨匠。他是一位具有卓越天才和想象力的画家，能把梦境的主观世界变成客观而令人激动的形象，他对超现实主义，对20世纪的艺术做出了巨大的贡献。达利的一生充满了传奇色彩。除了他的绘画，他的文章、口才、动作、相貌以及胡须，均给欣赏他才华的人留下了扑朔迷离的印象。

达利和哈尔斯曼前后大约花了两年的时间创作了一个系列作品《达利的胡子》，在这个系列作品中，两位艺术家发挥了无限的想象力，也无不透着两位艺术家的玩世不恭。用哈尔斯曼的话来说，达利的胡子，是现实世界中的超现实的存在。达利和哈尔斯曼用一问一答的方式来呈现他们的创作。这两撇奇形怪状、寓意无穷的胡子，成为达利和哈尔斯曼诠释超现实主义的利器，来表达弗洛伊德精神分析学说中的梦境和幻觉。更有趣的是，在这本书的背面，哈尔斯曼独具深意地写道："敬告各位，这本书是荒诞的。"

材料：复印纸、黑色中性笔

教学实录：

图片资料

老师：达利是谁？他是和毕加索同样伟大的艺术家，他的画和他的长相一样很奇怪，你看这融化的钟表，有着极长腿的动物，漂浮在空中的人像，长着萨克斯脑袋的大象，残缺不全的肢体……

老师：他的作品总是充满奇思怪想，怪诞不经、不合情理，好像是在梦境里。达利总是能把毫无关系的物体巧妙甚至无厘头地联系在一起并放置在作品中。

老师：当然，他也不会放过自己的胡子。看，他装饰修剪自己个性化的胡子，扮演成一副怪叔叔的模样，并且出版了一本叫《达利的胡子》的影集。既然达利先生如此喜欢搞怪，当然不会介意咱们也给他设计个更加奇特的胡须，如果能看到你们给他的设计，我想他一定会很高兴地翘起胡子。

教学总结：

《达利的胡子》里的各种胡子造型使孩子们产生了很大的兴趣，其他胡子的造型也能起到辅助和开阔思路的作用，达利照片要经过处理，以免影响主题。

作品展示：

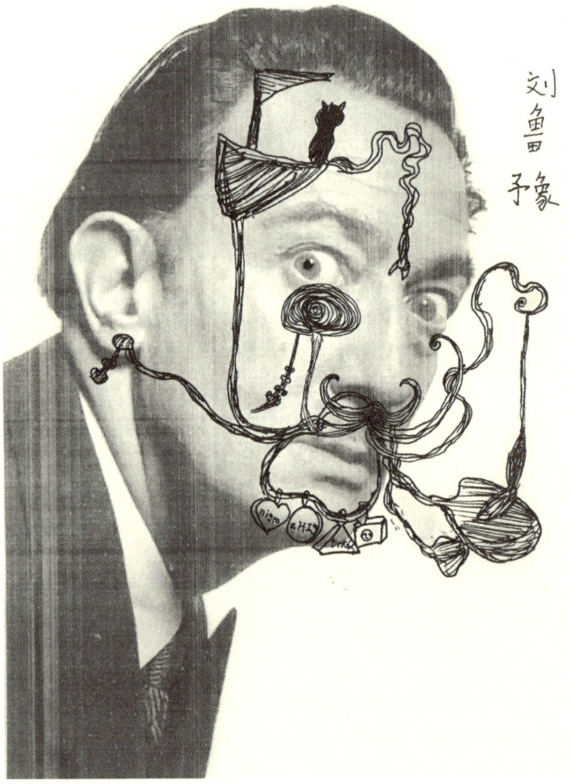

刘鲁豫　9 岁

张佳琳　10 岁

邵子瑜　8岁

芦致尧　7岁

甄政　8岁

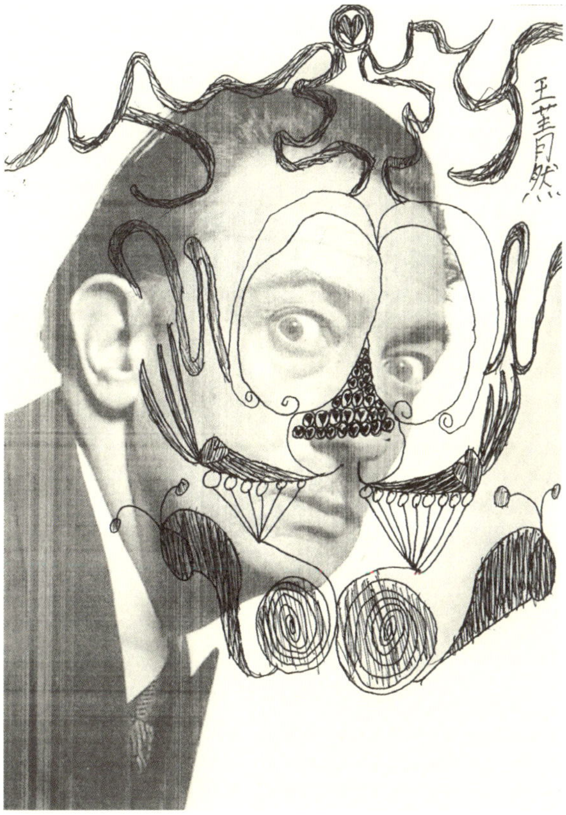

王菁然　9岁

第10课 LESSON 10 这是我喜欢的动物

动物的线描写生是常见的课题，一是写实路线，二是装饰路线。写实路线最后的作品样貌都差不多，装饰路线做多了会沦入线条的堆砌而没有情感注入。如何使作品呈现出“异样”，和别人拉开距离，是这节课要考虑的。在本课中，如何打破孩子对“写实”的向往是一个重点，老师要强调孩子们所画的并不是眼睛看到的动物，而只是画的一张有趣、好玩的作品。老师可以用一些艺术家类似的作品激发孩子们的创造力和打消他们的顾虑，鼓励孩子用夸张、变形的手法去尝试，动物花纹就放手让孩子们大胆去设计创想，可以参考第一节课的线条方格游戏内容。

年龄段

7~11岁

材料：复印纸、黑色中性笔

教学实录：

老师：在我们这个美丽的星球上，生活着许许多多动物，它们是人类的好朋友。它们用自己的智慧和本领，顽强地繁衍生息，和我们一样，都是地球的主人。

老师：你们喜欢什么动物？能说出理由来吗？

老师：有的同学喜欢力大无比的大象；有的同学喜欢奔跑的野马；有的同学喜欢长颈鹿，因为它有灵活的能当武器的长脖子；还有的同学喜欢猎豹，因为它是目前世界上在陆地上奔跑得最快的动物。

图片资料

老师：从古至今，中外许多艺术家都喜欢表现这些可爱的动物，鹰、虎、鹿、鹤也是中国传统文人画中经常出现的题材。

图片资料

老师： 今天，我们也画一画自己喜欢的动物，不过，老师有一个神秘的要求，这个要求等一会儿再说。同学们先用最简单的线条将你们喜欢的动物外形画出来，如果能用一根线条表达那就不用两根，能用两根的就不用三根，尽量将形象充满画面。

老师： 现在可以说说那个神秘的要求了，那就是你们熟悉的动物想换件新衣服，你们想怎么设计呢？

老师： 还记得我们第一节课时的线条方格游戏吗？也许它能给你们一些灵感呢！

教学总结：

这节课的线条具有装饰性，是上两节课的延续，也仅仅是个尝试。装饰性的线描进行太多往往会流于惯性，所以要在情感部分做足文章，通过图片、视频等方式展示动物们在地球上的勃勃生机，唤起孩子们热爱自然的情感，再去表现就不会落入俗套了。

作品展示：

丁冬　8岁

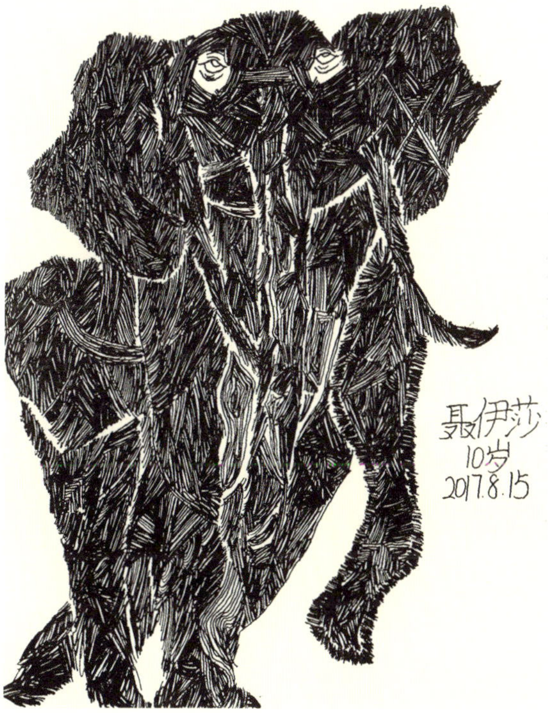

聂伊莎　10岁

祝宇彤　9 岁

于方溪　11 岁

李泰程　9岁

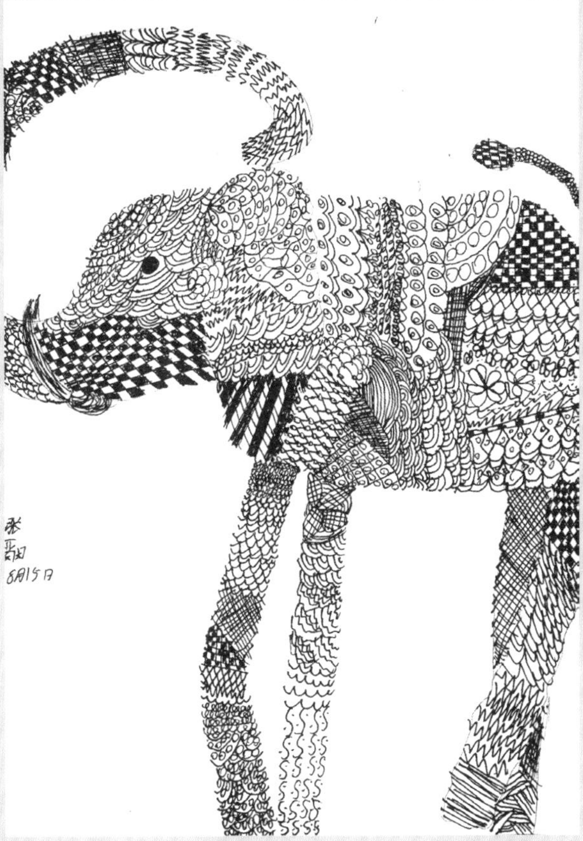

张亚娴　10岁

郭芷含　9岁

马赫　10岁

闫煦　12 岁

第4单元
UNIT 4
打破篇

所谓打破，就是打破常规思维，有些理性思考的意味，但依然采用游戏的手法。本单元主要是想让孩子们从惯性思维中走出来，去发现和创造另一个世界，激发孩子们的发散性思维。

单元教学设计思路

本单元通过改变“看”的方法和对既有物象的破坏、重建来产生新的形象，然后进行“写生”。共设计了四课内容：

第11课：

《换一个角度看世界》

第12课：

《打破一个旧世界》

第13课：

《嘿，埃舍尔你好》

第14课：

《文字城市》

单元教学总目标

本单元通过对既有物象的破坏和重建，改变“看”的方法，来培养孩子们的发散性思维。

第11课　LESSON 11

换一个角度看世界

我们身处这世界之中，渐渐地会按照惯性去观察、思考这个世界，习以为常地以为世界就该是这个样子。无疑，艺术家是社会群体中最不安分的分子之一，这些用眼睛去观察、用心去思考世界的人总是会从另一个角度去看世界、去发现世界，如莫奈、毕加索、布拉克等艺术家抛弃惯性思维，推开了艺术表现的另一扇窗，让我们看到了另一种视觉表达，并影响了我们的生活。

年龄段

9~11岁

材料：复印纸、黑色中性笔

教学实录：

老师： 这是什么？打开来看看里面是什么。对，只是三块长短一样的镜子，装在一个小圆筒里。不知道它是什么吧？它叫万花筒。你们可能对它很陌生，但它却是我小时候最喜欢的玩具。拿着它看看你们眼前的世界，这世界变成什么样子了？

图片资料

老师： 这是我小时候最喜欢的玩具之一，用它来看熟悉的周围，仿佛变了一个世界，让我得到许多欢喜。

老师： 这是我们的世界，高楼、街道、人群、车辆、鲜花、树林……我们已经习惯它们，认为它们就应该是这个样子，久而久之，它们很难再引起我们的注意和令我们激动了。

老师： 但艺术家们总是和常人不同，他们总能变换一个角度来看世界。现在我们来看这张图片，你们看到了什么？

图片资料

老师： 有的同学说乱七八糟，有的说好像是烧毁的什么东西，有的说好像是建筑垃圾，到底是什么呢？这是老师拍的一张照片，是城市里玻璃幕墙反射出来的景色，当时我看到自己熟悉的景色变成了另外一个世界，感到很有意思，就拍了很多。

老师： 你们看，这是光滑的汽车车体反射的景色，这是一块破碎玻璃反射出来的画面，这是普通房屋在波光粼粼的河水中的倒影……

老师： 有一位艺术家也发现了这个世界，他叫卡普尔，他在美国芝加哥千禧公园打造了一个类似的巨大的雕塑，给它起名为“云门”，但公众却叫它“豆荚”。它是由不锈钢焊接而成的，弧形与凹凸感以及图像的反射将人的感受引领到另一个世界，周遭的景象映现在柔和的形体上，并随着天气状况和观察者位置的变化而变化，其凹凸曲面使得周围的影像扭曲、重叠，形成无数神奇的异形奇影，产生了一种扩展超然的力量，像一幅流动的风景画。

老师： 今天咱们就来画一画你发现的这另一个世界。

教学总结：

《换一个角度看世界》的角度很多，哈哈镜、水面、碎玻璃、玻璃幕墙、汽车车面、光滑的不锈钢壶等，都可以用来发现、观察、创作。对于有些低年龄段的孩子来说，那些变化多端的线条还是很复杂，不用太苛求他们，关键是注重对他们思维的影响。

作品展示：

江奕蓓　8岁

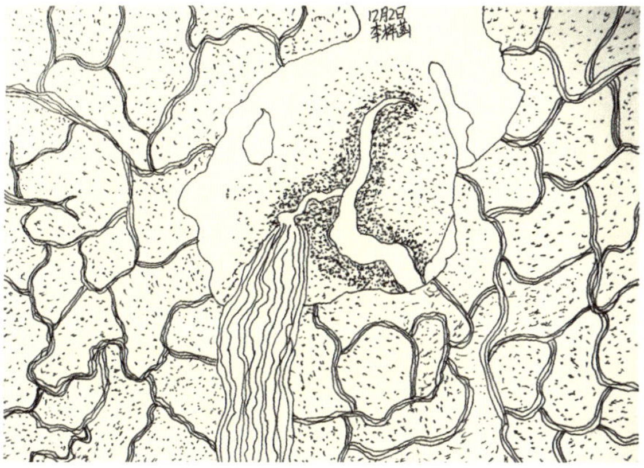

李梓涵　9 岁

宗家胜　9 岁

江奕蒴　8 岁

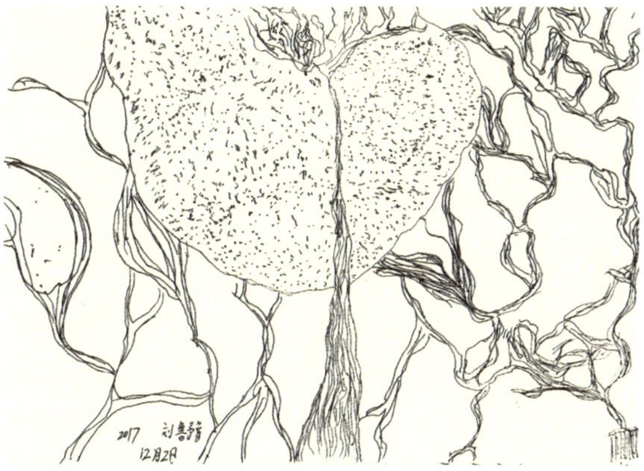

刘鲁豫　9 岁

赵紫涵　9 岁

王菁然　9 岁

第12课 LESSON 12 打破一个旧世界

这节课的灵感来自拼图游戏。据说拼图游戏已经有两百多年的历史了，是一种有益的娱乐方式。中国的“华容道”是大家很熟悉的、影响也比较大的拼图游戏。传统的拼图游戏是把打乱的小碎片经过移动，将之恢复到完整的图像，本节课却反其道而行之，将一个完整的、大家比较熟悉的内容经过破坏再重新组合，创造出一个新的世界。

年龄段

9~11岁

材料：复印纸、黑色中性笔

教学实录：

图片资料

老师：大家玩过拼图游戏吗？谁来说一说你玩过的拼图游戏？

老师：拼图游戏就是将一张完整的图破坏掉，再经过挪移，将它拼接完整的益智游戏，受到很多人的欢迎。但是，大家有没有想过，假如我们反过来思考一下，将一张完整的图破坏掉后再按照自己的想法重新组合起来，又会是什么样子呢？

老师：我看到大家已经把自己喜欢的风景图片带来了，下面咱们就来个大破坏。先按照自己的想法将它们撕成一块一块的，再按照一定的排列方法将碎片组合起来，我看到有的同学是把它撕成了小方块再如田字格一样对齐，每一块方向还各不同。

老师：有的同学是很随意地撕成几块，但是遇到一个问题，排列后会出现一些缝隙，这个问题又该如何处理呢？

老师：现在我们已经打破了一个旧世界，创造的新世界就在我们面前，拿出画笔，将你们的新世界描绘出来吧！

图片资料

教学总结：

这一课里打破的方法很多，对资料图可采用随意撕、按规则撕、揉皱纸张等方法进行破坏再组合，这样就可以进行多次创作。对孩子作业的完整和精细程度也不要太苛求，采用某些破坏手段形成新形象难度是很大的，关键还是要关注对孩子思维的影响。

作品展示：

王菁然　10 岁

宗家胜　9 岁

陈芊羽　8 岁

许修一　8 岁

周子钧　7 岁

叶子畅　11 岁

丁明月　9岁

沙宗澍　9岁

江奕蓓　8岁

赵紫涵　9岁

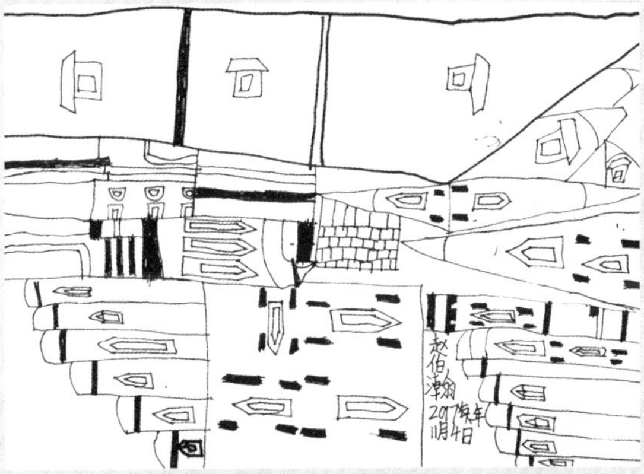

赵伯瀚　8岁

郑无双　7岁

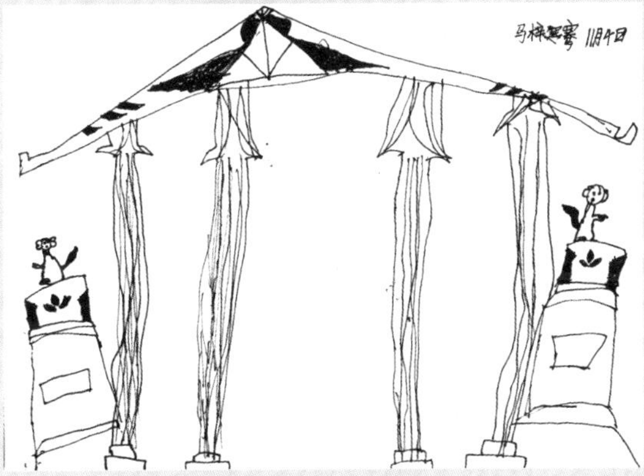

马梓骞　8岁

刘鲁豫　9岁

张佳琳　10 岁

江奕蒴　8 岁

第13课 LESSON 13

嘿，埃舍尔你好

年龄段

9~11岁

埃舍尔是荷兰版画家，因其绘画中的数学性、哲学性而闻名。在他的作品中我们可以看到对分形、对称、密铺平面、双曲几何和多面体等数学概念的形象表达。

他的作品看起来好像和孩子们之间有很远的距离，但其实不然，比起成年人，小孩子似乎更能理解埃舍尔的作品内涵。本节课选择侧重于视错觉的作品，让孩子们理解视错觉的创作思路，再将自己选择的形象利用视错觉的手法进行创作，从而产生新奇的形象。

材料：复印纸、黑色中性笔

教学实录：

老师：这是什么？一条鱼。

老师：这又是什么？一只飞鸟。

老师：一个在天上飞，一个在水里游，要是我说这条鱼能变成这只鸟，你们信吗？不信啊？老师原来也不信，直到我看到这张画，我就信了。

老师：看这张图，最下面的这条鱼在慢慢变化，但还是一条鱼，是吗？再接着看，鱼好像变得越来越简单，咦，再看，那几条鱼是不是又有些变化了？再看，变成什么了？不是变成那只鸟了吗？

老师：很奇怪吧！艺术可以把许多不可能变成可能，这就是艺术的魅力。这幅作品的作者是埃舍尔，是荷兰的版画家，但他犹如一位超级魔术师一般善于营造“一个不可能的世界”，人们看到他的作品都会感到脑洞大开，仿佛自己走进了一个深深的找不到出口的迷宫。

老师：我们再来看一幅他的作品吧，这是一座古堡，我们看古堡慢慢地变成什么样了？变得简单了，再看，变成一个一个的立方体和一个个奇怪的多角的形体了，再看，变成什么了？变成了一个戴草帽、穿花衣服的小孩，神奇吧！

老师：咱们也来一次神奇之旅吧！我给大家提供两个素材，一张素材照片拍摄了一棵已经有许多皱纹的干枯的大树，另外一张素材照片是什么？意大利著名的比萨斜塔。

老师：请大家将风马牛不相及的大树和比萨斜塔，用埃舍尔的方法巧妙地结合并慢慢地变化起来，看看最后能变成一个什么形象。

图片资料

教学总结：

这一课只是选取埃舍尔的“镶嵌”类作品，选择埃舍尔作品时尽量选择简单的、孩子们比较容易理解接受的，来进行两种或几种不同物体的“渐变”处理。

作品展示：

沙宗澍　9岁

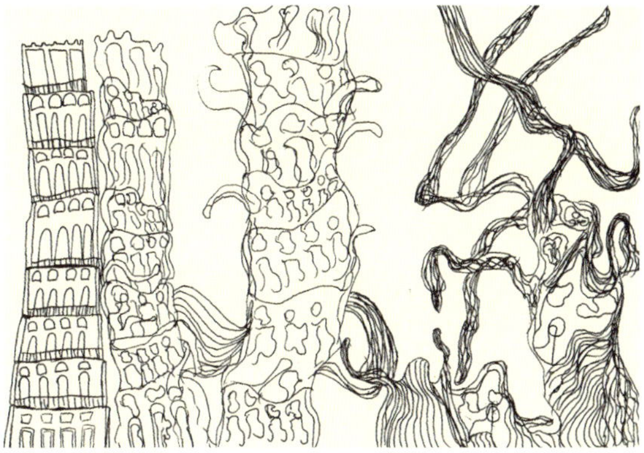

周子钧　7岁

江奕蓓　8岁

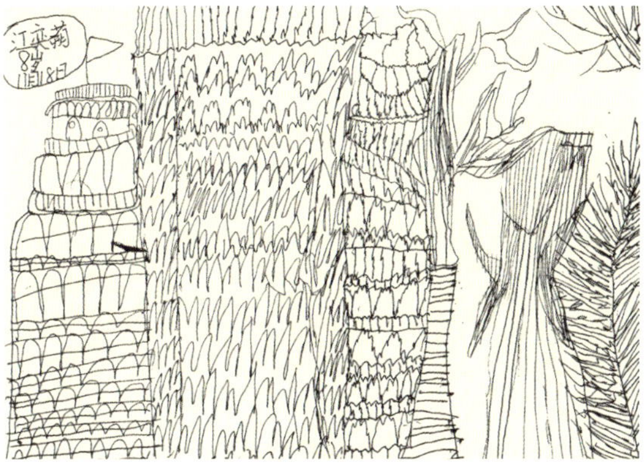

江奕蒴　8岁

刘鲁豫　9岁

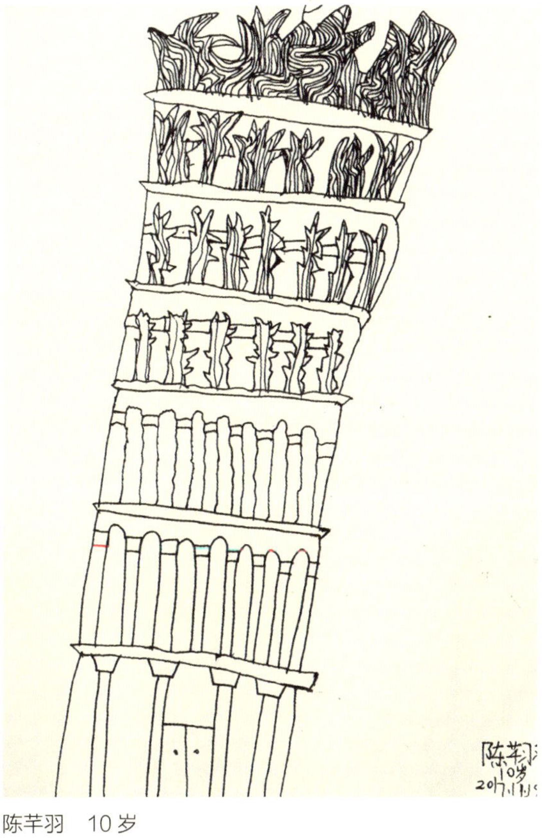

陈芊羽　10岁

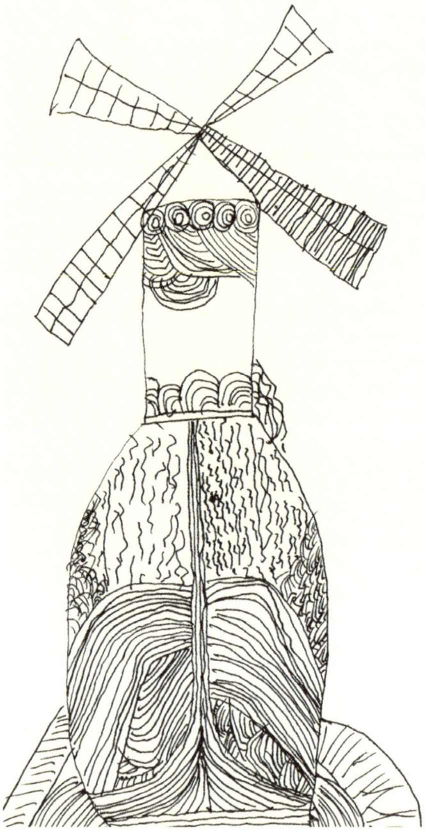

田恬　9岁

张佳琳　9岁

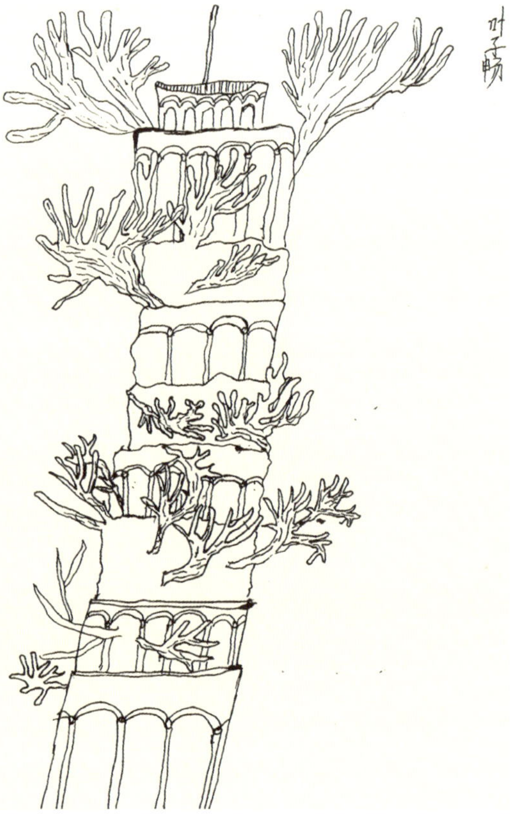

叶子畅　9岁

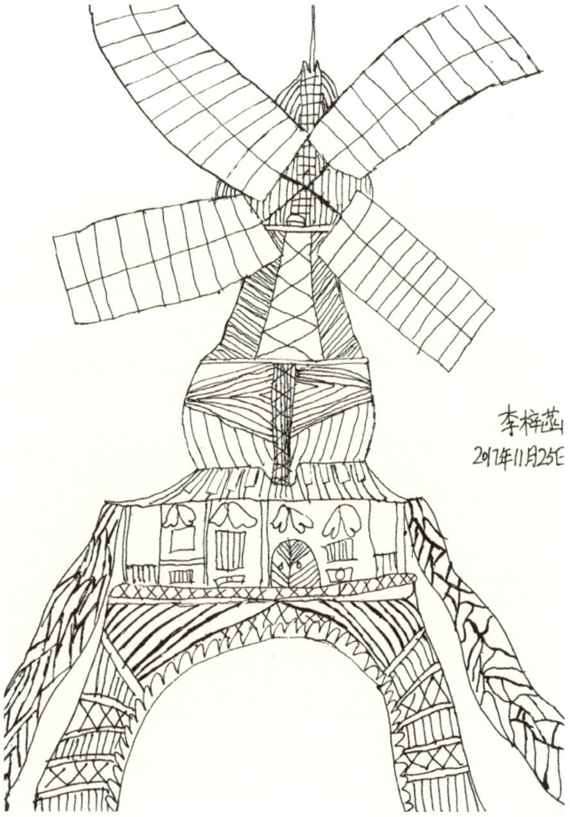

李梓菡　9岁

第 14 课 LESSON 14 文字城市

年龄段

9~11 岁

这节课的灵感来自日本素人画家喜舍场盛也的作品，他着迷于文字的堆砌，但其实他并不懂这些文字的含义，只是常常独自在房间用微小的字填满一两张 A4 纸大小的纸片，这个过程会持续很长时间，人们关注到他的作品时，都会被这种如隐居般的审美所感动。

中央美术学院徐冰教授创作的《天书》也引起了很大的轰动，作品从 1987 年开始创作，一直到 1991 年才完成。作品以汉字为型，拉丁文为体，结合两者创造了四千多个“伪汉字”，徐冰自己评价《天书》说：“这是一本在吸引你阅读的同时又拒绝你进入的书，它具有最完备的书的外表，它的完备是因为它什么都没说，就像一个人用了几年的时间严肃、认真地做了一件没有意义的事情……”

西班牙建筑师胡安 · 奥斯本运用文字排版效果创作出一幅幅惊人的绘画作品，玛丽莲 · 梦露、奥巴马、爱因斯坦等名人都成为他笔下设计的人物，他的作图方式是用英文单词（偶尔也用中文）来做笔触，通过设定参数，用自己编好的程序把这些字母整齐地排成一幅幅有意思的图像。

材料：复印纸、黑色中性笔

教学实录：

老师：你们从小学一年级到现在恐怕已经认识许多字并能用文字来写文章了吧？假如我说文字也能用来画画，你们相信吗？

老师：不可能？那请你们看一件美术作品，有的同学说这不是古代的繁体字吗？是啊，看着确实是，但大家再仔细观察一下，有没有你认识的字？

老师：这是艺术家徐冰创作的《天书》，这些字都是他创造出来的，但连他自己也不认识，大家说这是字还是画呢？

老师：日本也有一位这样的艺术家，他叫喜舍场盛也。他和徐冰有一些相似，就是非常喜欢把文字堆砌起来，没事了就躲进自己的房间里，在一两张 A4 纸上把那些字堆来堆去，创作过程会持续很长时间。

他的画一面世，很多人都感到很惊奇。

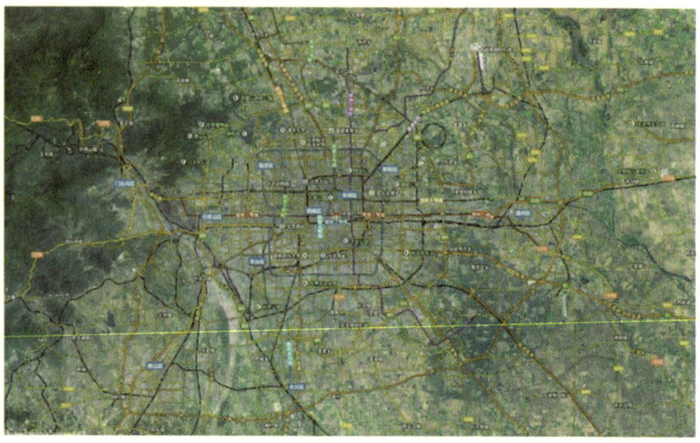

图片资料

老师： 这是谁？爱因斯坦、毕加索、梦露、哈利波特……是什么组成的这些人呢？对，是大大小小不同的英文字母，这是西班牙建筑师胡安·奥斯本创作的，他用自己编好的程序把这些字母整齐地排成一幅幅有意思的图像，很神奇吧！

老师： 再来看一张图，这是城市卫星图，那些笔直的横线、竖线就是我们常见的马路，那些密密麻麻的大小不同、形状不同的小块块呢？就是我们的楼房。那么，大家想象一下，假如我们把马路留着，悄悄地把那些楼房换成各种文字，又会是什么样呢？

老师： 我只有一个小小要求：文字最好有大有小，汉字、英文、数字不限，不要有字距、行距，内容自己来定。下面，就是见证奇迹的时候了。

教学总结：

《文字城市》简单有趣但是麻烦，需要比较长的时间来创作，孩子们尝试一下就可以了，假如可以的话，可尝试汉语、英语、数字、象形文字、图形或几种结合的形式进行创作。

作品展示：

李昱汀　9岁

王刘婧瑶　10岁

郭浩　11 岁

闫佳煊　9 岁

陈星汝　11 岁

孙一可　9 岁

马梓骞　9 岁

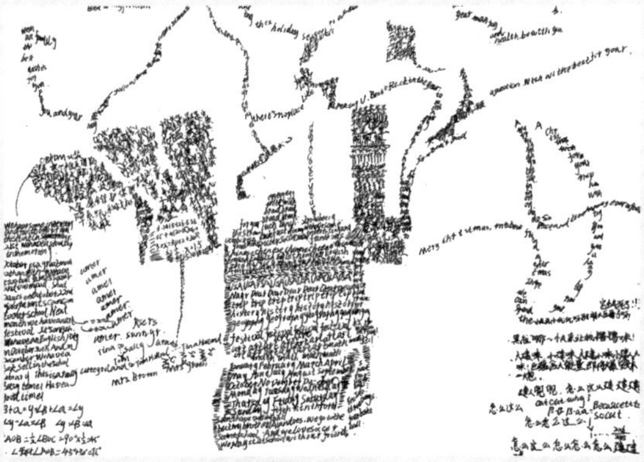

闫煦　12 岁

图书在版编目（CIP）数据

溢课堂 / 吴林，孙智明主编．—长沙：湖南美术出版社，2019.7
ISBN 978-7-5356-8885-9

Ⅰ．①溢… Ⅱ．①吴… ②孙… Ⅲ．①美术课－学前教育－教学参考资料 Ⅳ．①G613.6

中国版本图书馆 CIP 数据核字 (2019) 第 183530 号

溢课堂

YI Ketang

非常线

出 版 人：**黄 啸**

主　　编：**吴 林　孙智明**

编　　著：**马迎九**

责任编辑：**吴海恩**

装帧设计：**格局视觉 Gervision**

责任校对：**伍 兰**

出版发行：**湖南美术出版社**

（长沙市东二环一段 622 号）

经　　销：**湖南省新华书店**

印　　刷：**长沙新湘诚印刷有限公司**

（长沙市开福区伍家岭街道新码头 9 号）

开　　本：**889mm ×1194mm　1 /16**

印　　张：**32.25**

版　　次：**2019 年 7 月第 1 版**

印　　次：**2019 年 7 月第 1 次印刷**

书　　号：**ISBN 978-7-5356-8885-9**

定　　价：**196.00 元（共七册）**

邮购联系：0731-84787105　邮编：410016
网　　址：http://www.arts-press.com/
电子邮箱：market@arts-press.com
如有倒装、破损、少页等印装质量问题，请与印刷厂联系调换。联系电话：0731-84363767

溢课堂

吴林　孙智明　主编

黑白·无常

秦成——编著

cns PUBLISHING & MEDIA | 湖南美术出版社
全国百佳图书出版单位

前言

绘画让我们的生活变得丰富多彩，绘画改变我们的生活。《黑白 · 无常》是一本打破常规素描理念的书，“无常”是想告诉大家，素描具有多样性和变化性，打破传统的素描教学模式，树立新的教学观念，让大家发现原来绘画可以这么玩，可以有这么多有趣的想法。

本书由感受性创作课程和创意联想部分组成，让我们从中感受到孩子在不同年龄段的不同心理状态及情感表达。从写意创作到联想创作，从传统素描到感受性素描再到创意素描，孩子的创作从单一到多变，他们把自己的生活，以及对周围事物的真实感受，都融入自己的作品创作当中。当然，对于传统素描当中的明暗、质感、空间、透视等关系，孩子们也要得到训练，我们可以通过一些巧妙有趣的方式，将这些关系分解开来，一个一个融入每节课当中，让孩子们感受到绘画的乐趣，在创作中发现生活的美好。书中突出了孩子最真实、最感性的想法和表达。

书中的课程是我近几年的教学积累，在每个学期前、中、后三个阶段，我都会教孩子们进行类似的创作，一是让他们学习基础知识，二是让他们表达真实想法，三是检验一学期的绘画成果。同时，我也会要求孩子把传统文化与传统技法融入创作当中，使画面变得更有中国味。把传统元素融入素描当中，是我一直在研发的教学新内容。我希望孩子们能将中国博大精深的文化永远传承下去，在了解中国文化的同时，能对中国绘画与西方绘画取其共性并适当融合，让素描变得更加多元化。

一花一世界，一叶一乾坤，花花草草也有自己的世界，教师应让孩子们真实地感受到世间万物的变化。一个感性的人，会觉得千山万水总是情；一个有性情的人，会觉得一草一木总关情。古人爱把花草比喻成有灵性有风格的人，而现在的人们因为城市快速的生活节奏而忘记初心，忘记种植心灵的花草。让我们带着孩子们用心地感受这世间的一砖、一瓦、一草、一木……赋予每个孩子不同的感悟。那一幅幅奔放、看似略带抽象的艺术作品，却启发了孩子们的心智，写满了孩子们一点一滴的心灵呓语……

假如给我三天光明，我想知道水是什么样的形态，我想知道光是什么样的色彩，我想知道树是什么样的年轮。带孩子们去感受世间万物，感受自然的四季变化，感受生活的多彩，然后让他们把自己的感受融入绘画中去，真正学会创作，这才是儿童艺术教育的内核。我们经常发现，有些从未学过绘画的人画的东西令人觉得真实有趣，而有些画过简笔画的人，画的东西反而显得死板、僵硬，甚至是无趣。

我在这几年的教学当中一直在想：如何去放手教学？后来发现，放手得多了，给孩子们的想象空间也多了，孩子们就会画出更多更美好的东西，你给的越少，他们给你的回报反而越多，作品质量就更高。当然，这也离不开老师正确有趣的引导，就让我们在本书所列的课程当中感受一下我与孩子们的故事。

秦 成

目录 CONTENTS

第 I 单元
UNIT 1

观察写生

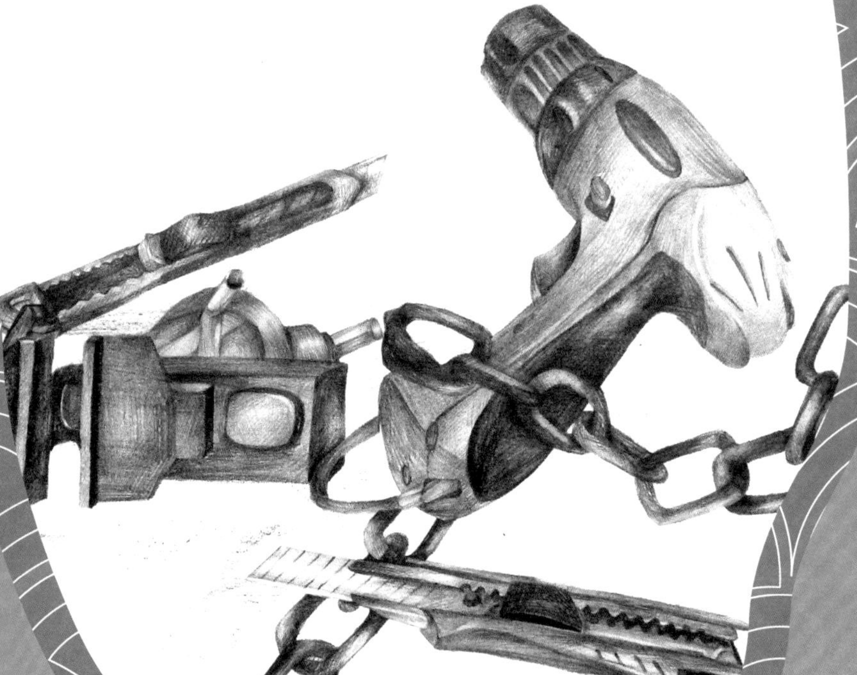

第1课 LESSON 1 局部特写

静物，每一件都不一样。每件静物，都有着自己的造型，自己的“脾气”，自己的“样式”，自己的“年代”，在观察与表达它们的时候，把心静下来，静静地去体会、感受物体与物体之间不同的味道，通过笔呈现出来。

年龄段

11~12岁

新课讲解：

一、仔细去观察实物中每件物体表面的质感，找出不同，用最适合的笔触有节奏地表现。

二、静物干净、光滑、粗糙、凹凸的质感分别如何表现？在笔触方面怎么表达？

三、学会深入刻画。

四、如果画一个破旧的竹篮，应该使用哪种表现方法？

五、让线条多一些变化，寻找线条的秩序之美。

图片资料

六、从一个局部开始，找一个点进而扩散到面，画到纸的边界处，这种构图反而给人一种大气的感觉。刻画局部的时候，可以看到什么就画什么，手随眼动。让心静下来，多去观察，这样绘画就会很轻松，也更好控制，表达出来的对象也会更加细腻和清晰。

如何绘画：

❶ 从画面当中，寻找一个最吸引你的地方，找准一个点，物件颜色深的地方就涂黑，浅的地方就涂浅一些，或是留白。

❷ 在绘画的时候，注意笔触的方向，要顺着物体的结构方向走。将那些动人的笔触融入素描当中，简直太美妙了。

❸ 把心静下来，从一个点开始，慢慢地扩散开来，逐一仔细观察。可以看到什么就画什么，不需要勾外形，边看边画。不同的东西、不同的角度，会带给人不同的视觉感受，画出那些粗糙的竹篮、新鲜的水果、坛子等静物。

评价与拓展：

让孩子们学会真实有效地观察与表达，画自己真实观察到的东西。看一看，摸一摸，静静地感受，并把感受融入画面，如此，画才有了味道。

孩子的画：

周逸涵　11 岁

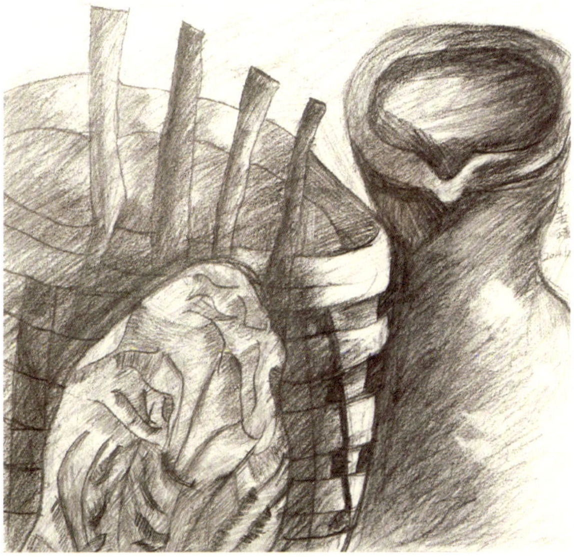

姜璠　11 岁

杨宸　11岁

苏畅　11岁

葛禹忻　12岁

许可　11岁

朱颖　11岁

陈佳颐　11岁

陈宣豪　12 岁

观察·思考·表达

邬懿涵　11 岁

第2课 LESSON 2 盲画

让孩子们蒙着眼睛去感受，把所有的感觉全部集中于指尖，感受触摸产生的感觉。也可以在艺术游戏环节中，让孩子们把手伸进一个黑色的塑料袋里，然后猜猜摸到的到底是什么，再通过绘画的方式表达在纸上，记录下各自的感受。

年龄段

11~12岁

新课讲解：

一、用眼罩蒙上眼睛，然后让孩子们把手伸到黑色袋子里找感觉。

二、告诉孩子们不用害怕，袋子里都是些生活中常见但质感不同的静物，让大家猜猜里面有什么。

三、让孩子们慢慢地摸，感受表面质感。

四、鼓励孩子把真实的触感用笔表达在纸上。

五、让大家说说摸到了什么，有什么感觉。

教学场景

六、让孩子们取下眼罩，再用眼睛观察静物，进行写生，把触摸到的感觉融入画面。

如何绘画：

① 告诉孩子们：摸静物的时候，不要着急到处乱摸，应慢慢地摸，由内往外地进行触摸，因为看不到轮廓，看不到形状，所以更要把心静下来，仔细地触摸、感受、表达。摸的时候，孩子

们会体会到静物的表面质感时而光滑，时而粗糙，时而顺手，时而刺手，孩子们要把这些最真实的感觉在纸上记录下来，光滑的地方画出光滑感，粗糙的地方画出粗糙感，刺手的地方画出刺手感。

2 放弃一切触觉以外的感觉，全身心地投入绘画，心随手动，笔随心动，用心去感受它们带给你的感觉，用笔记录心里的话。

3 画完后，把眼罩拿掉，在画边上用文字记录下最真实的感受。

4 把创作的真实感受、笔触，融入写生当中，使作品更有层次、更有内容、更有说服力，让画面更具生命力！

评价与拓展：

孩子们经历了观察和素描写生以后，学会闭眼感受，表达除了视觉以外的感知觉，再睁开眼睛去看物体，质感是否一样？生活中，眼睛看见的，不一定是真实的，但能够感受到的东西，那一定最真实的东西。记得李凌老师曾说过："现在孩子们的画面，缺乏真实，画海没有鱼腥味，画农村闻不到牛粪味儿，在他们的画面当中感受不到泥土的芬芳。"这句话说明，我们现代城市中的孩子因为快速的生活节奏，而忽视了身边很多最真实的东西。通过这样一个简单的游戏方式，让孩子们学会把心静下来，仔细感受，再把这种感觉真实地记录在纸上。

孩子的画：（左边为盲画部分，右边为写生部分）

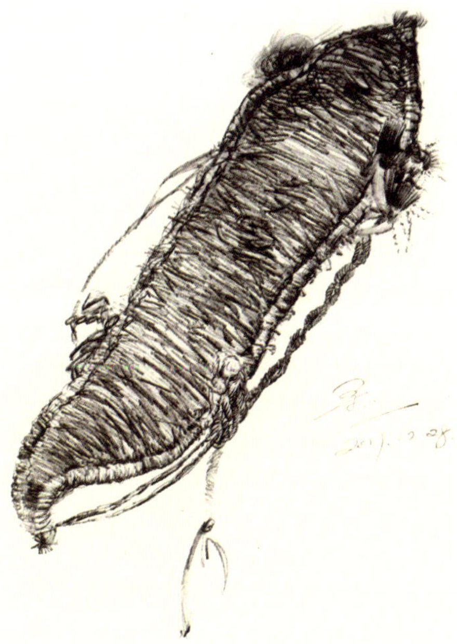

赵可心　13岁

杨安琪　12 岁

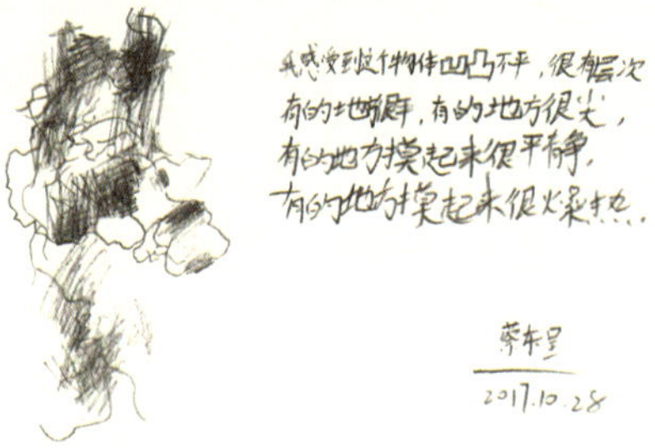

蔡东呈　12 岁

冯译诺　12 岁

陈颖楠　12 岁

第3课　LESSON 3　　绳·灯

绳与灯，都是生活中常见的物件。无论是粗糙而又柔软的麻绳，还是光滑而又坚硬的灯泡，在生活中都给予了人们许多的帮助。这两个物件各有各的用处，各有各的特点，各有各的样子，各有各的“脾气”。本课要把这两个完全不同的物件摆在一起，让孩子们感受彼此的不同，感受层次之间的对比之美。

年龄段

12~13岁

新课讲解：

图片资料

一、将两个不同材质的静物（质感上要有对比）放在一起，观察它们有什么不同?

二、注意它们在光滑、粗糙，坚硬、柔软等方面的不同表现。

三、表现时，线条的处理要能轻能重，能疏能密，收放自如，那样画面才会产生强烈的视觉冲击力。

如何绘画：

❶ 孩子们在画灯泡的时候，应画出细腻与光滑的感觉。画灯泡边缘的时候要干净利索，灯泡尾部是一个金属的螺口，需要刻画出金属的质感，深的很深，浅的很浅，注意深入刻画。

❷ 孩子们画绳子的时候，要用柔软的笔触有节奏地去表现出麻绳粗糙的质感，同时要注意观察麻绳纤维之间紧密的缠绕关系，在不一样的结构中找到秩序美。

③ 注意两个物体的明暗关系对比，如深浅对比；二者在质感方面存在哪些不同的变化。让两个物体放在一块儿，形成一种层次之美、对比之美。

评价与拓展：

各式各样的静物，就像生活中形形色色的人一样，孩子们通过观察和思考，用心感受这些静物独特的气息与味道，再通过笔呈现出来。这组静物，一个硬，一个软，孩子们通过视觉感受，用笔触表达对比之美，进而通过绘画把观察、思考、表达三种方法运用得淋漓尽致。

孩子的画：

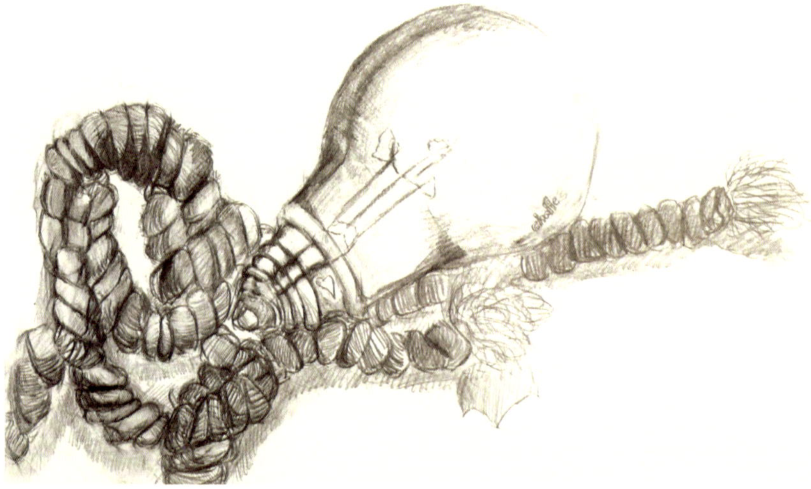

吴凯同　12 岁

吴朱熠繁　12 岁

沈欣玥　12 岁

赵可心　13 岁

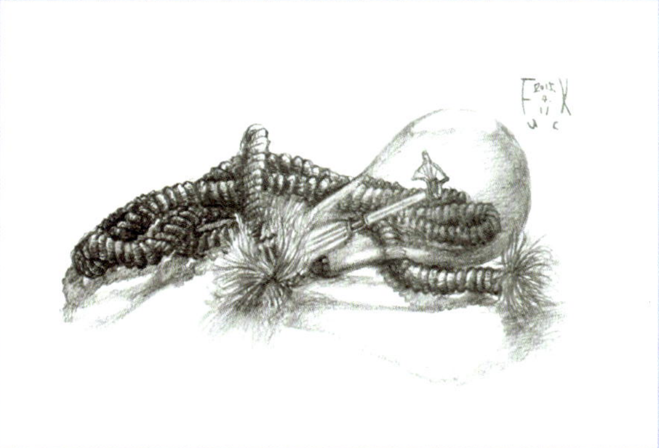

赵杨歌　13 岁

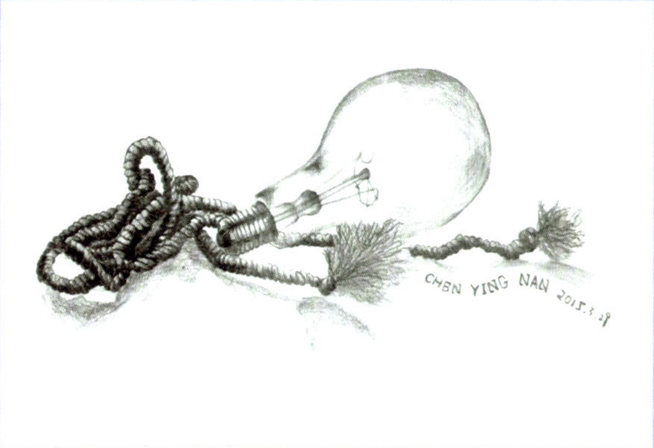

陈颖楠　12 岁

张桐语　12 岁

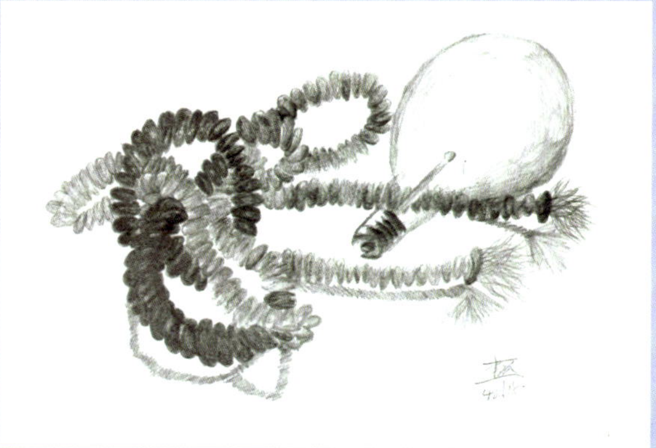

杨宸　12 岁

孙千喆　12 岁

江乐怡　12 岁

第4课 LESSON 4 金属·空间

重金属，在这个钢筋混凝土的时代很常见，它在生活中给人带来很多独特的印象。很多家庭装修，也融入了重金属的元素，让生活空间变得越来越有个性。如果将重金属的元素融入一个自由的空间，欣赏绘画的人会是一种什么样的感受？让我们一起在重金属的气息之下，感受空间的变化，感受时空的穿梭。

年龄段

11~12岁

新课讲解：

一、观察桌上摆放的工具，它们有什么独特的气息？（金属、坚硬的）

二、观察这些金属有什么区别。（新的、旧的）

三、多层次地深入表现，区分物体的不同质感。

四、写生完毕，再将这些零零散散的重金属物件融入一个奇妙的时空之下。

如何绘画：

1 老师摆放各式各样的金属器皿，让孩子仔细看看它们的外形，有些器皿很光滑，有些器皿有锈斑。

2 孩子们从其中一个器皿最吸引人的地方开始刻画，要求画出金属感，同时将它与其他器皿功能相似的结构元素相比较，比如橡胶做的把手，塑料做的电钻的把手，还有一些纸的标贴，质感都是不同的。

图片资料

❸ 金属的质感如何刻画？（因为受到了阳光的影响，金属对光的反射很强，所以高光的地方就特别亮，背光的地方颜色就会特别深，画高光的地方可以留白，或者用橡皮擦白！金属器皿往往坚硬而细腻光滑，在表达质感的时候一定不能心急，笔触要细腻，同时又要果断、肯定地刻画除高光以外的部分。）

❹ 可以将物体重叠摆放后进行绘画。

在这些金属物之间加条链子，它既可以遮挡物体，又可以躲在金属物体的后面，更可以成为各个金属物体之间的链接，从而形成一种特殊的画面空间，让这幅作品呈现一种二维空间的感觉。

评价与拓展：

花了几周的创作时间，当大家的作品呈现出来的时候，画面带来了非常大的视觉冲击力，一个个小小的物件，却形成了一组很微妙的空间关系，堪称一场重金属的视觉盛宴。物体中的细节没有因为画面的穿插遮挡关系而产生混乱，反而显得更加精彩、丰富、细腻。

孩子的画：

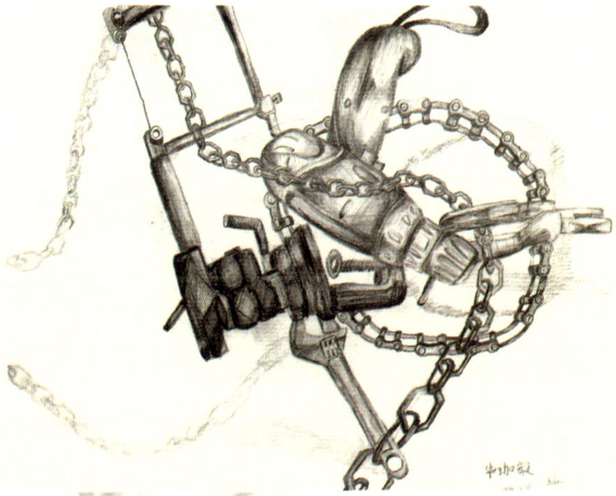

华珈毅　12 岁

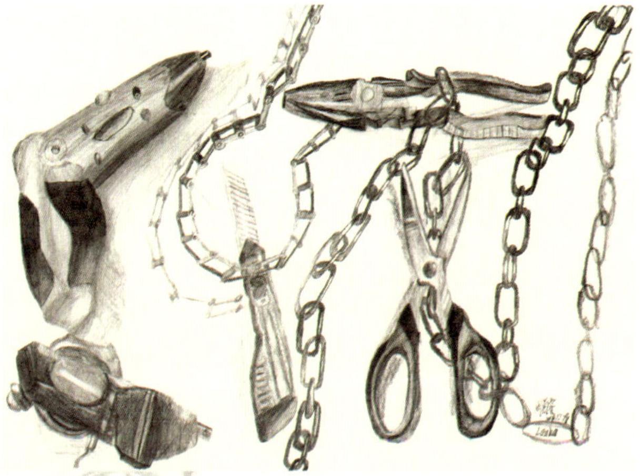

周葛睿　12 岁

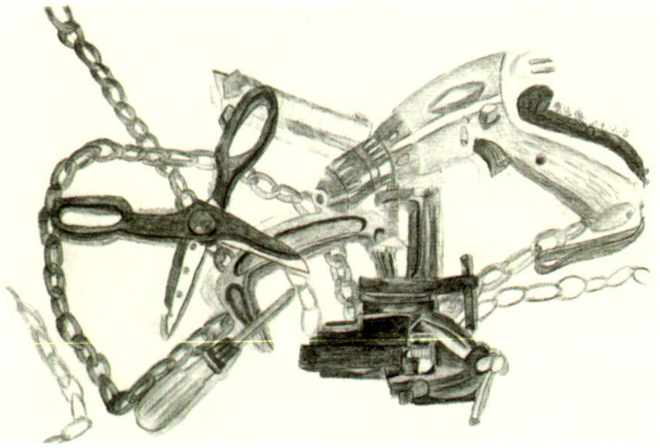
黄佳琳　12 岁

张馨月　12 岁

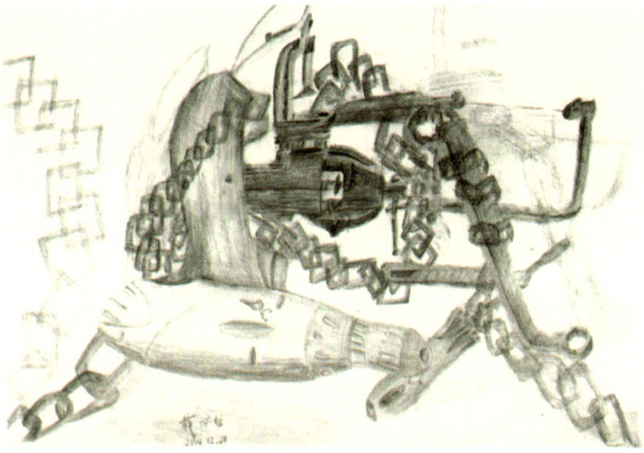
戴亦哲　12 岁

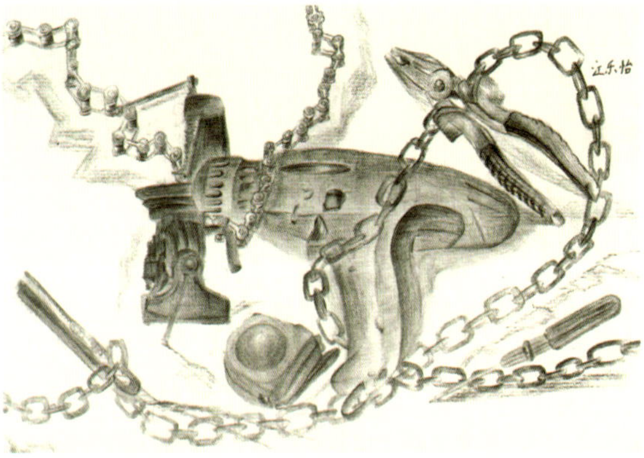

江乐怡　12 岁

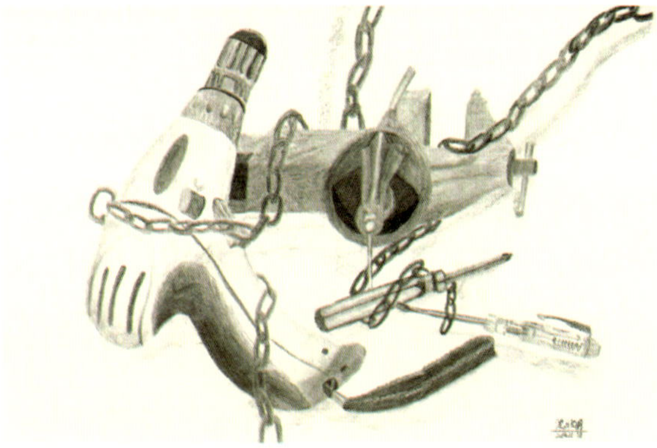
沈欣玥　12 岁

王思懿　12 岁

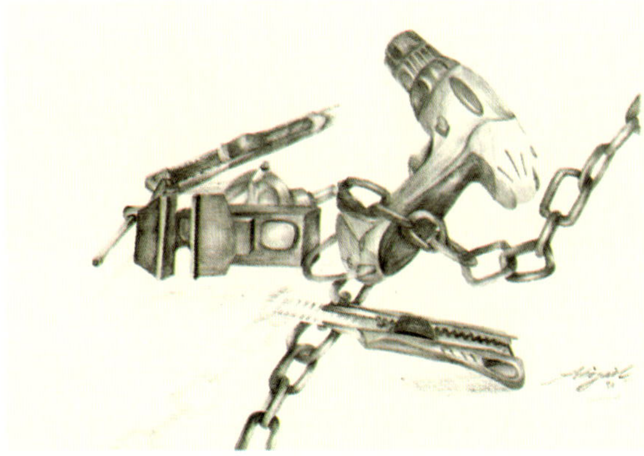
曹语　12 岁

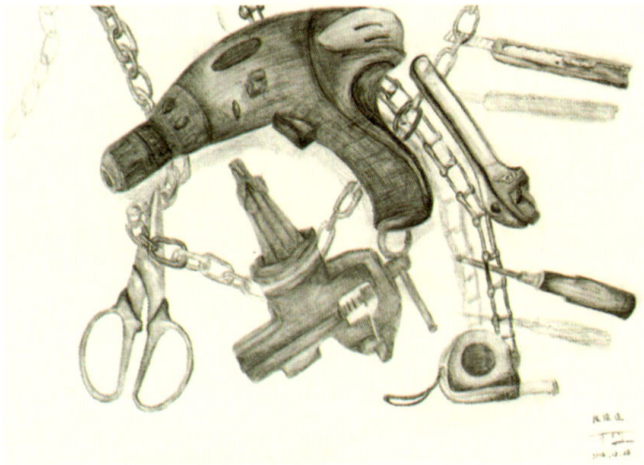
陈徐佳　12 岁

第2单元

UNIT 2

借形联想

第5课 LESSON 5 机械昆虫

年龄段 12~13岁

世间万物皆有起源，皆有生命，交织在一起，遂形成了一幅生机盎然的画面。在这个工业化的时代，夜空中几乎看不到星星，虫鸣鸟叫也越来越难听到。人们都在为了事业而奔波着，生活状态就像一个机械人。我们多希望有一天能什么事都不管，能好好地放松一下，去感受一下大自然中万物生长，鸟语花香，蝴蝶、蜻蜓飞舞的场景。自然界中的昆虫，虽是世间万物之中很渺小的存在，但也是世间万物一个很重要的组成部分，它们有爬的，有飞的，给人们带来一种自由的感觉。机械感带给人们的是科技时代的气息，让机械与虫儿结合在一起，会产生一种怎样独特的美感呢？

新课讲解：

一、观察图片当中有什么昆虫。（蜻蜓、蜗牛、天牛、蚂蚁）

二、写生一只昆虫，把新奇的想法巧妙地融入创作中。

三、看看国外著名设计师的作品，思考他们如何赋予一个简单的小东西有趣的变化。

图片资料

四、要把各自的创意想法和素描巧妙地结合在一起。

五、找到与机械有关的零件，将它们巧妙地运用到创作中。（比如钉子、锯子、钻头……它们的用处在哪里？有些是可以加固东西的，比如螺丝；有些是提供动力的，比如发条、齿轮……如何利用这些材料进行变化？）

六、在创作当中融入一些重金属质感的表达，赋予画面一种金属感。

如何绘画：

有三个方法，非常重要：

❶ 添加法：绘画中的添加法可以让孩子们脑洞大开，比如在蜻蜓的尾巴上加一个控制器，或在蜻蜓腹部下面加一个梯子，或在蜻蜓触角上面加一根天线。不仅可以在数量上面做加法，也可以在物体的外形方面做添加，比如可以在它的翅膀上添加一些花纹，或在它的腹部添加些窗户等。

❷ 减少法：绘画中运用减少法也可以让作品显得创意无穷，比如画蜗牛时可以在其螺旋形的贝壳上进行“镂空”，或者在贝壳上画出一个“洞”，让蜗牛露出里面的身体部分。添加法也可以和减少法结合在一起，如在贝壳上这个打开的“洞”里面，添加一个望远镜，镜头从“洞”里伸出来，如此创意就更巧妙了。

❸ 变化法：这也是最有趣的一种方法。让孩子直接对某一个东西进行改造，比如昆虫的腿可以画成弹簧腿，结合一些金属零件的创想，腿就有了特殊功能，可以跳得很高！如果是一种会飞的昆虫，通过变化法也可以让它成为地上的一种机械工具，譬如汽车、火车、轮船、探测器等，如机械蜻蜓，到了水里长尾巴就可以变成一个螺旋桨，还可以让它变成天上的飞机、卫星等。

师：“老师这里有一只蝴蝶，谁能说说看，它可以变成什么呢？”生：“这只蝴蝶的翅膀，我能让它变成帆船的帆么？”师：“太有才了！这个想法非常好！我还没想到呢！这是属于你的方法！别的同学可不能用啊！老师这里刚刚也说了好多好玩的，那都是老师的想法，别人说的那是别人的想法，不要模仿或是抄袭别人的东西，我们不复制，要创新！只有创新才是有生命的。你们可以畅所欲言，画你们喜欢的生活里的一切东西，它们都可以作为你们的创作来源，你们想说的，想做的，都可以通过创作去实现。”

小贴士：在不同的纸上表达的金属感是不一样的，比如用铅笔画出的感觉是细腻、光滑的，但铅笔画在素描纸上和画在牛皮纸上给人的感觉肯定也不一样；水笔在牛皮纸上蹭擦的感觉，就像金属一样粗糙、有分量。

评价与拓展：

《机械昆虫》一课，让孩子们将平时素描课程中学到的一些基础技能，与他们的奇思异想巧妙地融合在一起，突出教学核心思想，让想法与技法巧妙融为一体，呈现出一幅幅独一无二的美术作品。后期的作品表达中，再加入一些质感、空间等元素，画面效果一定会变得越来越丰富，越来越有意思。

孩子的画：

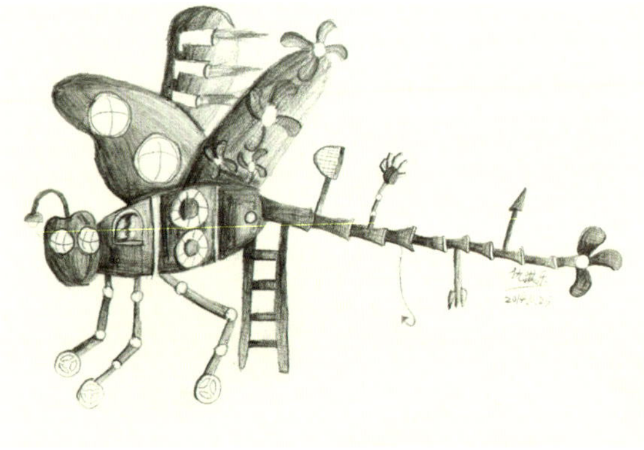

仇淇乐　12 岁

张兆言　12 岁

周逸涵　12 岁

任天灿　12 岁

曹语　12 岁

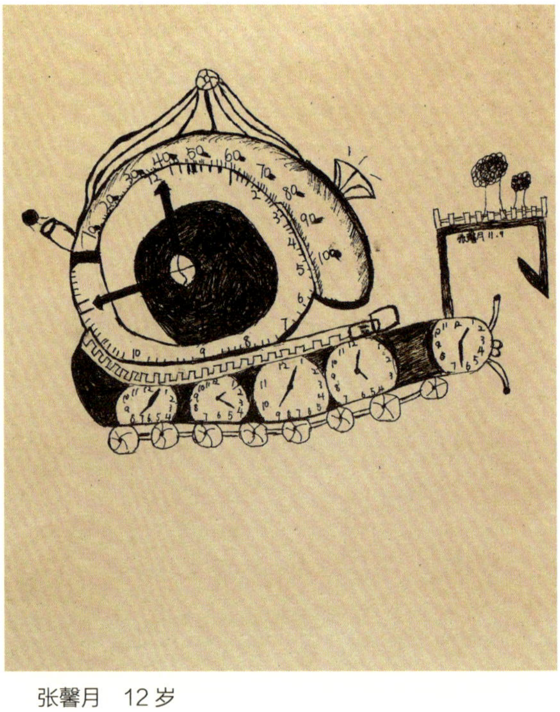

张馨月　12 岁

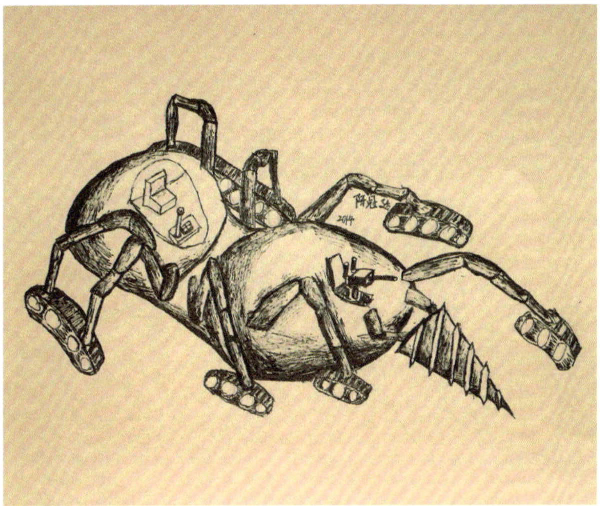

陈冠廷　12 岁

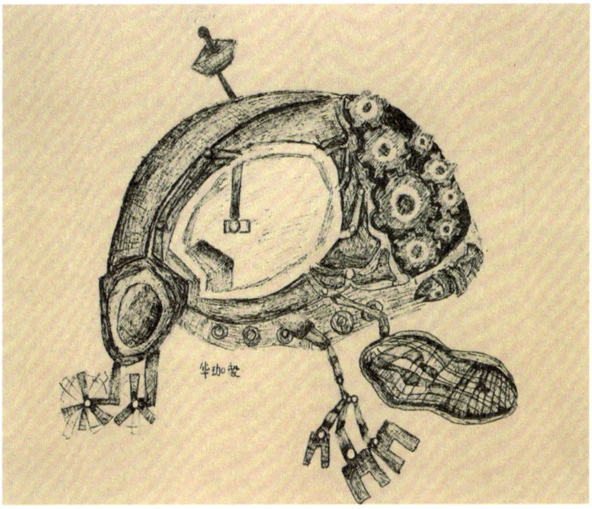

华珈毅　12 岁

融入质感、空间感的昆虫创作：

赖澜祥　13 岁

邬懿涵　12 岁

第6课 LESSON 6 异世界

本节课让我们来体验一次奇妙的旅行。将有趣的元素融入创作当中，看，眼前两个平凡而又普通的罐子，你想到了些什么？你想让它们成为什么呢？大胆地发挥想象力，把瓶子当作身边的朋友，或是生活中最重要的伙伴来进行创作。

年龄段
12~13岁

新课讲解：

一、将大小不一的两个罐子上下重叠摆放。

二、把罐子联想成一个奇怪的人，或一个奇怪的动物，或一尊威武的神像。

三、融入一些常见的元素，可以是电影里或者书上看到过的，也可以从生活经历中搜索，还可以是曾经见过的奇怪的角色。

图片资料

在对单个物体进行创作的基础上，赋予物体不同的质感与空间感，或者对物体加以故事性的联想。

不仅可以改变物体的样子，也可以改变物体周围的环境，让画面的故事感与空间感都更强烈，引人入胜。

如何绘画：

1 在对瓶罐静物进行塑造的时候，可在其原本造型的基础上进行夸张，然后再针对这个造型去联想，去表达。

2 将一组常见的各式各样大大小小的石膏几何体任意摆放在一起，让孩子们从不同的角度去观察，通过联想，得出的画面都会不一样，这些画面可以表现天上的云朵和星星，可以表现地面和水中的各种生物，甚至还可以表现存在于二维空间里的特殊物种。孩子们大胆想象场景和空间纬度的关系，可在画面中添加一些有生命的物体，注意表现物体前后穿插遮挡关系，让画面富有一种神奇的魔幻空间感。

评价与拓展：

这组简单而平凡的瓶罐与石膏作品，呈现出了各自那具有神秘气息的造型，画面被赋予灵魂，赋予情感，表达出了自己的生命语言。

孩子的画：

孙千喆　13岁

邵正棋　13岁

赵杨歌　13岁

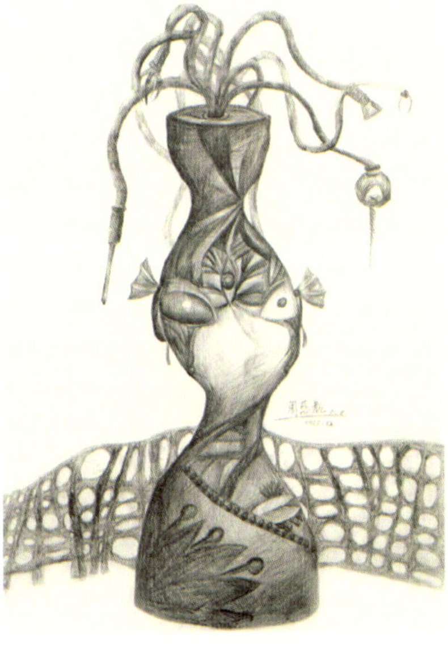
周慈航　12岁

我的世界

陈佳颐　12 岁

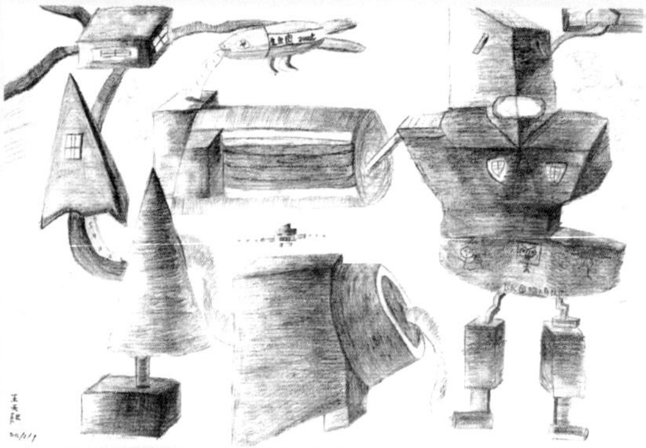

王天熙　13 岁

吴凯同　13 岁

赵杨歌　13 岁

融入质感、空间的静物创作：

周兹航　14 岁

沈欣玥　14 岁

第7课 LESSON 7 异 兽

天上飞的、地上爬的、水里游的动物，本身就是有灵性的，有意思的。我们能否运用一种夸张有趣的手法，将它们变成另一种神奇的生物？或者让它们变成另外一种全新的东西？你也可以把它们跟你认识的东西相互结合，让它产生不一样的变化，在画面中融入空间趣味与质感。一些神话动物比如九尾狐、九色鹿、石兽、龙等，都可以用来进行创作，它们会令作品富有浓厚的中国文化特色，注意创作过程中要运用变化多端的艺术手法突出其艺术特色。

年龄段

12~13岁

新课讲解：

一、这次的方法与之前的方法一样，应用添加、减少、变化法，让角色富有独特的艺术美。

二、针对动物的动态，表达出运动美。

三、在创作中不仅可以改变物体造型，还可以对其质感进行转换。

四、不同形式的造型、不同的质感表达，能让画面形成一种层次之美。

如何绘画：

❶ 针对一些动物局部进行转变，譬如孩子们在画鸟嘴巴的时候，可以赋予坚硬的鸟嘴柔软的质感；在画动物皮毛时，也可以将柔软的皮毛画出鱼的鳞片一般的质感，让画面更加多元化，更加富有想象空间。

❷ 在表现动物的动态时，可以让孩子们通过画一些动姿，例如将动物躯干的一些部位进行前后、左右的空间调整，使其富有动态感和视觉错位感。

3 将中国传统文化元素融入画面当中，使画面更精彩，比如中国古代传说中的龙，它常用来象征祥瑞，但并不真实地存在，龙的造型特点就是“九似”，即结合了几种动物的特点。我们看看这些石兽，它们个个都是那么地独特、经典、有味道，孩子们通过创意素描再造出自己心中的经典形象，展示出石兽最独到的一面！

拓展与评价：

中国文化博大精深，古人们将创作灵感融入石头当中，赋予它们传统文化的内涵与艺术造型。在这些石兽的创作中，我们发掘了孩子们独到的想象力与创造力。你看，每一幅作品都那么精彩别致！

孩子的画：

宋杨元乾　12 岁

姜璠　12 岁

赖澜祥　13 岁

邬懿涵　12 岁

江乐怡　13岁

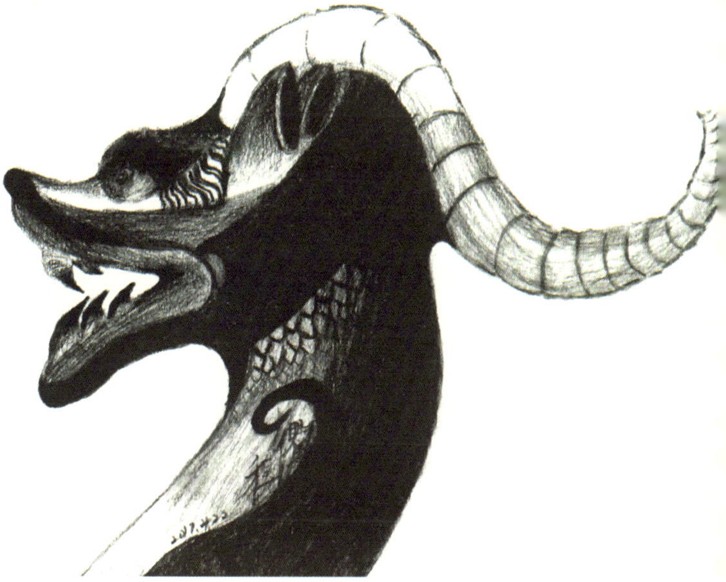

程衢　12岁

胡笑言　12岁

融入质感、空间感的动物创作：

张桐语　12 岁

顾天豪　13 岁

沈欣玥　13 岁

第8课 LESSON 8

我形我塑

生活当中，有着各种各样的人。我们经常会在校园中、回家路途中、动画片或电影当中看到形形色色的人。有的人是真实存在的，有的人是想象的。像动画片里的人物，都是动漫公司的设计师创造出来的，很多小朋友最喜欢看迪士尼的动画电影，因为里面有很多奇特的人物、动物，他们那夸张而又有趣的动态，深深吸引了小观众们的眼球。

年龄段

12~13岁

新课讲解：

一、尝试画出现实生活当中的人物，并添加自己的想法，使其成为独一无二的艺术角色。

二、出示图片当中的人物（有男有女、有老有小），让孩子们仔细观察，找到自己喜欢的人物原型。

三、运用加、减、置换法对人物原型进行艺术创作。

四、让孩子们画出人物独特的气质（霸气的、萌萌的、秀美温柔的、勇敢坚毅的）。

五、让孩子们把各自的奇思妙想巧妙地融入创作当中。

如何绘画：

进行三种创作变化：

① 添加法：拿到一张你想要表现的人物照片，针对人物的外形进行添加，比如可以在人物的脸上添加一副眼镜，多添加一个大鼻子、一张嘴巴，甚至一个脑袋，或者在人物的皮肤上添加一些花纹、装饰等。

❷ 减少法：减掉人物的一些身体结构，使其变得更加奇特和有趣。刻画的人物不一定是一个完整的人像，可把某些局部缩小或加以凹凸变形或直接删减。

❸ 置换法：抓住人物特点，使其变得更加夸张有趣！针对人物的某一个局部进行置换，比如原本人物头发是柔软的，我们可以改用粗糙的树藤去编织她的头发；比如描绘人物眼睛时，可以将其置换成一个灯泡，或者是画很多眼睛，甚至不画眼睛；比如在人物造型、衣饰的质感方面进行加工、转变。

评价与拓展：

世界上有很多有名的动漫设计师，他们笔下的人物造型有可爱的，有神奇的，有神秘的，也有酷酷的。孩子们这次课的作品表达，老师觉得和宫崎骏都有得一比！只要孩子们不断创新，有自己独特的思想，就会给我们带来新颖的视觉感受。老师相信你们，将来肯定会成为最耀眼的设计师。

孩子的画：

任天灿　12岁

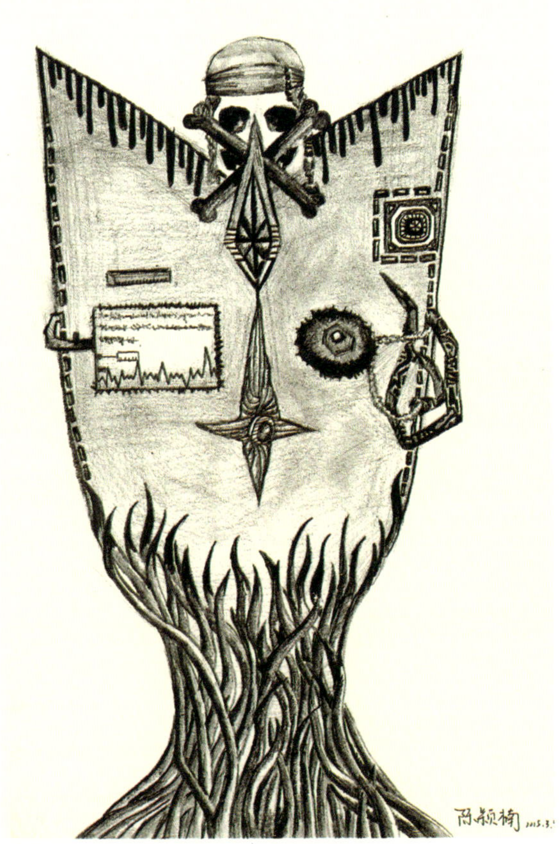

陈颖楠　12岁

王思懿　12 岁

邱圣凯　12 岁

胡笑言　12 岁

赵杨歌　13 岁

融入质感、空间感的人物创作：

沈欣玥　13 岁

仇淇乐　12 岁

周慈航　13 岁

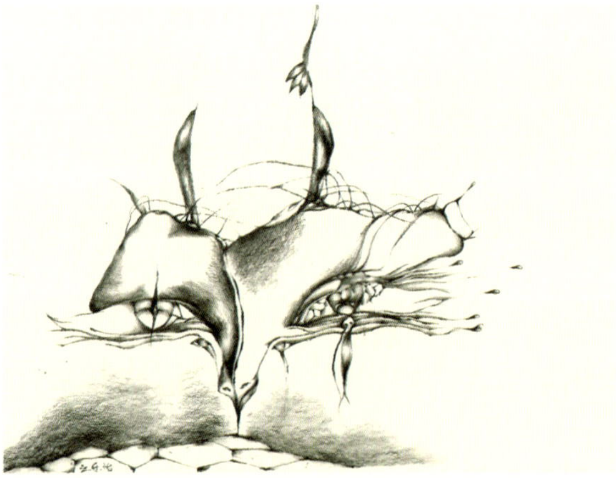

江乐怡　13 岁

第3单元
UNIT 3

游戏联想

第9课 LESSON 9 零件的联想

很多人喜欢收藏各式各样的手表，老师也不例外。这些表不仅做工精致，还有收藏价值。一些有名的钟表设计师，在制作机械表的时候，甚至得花上大半年的功夫。这些精美的表，是一种奢华、珍贵而又独特的艺术品。

年龄段 12~13岁

新课讲解：

一、观察图片中各式各样的机械表面，思考它们有哪些形状。

二、观察表的内部结构，找到你认识的零件。

三、用大大小小的零件组合成属于自己的艺术机械表。

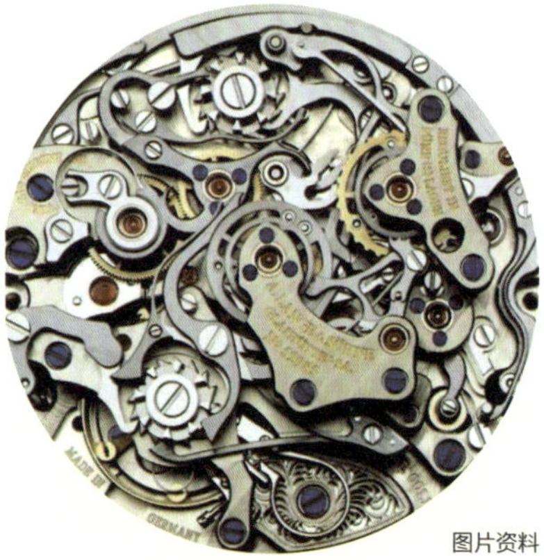

图片资料

如何绘画：

1 孩子们通过欣赏机械表图片选一个自己喜欢的样式，再根据喜好设计一款造型。让孩子们在纸上画出一个简单的形状，作为手表的外形，再在这个形状以内添加自己的创意想法。

2 确定一个主题，在表盘内进行创作，把生活元素、自然元素都融入绘画当中。表达的东西可以有很多种类，生活当中的衣、食、住、行元素，或自然界中的人、物、景或想象世界中的神，都可以植入设计。

3 主题内容画完了之后，给表的边框装饰一些精致的花纹。

评价与拓展：

“我画的是一个‘我的世界’，因为我经常玩‘我的世界’，这款游戏里面很多很多有意思的造型，都是我自己搭建的。”“我画的是漫威里面钢铁侠的内部构造。”“我画的是一个地下王国。”每个孩子都在作品中精彩地表达出了他们各式各样的想法。拥有如此强大的想象与表现能力，老师相信你们以后一定能创造出更多精彩、精致的艺术作品！

孩子的画：

仇淇乐　12 岁

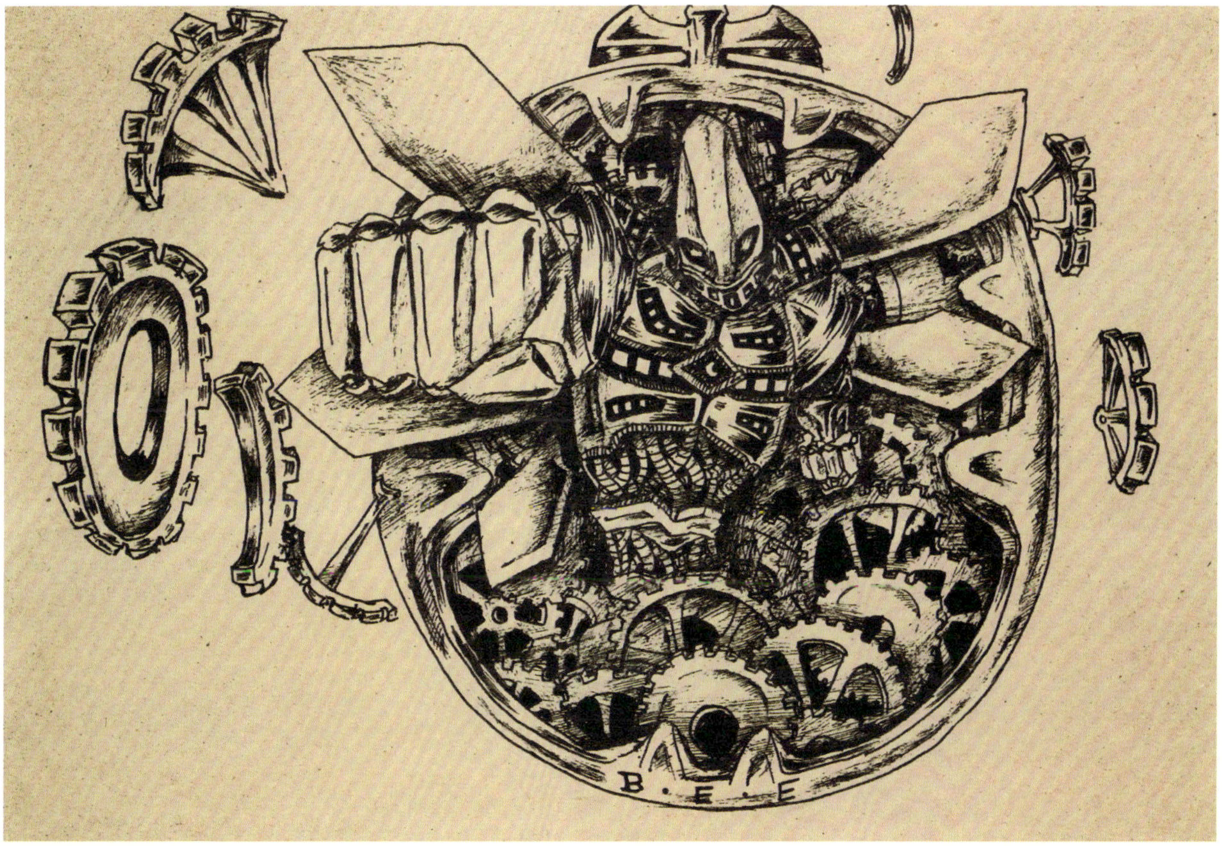

赵杨歌　13 岁

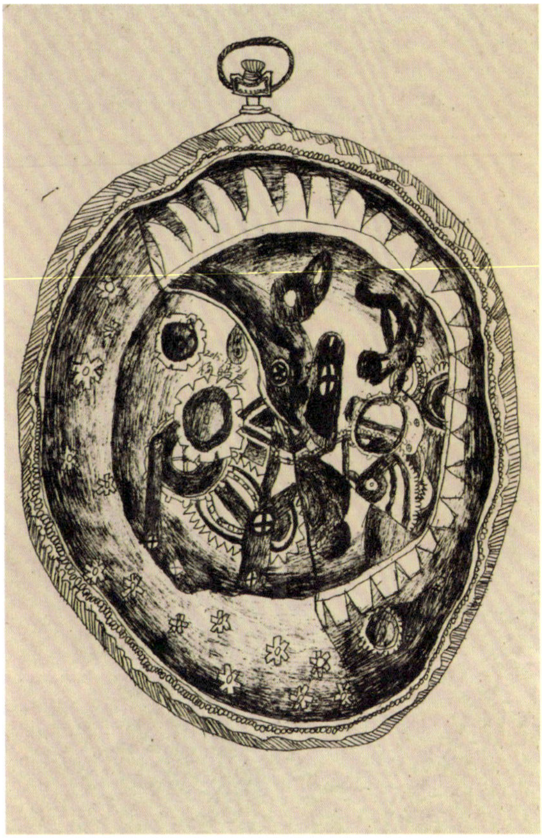

杨皓辰　12岁

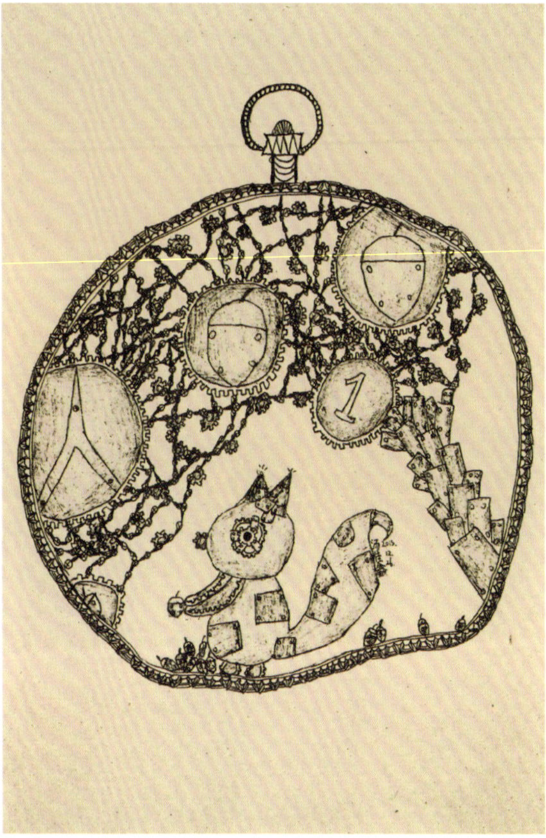

汤佳鑫　12岁

陈颖楠　12岁

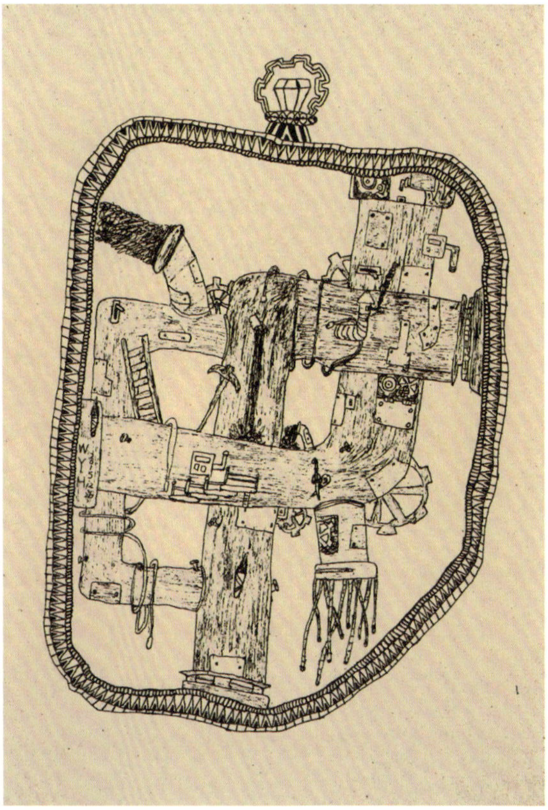

邬懿涵　12岁

冯羿杰　12 岁

杨安琪　12 岁

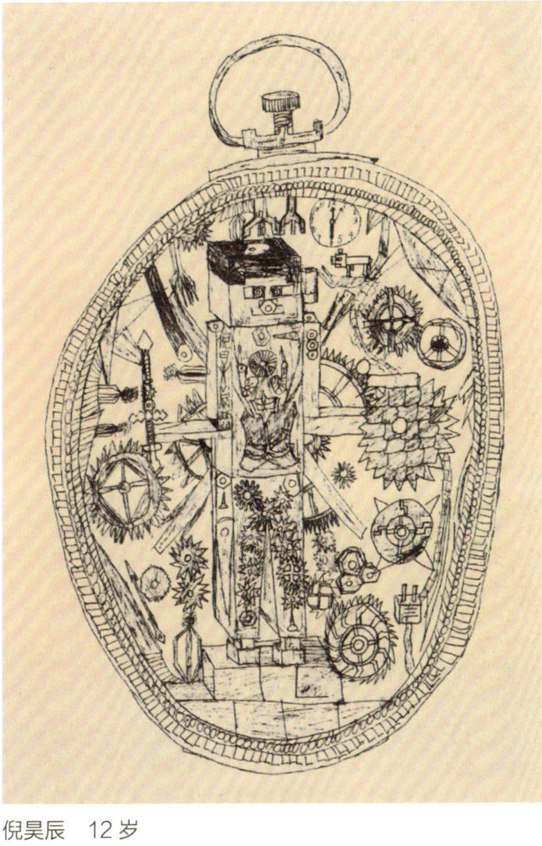

倪昊辰　12 岁

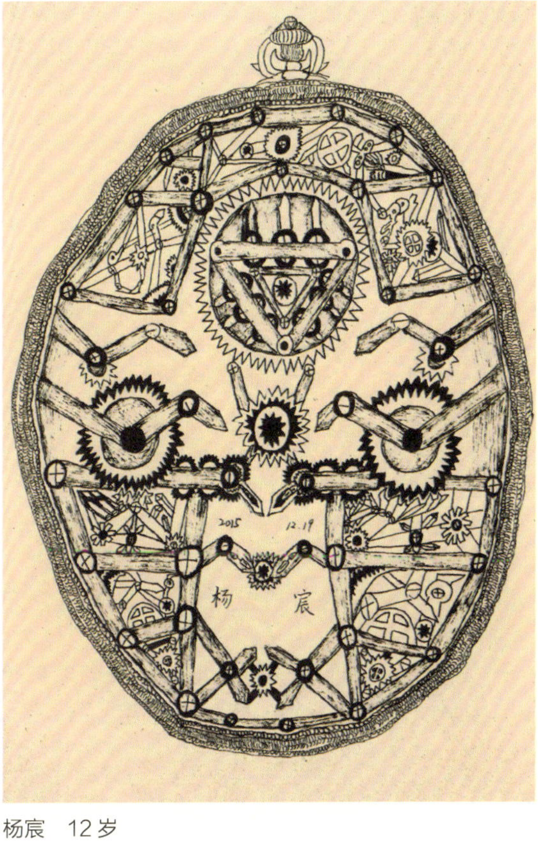

杨宸　12 岁

第10课 LESSON 10 修补零件

假如生活中的“它”坏了，是选择修好还是丢弃？生活中经常会有这样食之无味、弃之可惜的事情发生，假如我们拥有一种特殊的魔力，能够以旧换新就好了。恰好美术就有一种特别的法力——“变废为宝”。

年龄段

12~14岁

新课讲解：

一、仔细观察图片，你发现了什么？

二、图片中的零件有什么相同点？有什么不同点？

三、把图片中的零件“还原”。

四、还原成另外一种非原样的物象。

图片资料

如何绘画：

1. 首先，在各式的交通工具（天上、水里、地上、地下等）的零件之中挑选一个你自己喜欢的。

2. 把选择的图片（黑白图片）外形剪下来，然后放在白纸上。

3. 笔触从图形的边界处往外拓展延伸，将画面中颜色深的地方涂得更深一点，浅的地方涂得淡一点或者留白。

4. 利用零件，展开想象，把生活中的、自然中的，甚至是古老传说中的元素融入画面之中。

5 从点到面，慢慢形成一张很有感觉的画面。

6 造型要独特，画面中这个新颖奇特的工具，可以在天上飞，也可以在陆地上跑，还可以在水里游。

7 把这些零件重新拼接，让它富有全新的生命。

评价与拓展：

由于老师给的图片是残图，需要孩子们根据已有的残图来借形联想。让孩子们渐渐学会脱离对图片的参考，慢慢地学会自我表达与创作。

孩子的画：

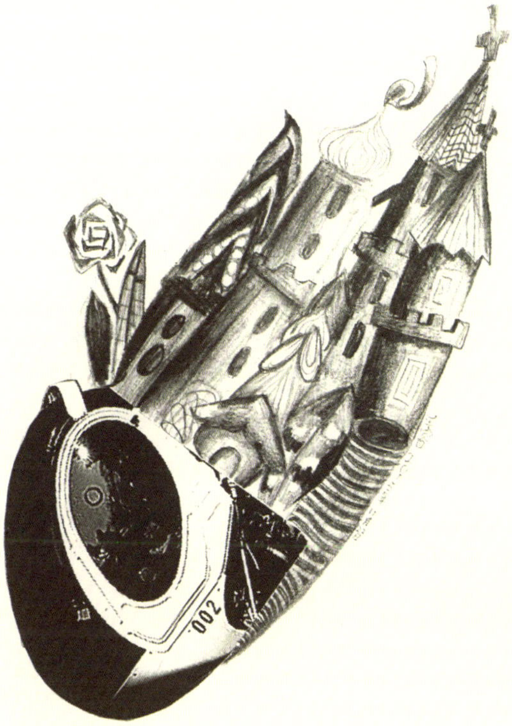

王睿　12 岁

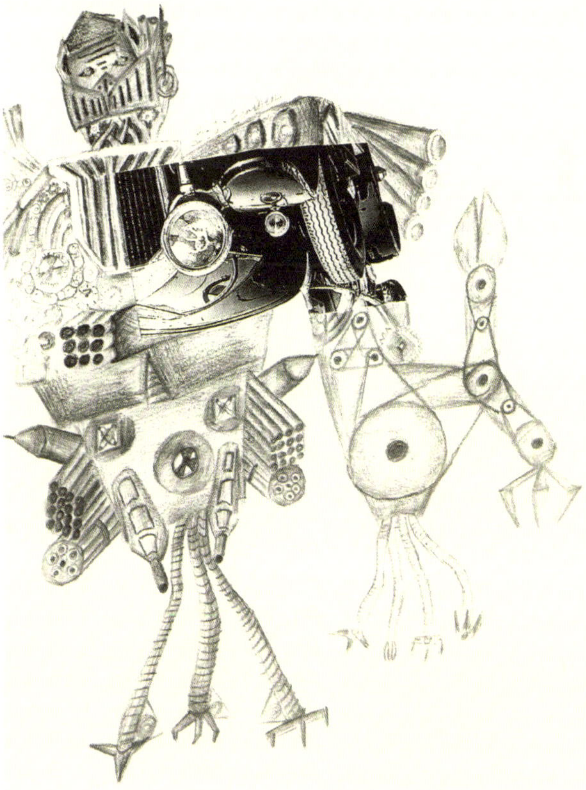

戴亦哲　13 岁

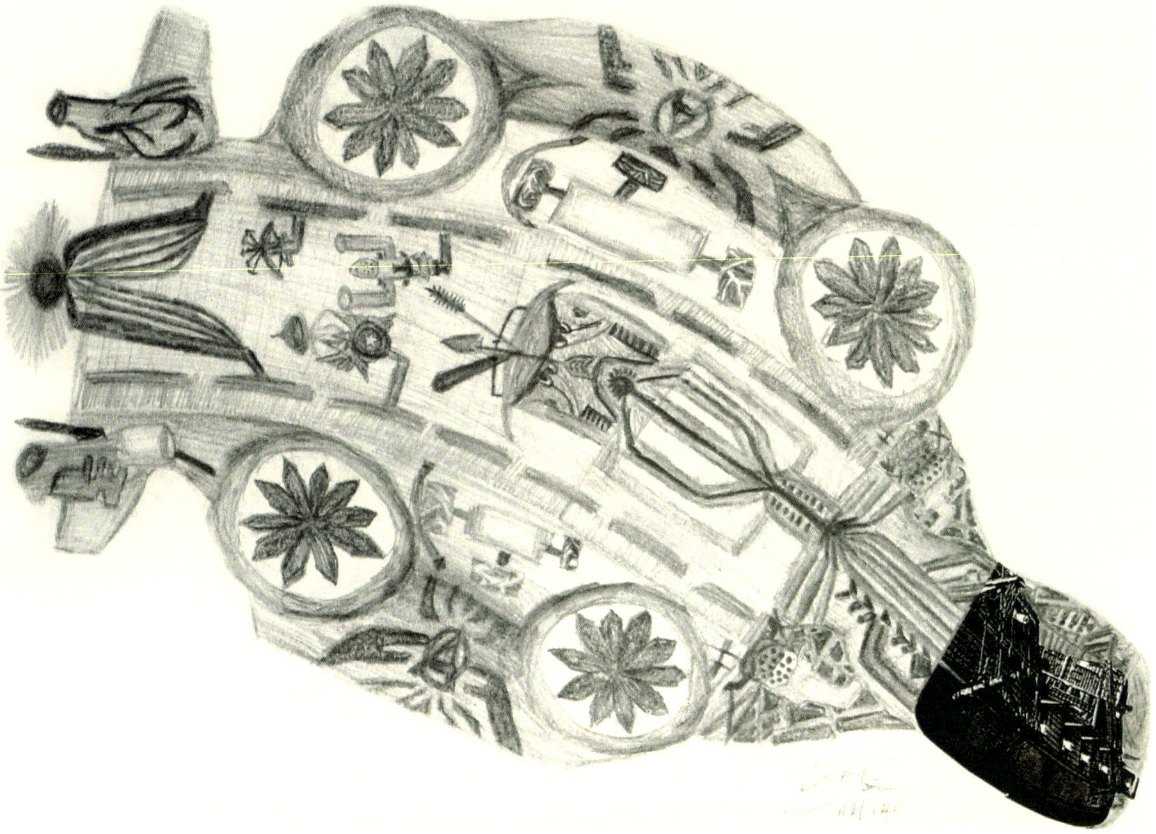

杨宸　13 岁

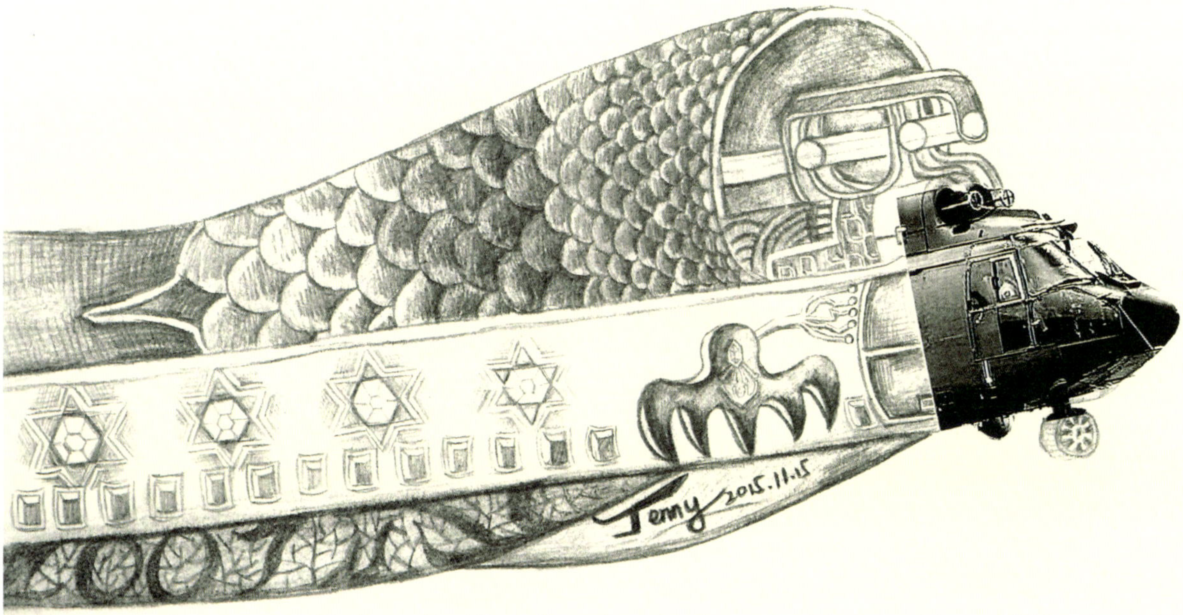

陈颖楠　13 岁

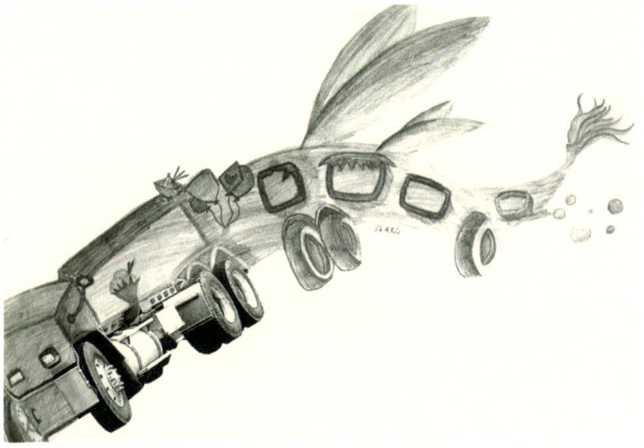

任天灿　13 岁

周慈航　14 岁

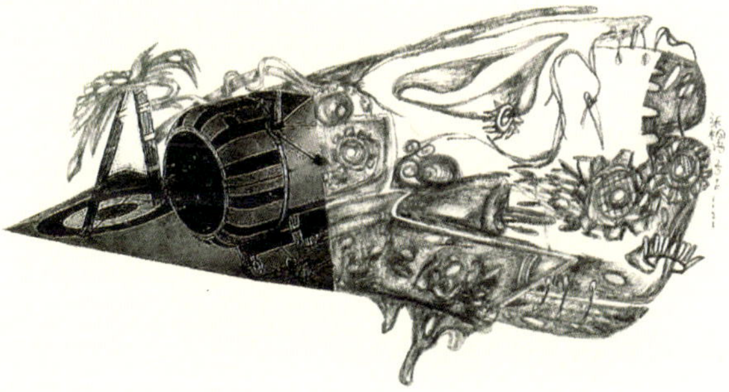

张桐语　13 岁

沈欣玥　14 岁

邬懿涵　12 岁

陈徐佳　14 岁

第 11 课 LESSON 11 线的联想

每个人心中都住着一个小怪兽，它经常在一些很关键的时候，提醒、暗示着自己。老师这里有一些看似没用的东西，让我们一起做个游戏，把没用的东西变成一个个富有艺术感的小怪兽、小精灵，去释放心中的情感与乐趣。

年龄段

12~14岁

新课讲解：

一、闭着眼睛，慢慢地画几根自由的线条。

二、根据线进行联想。

三、运用添加、减少、变化三种方法进行加工创作。

四、融入生活、游戏、故事、质感、空间等多种元素，使画面更加丰富。

如何绘画：

❶ 准备一张白纸，一支水性笔。用水性笔在纸面上随意画出一些自由线，从哪里开始画都行，但是画的时候孩子们眼睛是闭上的。用笔的速度应快慢结合，不用刻意控制线条的粗细与走向。

❷ 根据这些线条，发挥想象，设计出更有趣的画面。这些线条看上去像什么？可以变成什么？可以变成一个小怪兽，也可以是多个有趣的怪兽组合在一起。

❸ 在有趣的线条当中从最引人注目的地方开始，借这根线的形发挥联想，它可以是怪兽的身

体，也可以是怪兽的眼球或者它身体的任意一个器官。

4 运用添加、减少、变化这三种方法在造型的基础上进行创作。

5 我们也可以让线条产生空间层次感，使其富有体积变化，甚至还可以在空间中设计出镂空的元素和纹饰。

评价与拓展：

这是一场神奇、精致、奇妙、有趣的视觉盛宴，凝聚着孩子们内心的小世界，一个个小怪兽深深地打动着所有人。这样有趣的设计，堪比国外大师的设计作品。

孩子的画：

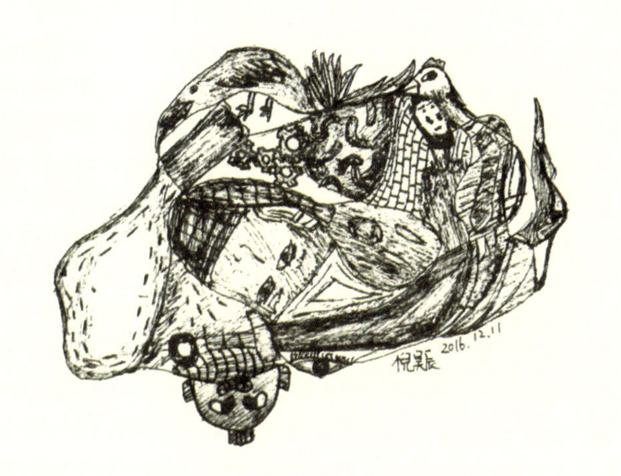

倪昊辰　13 岁

陈施涵　13 岁

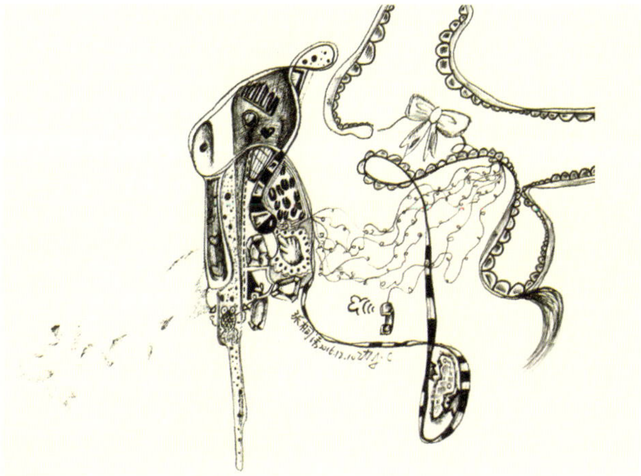

张桐语　13 岁

宋杨元乾　13 岁

汤佳鑫　13岁

吴悠　13岁

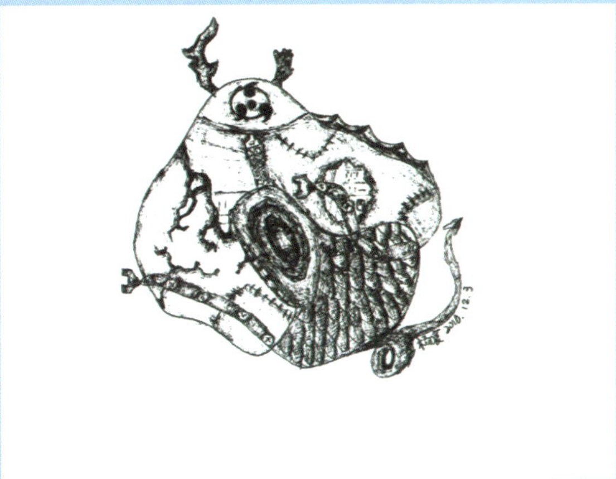
杨宸　13岁

江乐怡　14岁

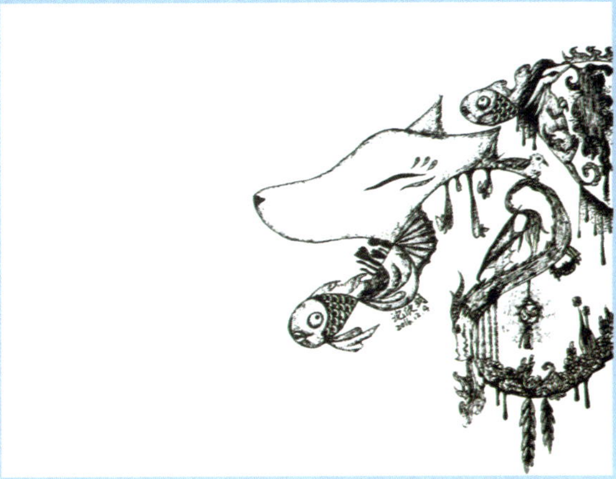
沈欣玥　14岁

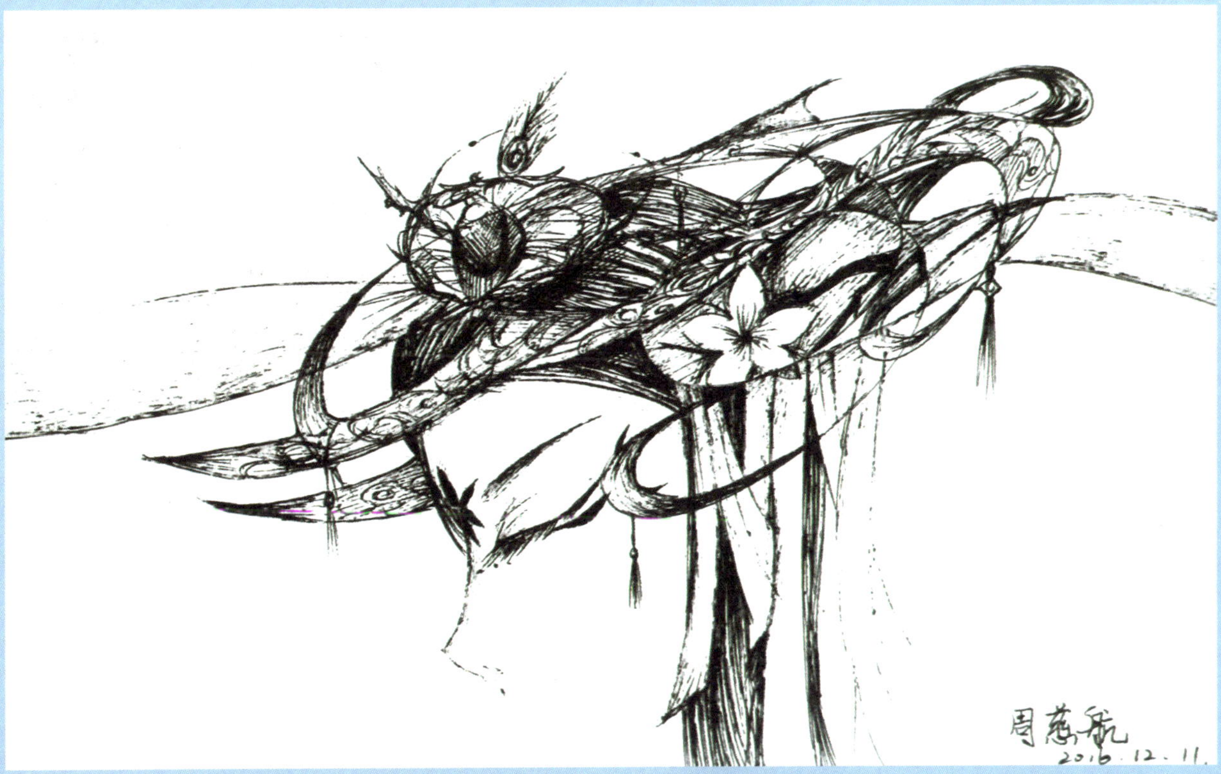

周慈航　14岁

第12课 LESSON 12 物物相连

把中国传统剪纸元素应用到素描当中，让中国文化与西方艺术相结合。把动物的剪影形象与创意素描的形式联系在一起，创作一幅幅有趣的动物联想绘画作品。

年龄段
12~14岁

新课讲解：

一、观察图片当中有什么动物的影子。

二、两组图片有什么不同？（陆地上的动物、海洋里的动物）

三、在每组动物剪影当中，选择三个影子，巧妙地将它们结合在一起。

四、在平面剪影的基础上融入你自己的想法，将空间感、质感充分表现，让动物剪影变得立体。

五、在设计出来的角色中融入中国元素，使其更有味道。

图片资料

如何绘画：

❶ 选择两至四个物体，根据你所喜欢的几种动物的特点进行创意组合，用一个影子作为参考，没有具体的形状，所以要营造形状与空间。

❷ 利用这个新设计的物体，结合你选的另一个动物的特征进行创意表达，比如把鹿角和鳄鱼的脑袋结合，就像中国的龙一样。

3 动物的皮肤质感也可以进行转换。比如一条小蛇，皮肤原本是光滑的，你可以对它的皮肤进行质感上的转变，将其画成像小猫的毛发一样柔软。

4 将近大远小、近实远虚的透视关系融入画面中，使画面的空间感变得更加立体而丰富。

评价与拓展：

这组作品的奇思妙想令所有人大开眼界。孩子们通过大胆想象，使物物相连，创作出一幅幅我们平时无法想象的画面和造型。这些独一无二的造型，将不同的空间感、质感、明暗关系巧妙地结合在了一起，丰富了画面。

孩子的画：

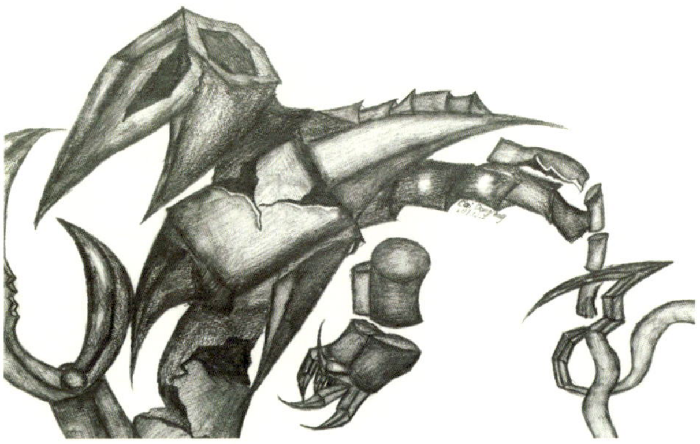
蔡东呈　13 岁

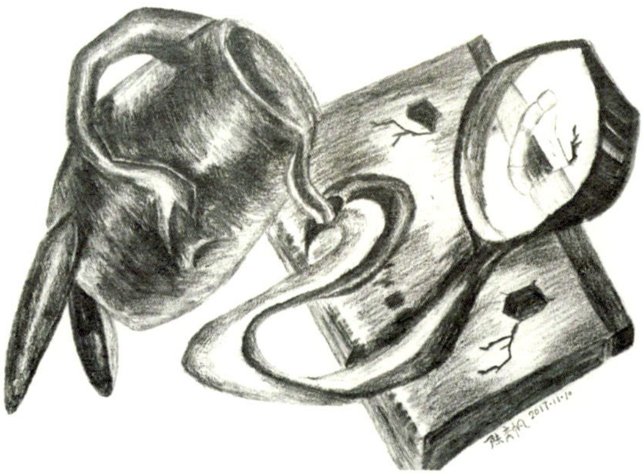
陆奕帆　13 岁

赵可心　14 岁

沈欣玥　14 岁

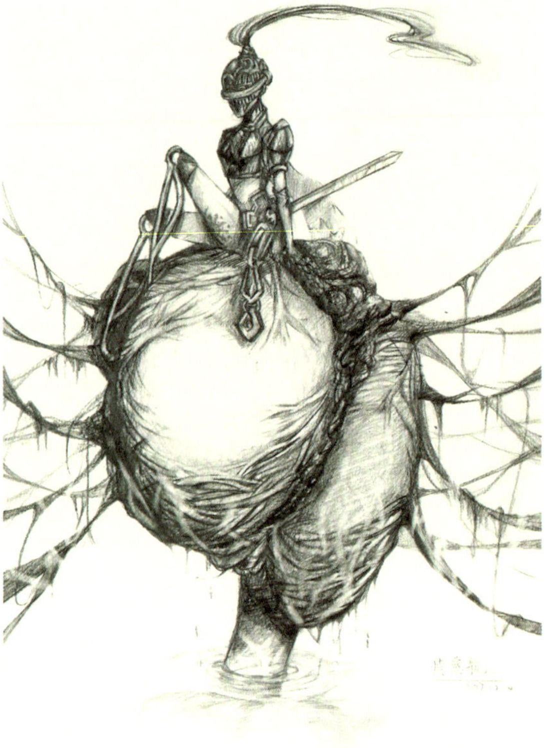

周慈航　14 岁

杨皓辰　13 岁

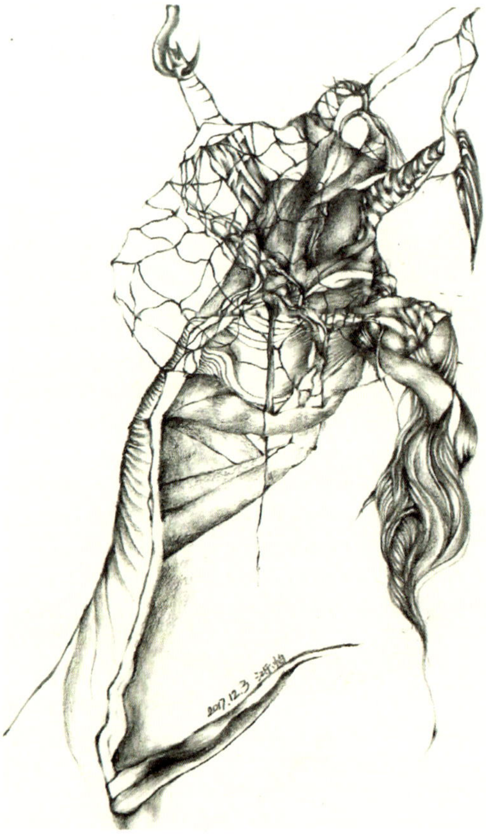

江乐怡　14 岁

陈颖楠　13 岁

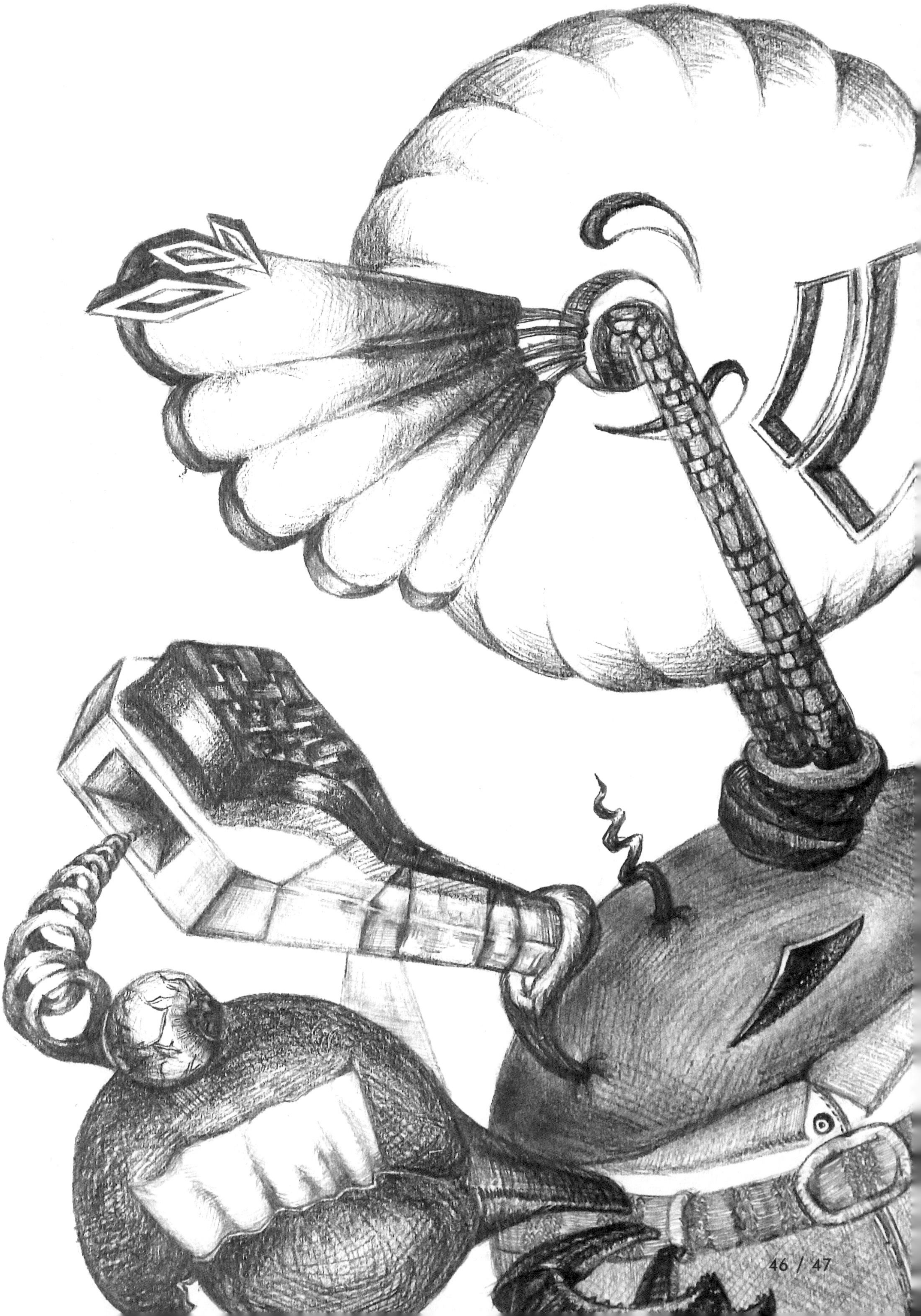

丁赵勤　13 岁

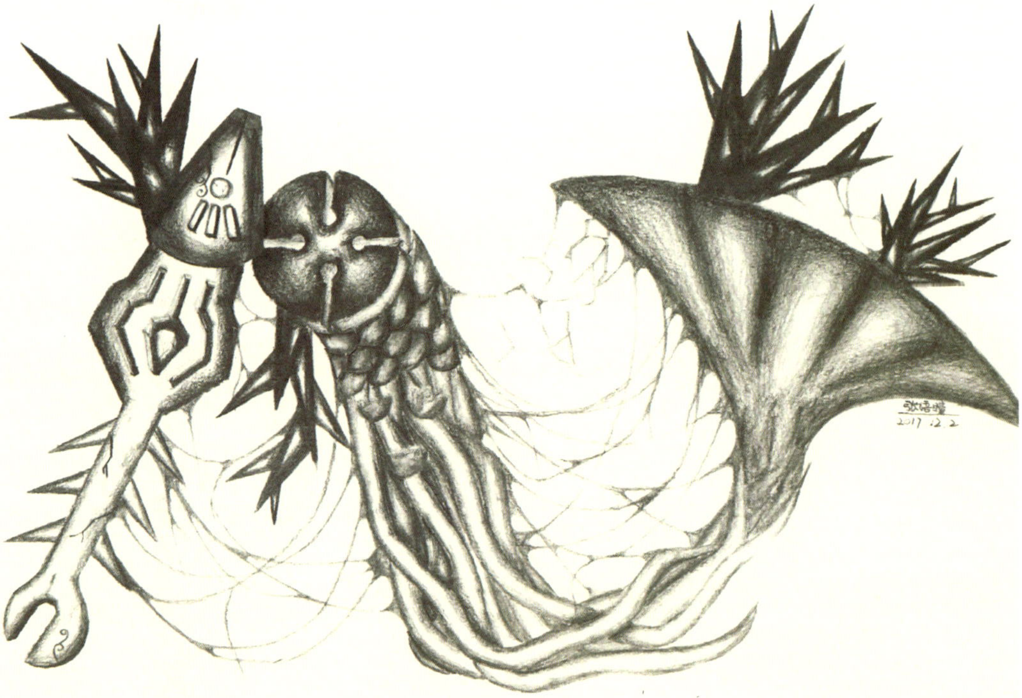

张语瞳　13 岁

第4单元
UNIT 4

命题创作

第13课 LESSON 13 和平海报

确定一个主题，孩子们根据题目的要求进行联想，有目标性地进行创作。这次创作的主题是“和平海报——分享和平”。

年龄段
12~14岁

新课讲解：

一、用黑、白、灰的形式进行创作，选择相应的工具材料（黑、白水性笔，黑、白、灰卡纸）。

二、将与和平相关联的元素融入画面（如：和平鸽、橄榄叶、橄榄枝、阳光、地球、彩虹等）。

三、结合“分享和平”展开联想，融入自己的想法，以最擅长的手法表达画面。

图片资料

如何绘画：

1 可以先在A4打印纸上先画出草稿图。

2 采用适合的表现技法，将心中的想法最大化地表达出来。

3 画面中亮的地方，可以用白色的水性笔去刻画，暗的地方用黑色的水性笔进行深入的刻画，逐步过渡，通过黑白灰的关系来表现画面的明暗与空间感。

4 在画面中加入一些主题元素，使画面构图更加饱满，着重刻画作品中的细节。

评价与拓展：

老师尝试着对孩子们放手，让孩子们学会自主创作。本节课没有参考作品，属于主题创作，一样能出优秀的作品，这些作品也都在绘画大赛中获取了优秀的成绩。

在实践中学习，在实践中进步，老师给的教学提示越少，孩子回报你的惊喜会越多！

孩子的画：

程衢　13岁

丁乙　13岁

江乐怡 14岁

沈欣玥 14岁

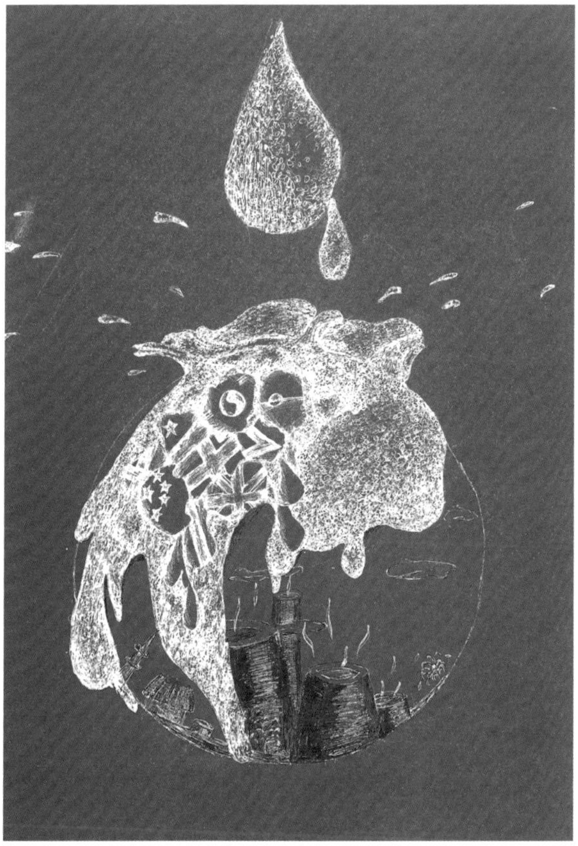

张桐语　13 岁

刘骁　14 岁

仇淇乐　12 岁

任天灿　12 岁

第14课 LESSON 14 魔兽

魔兽，最初是一款游戏中的形象，出自《魔兽争霸》，是国外暴雪娱乐公司制作出来的。本次创作要求孩子们设计出一个属于自己的经典魔兽形象，把中国元素融入创作当中，绘出一个属于我们自己的魔兽世界。

年龄段 14~15岁

新课讲解：

一、了解“魔兽”是什么。

二、欣赏国外的优秀魔兽作品。

三、一起分析这些角色是由哪些部分组合而成。

四、结合生活经历，巧妙地把动物造型与各种元素组合到一起。

图片资料

五、赋予角色各式动态，表现出质感和空间感并赐予它们生命。

六、融入中国元素，设计出中国人自己的魔兽世界！

如何绘画：

❶ 构图。绘画前先在脑海里设想一幅画面，也可以自己做动作，模仿自己的动态与夸张的表情设计这个角色。

❷ 打稿。把各种元素收集到一起，慢慢地融入你的想法当中；结合各种动物的特点进行造型，

根据造型中最具代表性的部位进行创作。

❸ 在构图的基础上加入场景。将各种质感不同的元素互相融合（火焰、石头、金属等），使得画面有层次，有对比。

❹ 完成明暗关系。可以给角色设计一套服装，选用一些中国的传统纹样进行装饰。在中国传统元素当中也有很多物件，比如文房四宝等物品，也可将其融入创作当中，让作品更具有“中国风”。

评价与拓展：

老师觉得这批创作比“暴雪”团队设计的还要出色。在接下来的动漫创作中，这种创作手法会给每个孩子带来很大的帮助。在这次创作的作品当中，老师看到了每个孩子的创意，作品体现出他们深层次的思考，展现了游戏文化与传统艺术的完美结合。

孩子的画：

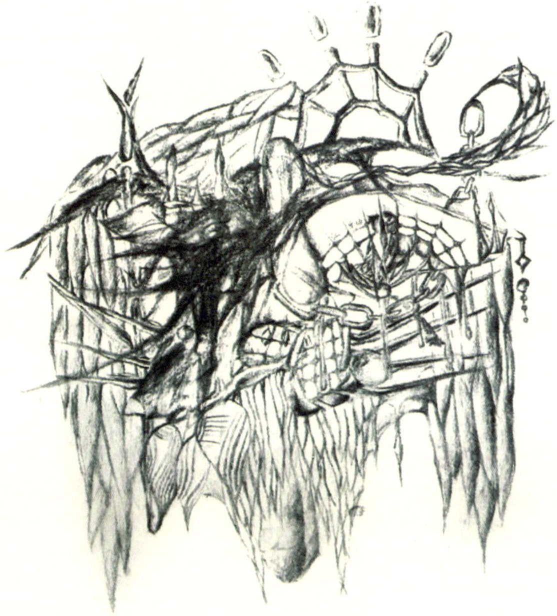

江乐怡　14 岁

赵杨歌　15 岁

第15课 LESSON 15 字说字画

这节课是关于中国文字主题的课程，孩子们对自己名字当中的一个字进行字体的立体设计。

年龄段

13~14岁

新课讲解：

一、对照篆书、金文、甲骨文等书体对自己的姓氏、名字进行创作。

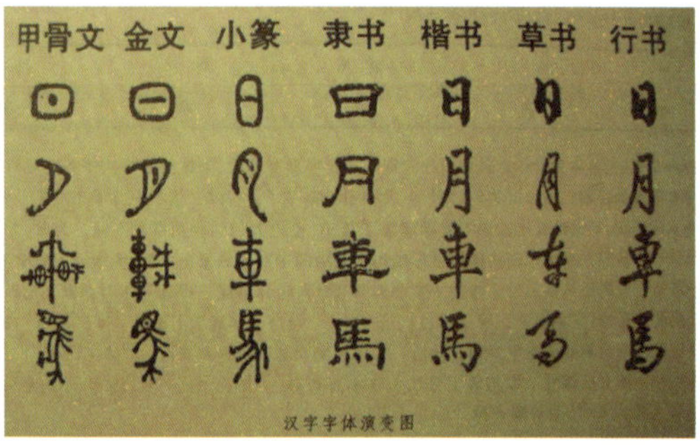

图片资料

二、根据自己的名字创作一幅立体文字画。

三、在画面中设想一个光源（可以是由内而外，也可以由外而内），根据这个“光源”画出文字的明暗关系。

四、把中国元素巧妙地运用在文字当中。

如何绘画：

1. 选择自己的姓氏，将其转换成篆文、金文或其他书体。

2. 将金文字体画成一个“空心字”，同时在字的侧面或者下方涂绘出阴影，使其具有立体感。

3. 自己设定的光源方向是可变的，光源可以是由上向下照射字体，也可以从左向右照射字体，孩子们随意想象，根据光源对文字进行明暗刻画。

4. 可以对立体的文字进行夸张变形，或者赋予字体特殊的质感，让画面更有表现力。字体表面可以有凸出的中国传统纹样，也可有凹陷的纹样图形，它们同样随着光源的方向不同表现出不同的明暗关系。

❺ 在画面的空白处添加上各种奇形怪状、大大小小、粗粗细细的金文字体作为背景素材，使画面更丰富，更有空间感。

评价与拓展：

这次通过假想的光影照射，文字质感、体积感都极具张力和个人特色。有位同学非常地与众不同，她把一个偏旁变成了一个打火机，让光线由内而外发散，使这幅作品马上就从一群作品中脱颖而出了。希望每位同学都具备这样的独特思维与视角，它们会在你今后的人生旅途中发挥非常重要的作用。

孩子的画：

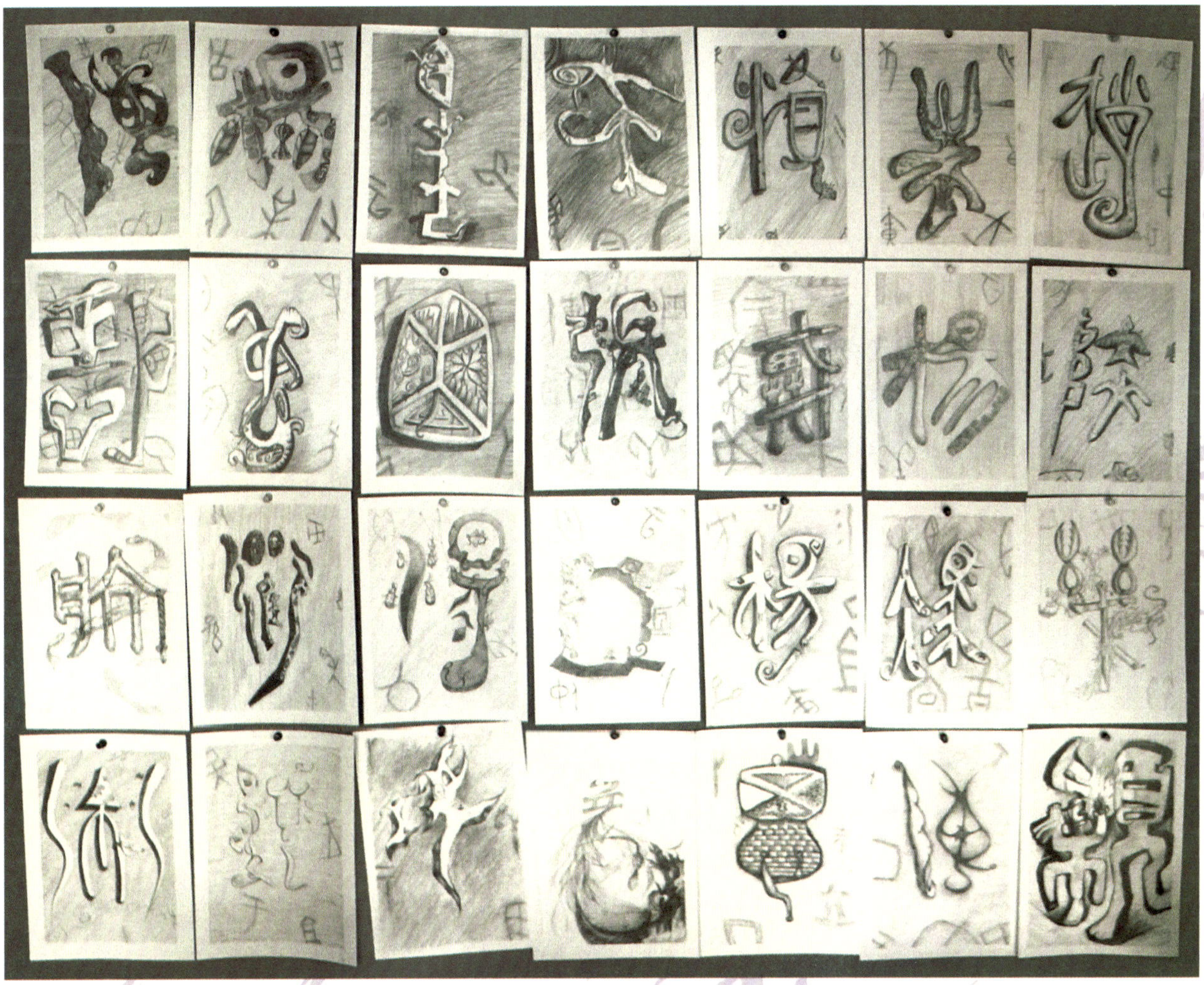

大集合

周慈航　14岁

丁乙　13岁

姜璠　13岁

陈施涵　13岁

江乐怡　14 岁

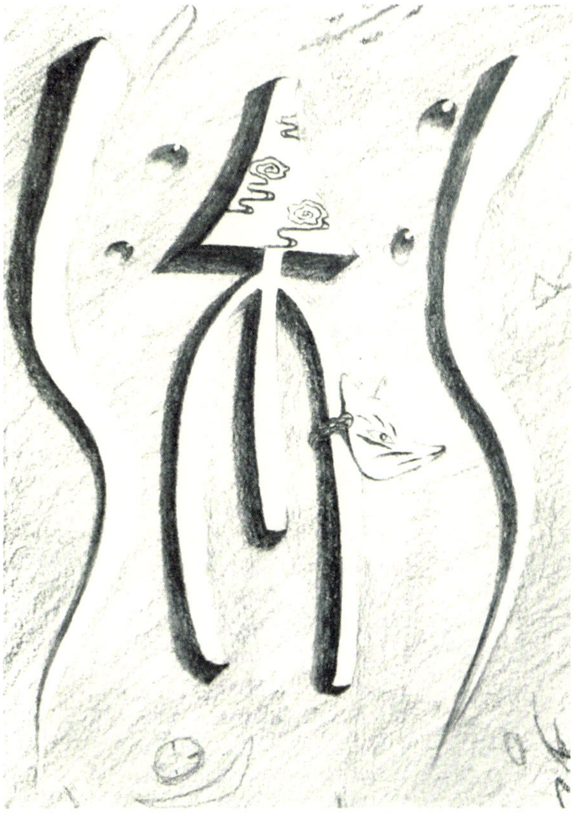

沈欣玥　14 岁

陈颖楠　13 岁

张桐语　13 岁

杨宸　13岁

第 16 课 LESSON 16 山海经

《山海经》中记载了许多中国古代神话传说，包括各种奇形怪状的神物、人物、动物、景物。老师一直非常喜欢这个课题，它带给了人们太多的震撼。针对这次总结性的命题创作，老师准备了一个剪影和一段文字，让我们根据文字一起来进行这最后一次玄幻之旅吧。

年龄段
13~14岁

新课讲解：

一、了解《山海经》的故事内容梗概。

二、从《山海经》里找出你喜欢的对象，并说出它的特征。

三、选择一张《山海经》的资料卡片（有物象的剪影和文字介绍）。

四、根据剪影图片与文字介绍，用自己的方式表达出来。

图片资料

如何绘画：

1 根据文字认识物象，如三颗脑袋、九条尾巴、羊头、蛇身，根据这些文字介绍，大概对物象有个基本了解。可以先画出草图，确定好物象的整体动态以及场景。

2 从物象的局部开始刻画，由点至面。

3 根据文字介绍，让物象的造型更加有趣，运用夸张、变形、添加、减少、置换等手法进行创作。

④ 每个人都有着独特的绘画习惯、绘画风格，找到自己最擅长的表现手法，并把它发挥到极致，就是最牛的。有些人喜欢温柔细腻，有些人喜欢粗犷宏大，有些人喜欢控制空间……找到自己的长处，扬长避短，相信你们一定会把这组“山海经”创作成为一个经典。

评价与拓展：

“山海经”系列是目前最多元的一组创作。丰富的画面，极具特色的中国神话故事与物象，无不让人眼前一亮！古人们的这些奇思妙想，在同学们的笔下呈现得那么精彩、细腻。这其中有让人回味无穷的神秘物象，也有柔美优雅的鸟类神兽，还有一些别出心裁的动漫形象。这次作品，通过孩子们独特的审美，展现了一个全新的“山海经”。

孩子的画：

陈雨璠　13 岁

江乐怡　14 岁

周慈航　14 岁

姜璠　13 岁

王思懿　13 岁

沈欣玥　14 岁

江乐怡　14 岁

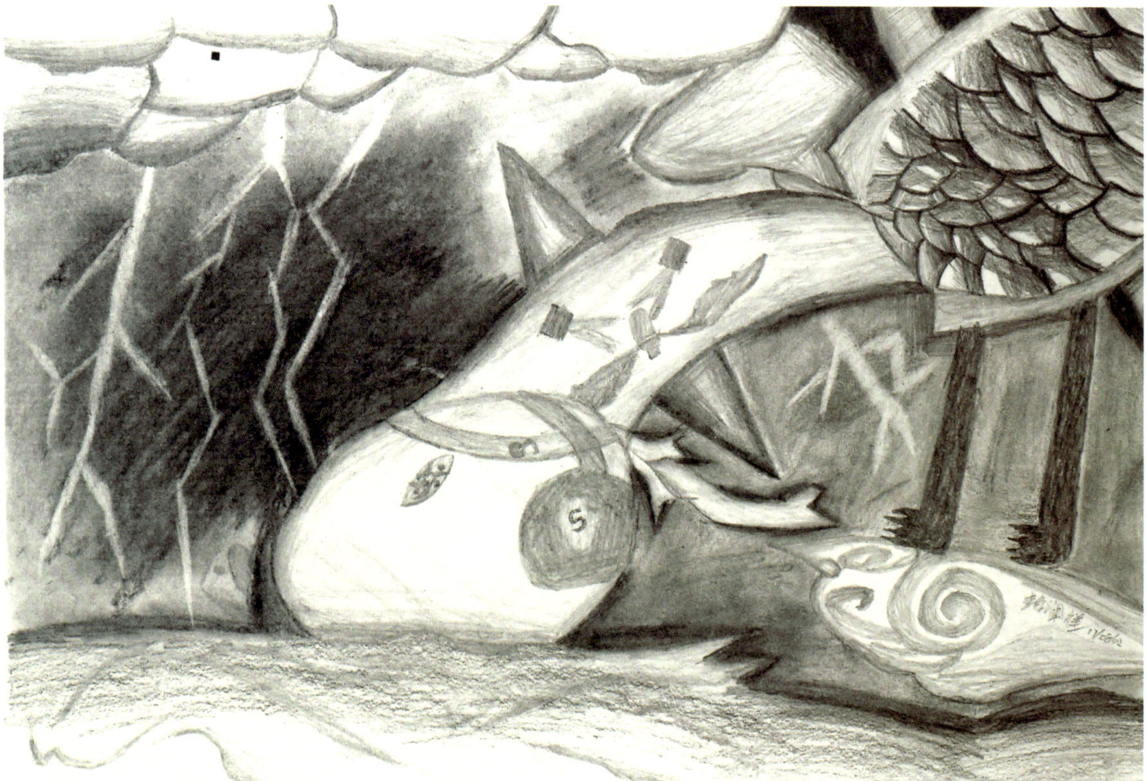

赖澜祥　14 岁

陈柏恺　13 岁

汤佳鑫　13 岁

图书在版编目（CIP）数据

溢课堂 / 吴林，孙智明主编. 一长沙：湖南美术出版社，2019.7
ISBN 978-7-5356-8885-9

Ⅰ. ①溢… Ⅱ. ①吴… ②孙… Ⅲ. ①美术课－学前教育－教学参考资料 Ⅳ. ① G613.6

中国版本图书馆 CIP 数据核字 (2019) 第 183530 号

溢课堂

YI Ketang

黑白·无常

出 版 人：**黄 啸**
主　　编：**吴 林　孙智明**
编　　著：**秦 成**
责任编辑：**吴海恩**
装帧设计：**格局视觉 Gervision**
责任校对：**彭 慧**
出版发行：**湖南美术出版社**
（长沙市东二环一段 622 号）
经　　销：**湖南省新华书店**
印　　刷：**长沙新湘诚印刷有限公司**
（长沙市开福区伍家岭街道新码头 9 号）
开　　本：**889mm × 1194mm　1 /16**
印　　张：**32.25**
版　　次：**2019 年 7 月第 1 版**
印　　次：**2019 年 7 月第 1 次印刷**
书　　号：**ISBN 978-7-5356-8885-9**
定　　价：**196.00 元（共七册）**

邮购联系：0731-84787105　邮编：410016
网　　址：http://www.arts-press.com/
电子邮箱：market@arts-press.com
如有倒装、破损、少页等印装质量问题，请与印刷厂联系调换。联系电话：0731-84363767

溢课堂

吴林 孙智明 主编

童言剪语

杨芬 编著

湖南美术出版社
全国百佳图书出版单位

前言

杨芬的剪纸课程起源于她参加“种子的力量”美术课题研究小组的研究课题——“传统文化与美术课程的学科整合”。此项研究已取得阶段性成果，她的著作《诗情画意》也已出版，这本书里的剪纸与古诗词整合的课程和学生作品，就已经让人惊叹。《童言剪语》是她的研究课题的延续，她对儿童剪纸教学有了更深入的探索，梳理出了完整的课程体系，势把剪纸进行到底。

这本《童言剪语》里收录的剪纸作品更加简约淳朴，童趣十足，杨芬老师抽取了民间艺术的原生纯味，融进了儿童的本真拙味，可想而知，这味道有多浓，多有趣。作品看似很简单，却很高级，这才是最纯真的艺术。产生这样精妙的作品，那她的课程设计和教学方法有什么高招呢?

第一招：把童趣融进剪纸

起先，我是被杨芬老师学生的剪纸作品所吸引，它超出了我对剪纸的最初印象。说到剪纸，我们想到更多的是那种对称的图案，剪窗花之类的工艺性比较强的创作。而把工艺性转换为艺术性的创作，在杨芬老师的学生作品中体现得很充分。她首先把儿童的天性自由发挥出来，再简单地运用一下剪纸的技巧，就创作出了这么朴实精彩的作品，确实很让人惊叹。

杨老师把儿童的造型语言与民间剪纸的表现方法做了深入的对比和研究，找到了它们之间的融合点，并在她的课程里运用得恰到好处，一点也不让人觉得牵强生硬。分析下此中的高招，它有以下特点：第一是简约概括，剪纸是用剪刀剪出来的，就必然是概括的，体现一种平面化的特点，而儿童的造型语言就是简约性的。儿童的小手的表达能力有限，不可能表现出很丰富的细节，他们就要舍去很多东西，这和民间剪纸所体现出的概括性和平面感非常接近。第二是稚拙的趣味，把剪纸的表现方法转换为儿童所能表达的方式，就会产生稚拙有趣的形象，这种趣味和民间剪纸艺术的原生态稚拙感也是不谋而合的，所以它们之间的结合就会非常轻松。找到这两个点，儿童玩剪纸就能创作出很有趣味的作品来。

第二招：递进的单元课设计

确立了课题的研究方向，思考出教学方法的通道，最终还要通过实际课堂把课题设计思路进行完整的呈现。而在落实到课堂实践的时候，又会出现这样的问题，就是课程如何形成连接关系，进而形成一套行之有效的课程体系。在这本书里，杨芬老师采取单元课的形式完成了有效的连接。她的单元课递进关系设计得非常巧妙，比如，她运用成语来引导，由简单到复杂，由浅入深，层层递进，在这个过程中，孩子们学得很有兴趣，这种方式非常适合孩子的学习进度状态，也符合孩子本身的年龄特点。

本书分了四个单元，四个单元之间都有着非常紧密的联系。第一单元用成语来进行简单的人物创作，先让孩子去说成语，由一个到两个，由两个到三个，由少到多，再层层叠加，最后轻松完成人物形象创作。第二单元就在人物剪纸的造型基础上，增加了一些生活场景的描述，添加了一些生活化的情境。第三单元为解决造型的自由度问题，让创作的空间更大，就剪了《山海经》里的怪物。而第四单元，把生活里的想象创作完成得更加丰富多彩。

整本书的四个单元，形成了由浅入深的递进式的课程体系，梳理得非常清晰合理，这样孩子们学习的时候就不会感觉难，他们会越剪越轻松，越剪越好，作品也会越来越丰富。简约，是剪纸的一个鲜明特点，在简约中寻求画面更多的可能性和丰富性，是本书的一大亮点。

第三招：自由的创作空间

在解决剪纸造型问题的时候，杨老师设计了《山海经》里怪物形象的创作。怪物的形象本身就很有想象力，创作的空间很大。她没有设定一个标准让孩子去描摹，因此，孩子创作怪物的时候就会非常轻松自由。把自由创作的空间还给孩子，正是杨老师贯穿始终的一个教学特色，也是其引导方法的一个鲜明特点。她没有手把手地教孩子去剪一个现成的东西，而是给孩子们提供一个剪纸的导入方法。比如从任意一个局部开始第一剪，至于剪出一个什么样的形象，完全由孩子自己去发挥，这样才能创作出鲜活、生动、可爱的形象来。这个创作空间非常重要，老师给孩子的空间很小的话，作品就会死板，老师给孩子的想象空间更大的时候，他们的作品就会有自己独特的视角，与众不同，这就不可能出现千篇一律。因此，想要独特的趣味感，就要给足空间。

这套由诗词文化引发的儿童剪纸艺术课程，体现出中国传统文化在美术课堂中潜移默化的渗透。杨芬老师通过本书里巧妙的课程设计，把儿童剪纸艺术课堂提升到了文化的层面。民间剪纸在传统文化和非物质文化遗产里占有很重要的一席，真正把儿童剪纸艺术形成一套完整而详尽的课程，还是不多见的。这套课程填补了儿童剪纸课程的空白，是个非常大的学术贡献。

有了充满趣味和创新的作品，有了完整的课程体系，有了落实到课堂的简单实用的教学方法，这本书就非常适合在美术课堂上推广使用。这是一本很实用、很高级、很前沿、有思考、有智慧的书。

吴 林

目录 CONTENTS

第I单元

UNIT1

剪形·成语

在中国历史的长河里，沉淀下许多经典的传统文化和民族艺术。其中我们的汉字博大精深，蕴含着丰富的文化内涵，汉字中的成语更是形式简洁、生动精辟、形象鲜明，就像是汉字里的一颗颗美丽的珍珠，经过岁月的打磨，璀璨迷人，具有无穷的韵味。那么，当成语和剪纸碰撞在一起时，它们会产生怎样的艺术情趣呢？

单元教学设计思路

本单元以成语为切入点，讲解从单个物体到多个物体的递进关系，共设计四课教学内容：

第1课：
《形单影只》

第2课：
《成双成对》

第3课：
《三三两两》

第4课：
《三五成群》

单元教学总目标

本单元以描述人物的成语为主线，完成从单个人物到多个人物的剪纸造型创作。通过单元课的递进关系，孩子们初步学会盲剪人物的造型方法。

第 1 课 LESSON 1

形单影只

形单影只，形容孤独一人，没有同伴。出自唐代韩愈《祭十二郎文》：“承先人后者，在孙惟汝，在子惟吾，两世一身，形单影只。”本课通过博大精深的成语开始单元课的第一剪。关于成语，孩子们并不陌生，随口都能说出很多，从成语导入，牵引到剪纸上来，可以让孩子们平稳适应，乐于接受。

年龄段

6~8 岁

教学实录：

师：今天芬子老师要考考同学们，看你们能说出多少成语，请听仔细了。

请你们用成语来概括我说的话。

1. 放学了，小明一个人走在回家的路上。

2. 今天芬子老师一个人在家，好孤单！

大家赶快开动脑筋！

图片资料

生 1：孤孤单单。

生 2：独来独往。

生 3：形单影只。

生 4：孤身一人。

……

师：孩子们太棒了，你们居然知道这么多形容一个人的成语。

今天我们就选“形单影只”作为剪纸的第一堂课。

之前我们有剪过窗花，所以大家对剪刀都不陌生，对吧？

请大家先看老师剪。芬子老师准备从一个人的脚开始第一剪，请问如果你们剪，会从哪些地方开始第一剪呢？

生：头、脚、手、衣服……

师：对，我们可以从任意地方开始剪，今天我们用剪刀代替铅笔，不用画线稿，直接在纸上剪，这就是盲剪。我们在剪之前，先要打好腹稿，做到胸有成竹，心中有数哦。

孩子们，你们剪的时候，不要求剪得像，大胆剪，桌上有很多纸，可以多次尝试。剪出的人要动起来，因为有运动，才更有节奏和旋律之美，会让剪纸更具有生命力。让人物跑起来，手弯起来，头发飘起来……甚至你们还可以变魔术，剪出大长腿或者大手臂，都行呢。

作品步骤：

1 从人的身上任意一个地方开始第一剪（比如从脚开始）。

2 剪出脚、身躯、头部等，剪出人的剪影。

3 对折剪五官、花纹。

4 修整完衬一张底纸，作品完成。

张柏瑞 8岁

作品欣赏：

周芷馨　7岁

余思行　7岁

雷梓翎　8岁

汪枫茗　7岁

方潇萌　8岁

董子姚　8岁

课堂拓展：

❶ 一个班级里，孩子们的能力有差异，对剪得比较快的孩子，我对他们说：“形单影只的一个人，太孤独了，你们送一点东西给他吧。”于是有的孩子剪了看书，有的剪了同小鸟玩，有的剪了放风筝，有的剪了手牵精灵等。

张柏瑞　8岁

王再希　8岁

❷ 我们还可以把孩子们的作品聚在一起，形成一系列的展示。（以下参与作品展示的同学有：钟建国、杨淼、付家和、唐嘉蕊、张艺航、陈文博、陶婧怡、王雪菡、邵博奇、黄雨晨、李胤、赵慧奇、孙凡棋、吕晨旭、肖嘉乐）

教学总结：

这节课，通过对成语的想象理解，巧妙地引导到剪纸创作，一剪成形，大部分同学胆大心细，作品童趣十足。看孩子们剪的作品，有的瘦瘦弱弱，有的大腹便便，每个孩子心中的人物都是不一样的。苏霍姆林斯基曾说：“儿童的才智反映在他的手指尖上。”孩子们的一点、一线、一形、一色虽然简洁，但包含着丰富的内容，表达着感受，体现着意蕴。老师要学会充分调动孩子们的内驱动力，把他们的主观能动性发挥出来，这样剪出来的剪纸就具有鲜活的生命感，具有艺术的格调。总之，只有给孩子们充分自由发挥的空间，激发他们积极尝试和探索，才会让课堂具有活力和创意。

第 2 课　LESSON 2

成双成对

成双成对，指男女双双配对，多指夫妻或情侣。出自清代文康《儿女英雄传》第二十六回："讲到姐姐今日这喜事，不但有媒有妁，并且还请得是成双成对的媒妁，余外更多着一位月下老人。"本课延续上节课的内容，依然以成语为依托，以对折方式用第一堂课的方法来剪人，再打开纸修剪局部，难度减少，让孩子们从剪一个人轻松过渡到剪两个人。

年龄段

6~8 岁

教学实录：

师：孩子们，上节课我们以"形单影只"来剪一个人物，今天我们将延续上节课的内容，从剪一个人过渡到剪两个人。大家来说说，关于两个人的成语都有哪些呢？

图片资料

生 1：成双结对。

生 2：对影成双。

生 3：两两相望。

生 4：成双成对。

生 5：比翼双飞。

……

师：孩子们想象力太丰富了，大家都说得对。今天，老师就选"成双成对"作为本节课的题目吧。

很简单哦，我们把纸对折起来（老师拿一张纸对折），然后用剪刀在纸上剪一个人，也是从任何一个地方开始剪，方法和上节课差不多，但是要注意折痕的这个地方不要全部剪掉，要留一点相连的地方，可以让手相连，也可以让衣服或脚或头发相连，人的身上任何一个地方相连都行。

孩子们，你们看，老师将纸打开后就出现了两个一模一样的人，但是我希望这两个人能有些区别，你们怎么做呢？

生 1：老师，可以打开分别对两个人进行修剪。

生 2：可以单独折叠，分别剪出他们身上的花纹。

……

师：孩子们真有办法！我们以对折方式剪人，打开之后再进行局部修改，你中有我，我中有你，两个人难舍难分，又不完全相同。

好了，你们现在就开始大显身手吧。

作品步骤：

1 把纸对折一次，从人身上任意一个地方开始第一剪。

2 剪出人的剪影，注意折痕的地方不要全部剪掉，需要留一点连接的地方。

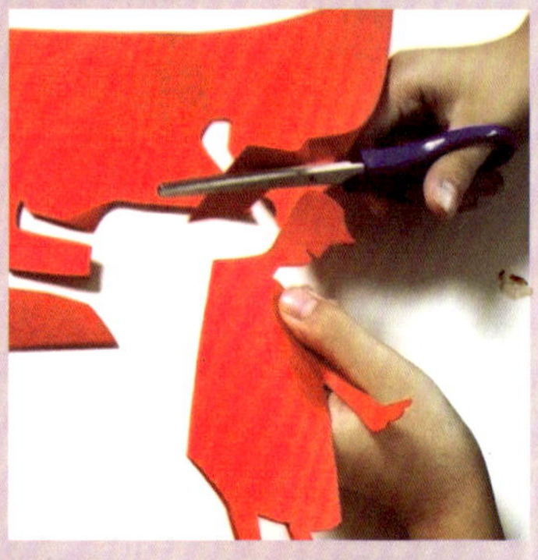

3 打开后对折，分别剪五官、花纹。

4 修整完衬一张底纸，作品完成。

王再希　8 岁

作品欣赏：

祝雨欣　8岁

赵慧奇　8岁

岳可心　8岁

李林怡　7岁

王再希　8岁

方艺涵　8岁

课堂拓展：

有些孩子剪得又快又好，我们可以发散开来，比如对折剪动物，对折剪花卉，或者用折窗花的方式来对折剪人，变成人物窗花，也是蛮有意思的。

张柏瑞　8岁

何易希　8岁

赵慧奇　8岁

方潇萌　8岁

教学总结：

我在教孩子们剪纸时，不仅要教他们剪纸技法，更要通过剪纸培养孩子的创造性思维能力。我们以单元课的形式开展教学，除了找到课与课之间的连接与递进关系，还要考虑到孩子们的兴趣、创意发展的梯度，尽量让教学变得简洁有趣，让不同程度的孩子都能学会剪纸创作。因为孩子有了主动探索的欲望，他们的作品就自然呈现出静中有动、动静相间的趣味，简洁明快，富有灵性。

个别同学的人物动态还需要再灵动点，打开之后局部修剪得更丰富点，作品会更棒！

第3课　LESSON 3　三三两两

三三两两，指的是三个两个地在一起。出自宋代郭茂倩《乐府诗集》卷四十七引晋人《娇女》诗："鱼行不独自，三三两两俱。"本课用这个成语作为题目，让不同能力的孩子得到不同层次的训练，能力强的学剪三人，能力稍微欠缺的学剪两人，这样孩子们都能剪出作品并获得成就感。本节课我会示范引导人与人如何两两相连。

年龄段

6~8岁

教学实录：

师：孩子们，相信你们经过前面两节剪纸课，已经找到我们递进的方法了，请问这节课我们将进行怎样的剪纸呢？

生1：三人为众。

生2：三三两两。

图片资料

师：不错。下面我们以"三三两两"作为本节课题目。

这节课我们需要剪两个人或者三个人，请问和第二节课有什么不同呢？

生：第二节课是对折剪，这节课是直接剪。

师：哇，孩子们一下找到了关键点。我继续考大家，请你们用"三三两两"造句。

生 1： 同学们三三两两去散步。

生 2： 大家三三两两地走进教室。

生 3： 大家三三两两去跳舞。

……

师： 原来三三两两可以做很多事情，真有意思。在本节课里，因为我们不是对折来剪人物，所以大家要注意人物与人物之间的连接关系，你们可以用一个人身体的任何一部分和另外一个人连接。（老师示范）

孩子们，在你们剪的时候，要放开手脚和思维，天马行空去想象哦，不要畏惧，多剪多实践。

作品步骤：

1 从一个人的身上任意一个地方开始第一剪。

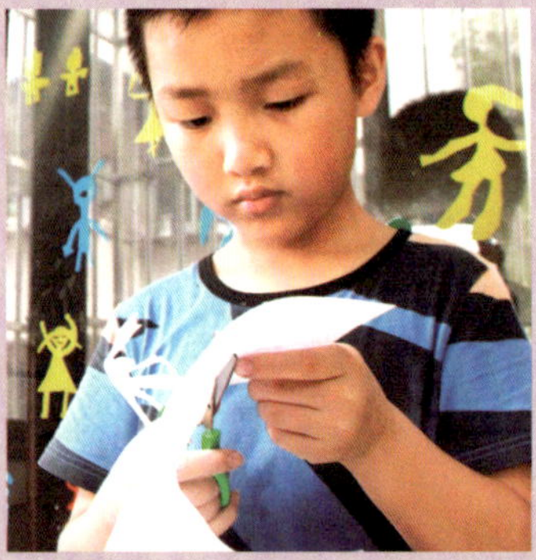

2 依次剪出每个人的脚、身躯、头部等，注意人与人之间的连接。

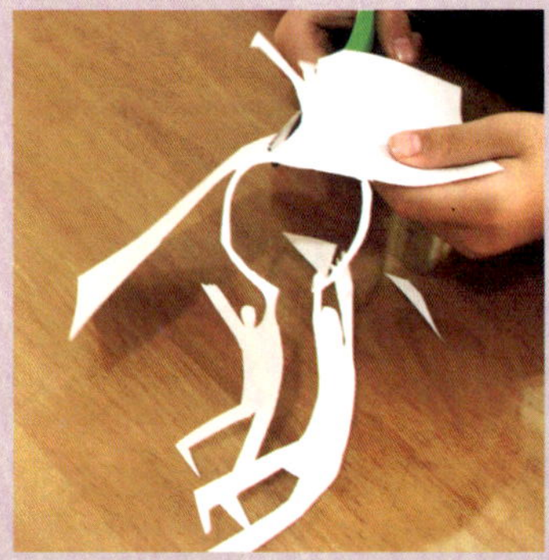

3 对折剪五官、身体的花纹。

4 修整完衬一张底纸，作品完成。

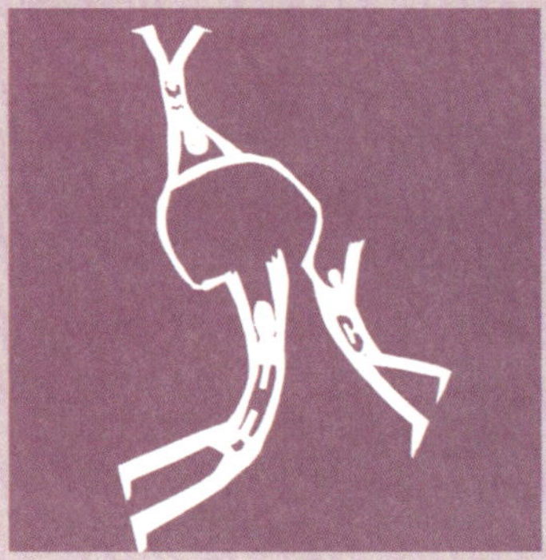

张柏瑞　8 岁

作品欣赏：

周哲毅　7 岁

李美陶　8 岁

郭芷睿　8 岁

胡哲宇　8 岁

张佳鑫　7 岁

万梓优　8 岁

课堂拓展：

在这节课中，能力强的孩子提前剪完作品后，老师就可以开始增加难度，比如设置一些场景，三三两两干什么，要求他们把这个场景也剪下来。那么连接的点就比较多了，难度自然增大。

时楷　7岁

赵慧奇　8岁

杨景瑞　8岁

徐梓睿　8岁

教学总结：

这节课要求孩子们不再对折，而是打开纸从任何一个地方开始，需要注意人物之间的连接。为了照顾能力不同的孩子，这节课要分层次教学，有能力的孩子可以剪三个连接的人，能力稍微弱一点的可以剪两个人，给他们一个成长的空间，静待花开。因为设置的自由度比较大，孩子比较自主，剪自己想剪的，每个孩子都能够在其中体会到成功的乐趣，这种乐发自内心，有一种妙不可言的满足感。我希望通过剪纸这一载体挖掘孩子们的内在潜能，让他们心灵与视觉对话，大胆去寻找剪纸的美感，从而沉淀丰富的内心世界。

你们看，给足了孩子相对的自由，他们剪刀下的人物就千姿百态，有的强壮，有的轻盈，还有的在滑板上放风筝，剪出了快乐的童年……

第4课 LESSON 4 三五成群

三五成群指的是三个一伙，五个一群，指很多人。成语出自明代余继登《典故纪闻》："三五成群，高谈嬉笑。"通过前面三堂课的剪纸递进学习，孩子们的表现能力越来越好，可以进行更多人物连接的训练。

年龄段

6~8岁

教学实录：

图片资料

师：孩子们，我们回顾一下前三节课的内容，分别是……

生：形单影只、成双成对、三三两两。

师：对了，今天我们将进入更深层次的学习，大家猜一猜，用成语来概括，将是哪个成语呢？

生：三五成群。

师：那问问大家，三五成群的意思是什么？

生：三个或者三个以上的人结伴一起。

师：难道只有三个人，只有五个人吗？也可以是四个人，对吧？那现在请大家用"三五成群"造句。

生1：大家三五成群去公园玩。

生2：同学们三五成群在操场上打篮球。

生3：大家三五成群地放学回家。

师生一起：我们三五成群地去吃东西、荡秋千、唱歌、摘果子、表演杂技、看书、跑步……

师：非常好。请孩子们运用你们造的句子，把这些情景剪下来。对了，剪纸要注意线线相连，做到简洁优美。问大家一个问题，我们这节课剪的所有的人都要在一条线上吗？

生：不能都在一条线上。

师：是的，剪纸时要注意人物之间有高有低，有层次、有节奏感，就像音乐一样，如果我们听一首歌，所有的节奏都在一个调上，请问好听吗？是不是声音有高低起伏，旋律才优美。还要注意在剪纸的时候，要赋予你的作品什么样的主题；注意夸张变形，因为在一张纸上剪，不像画画那样能表现出前后关系；所有的东西在一个平面上，要注意如何做到和谐统一。

现在请孩子们闭上眼睛，想象你们准备怎么去剪，想好后请睁开眼睛。请看老师手里的纸，你打算从哪个部位开始剪？打算剪站着的人，还是剪蹲着的人，还是躺着的？大胆剪，多尝试。

教学场景

孩子们开始剪纸，老师巡视辅导。

师：大家用剪刀代替笔，要做到心中有画面，慢慢在纸上剪。我发现好些孩子剪的是三个人，剪完三个人的孩子要考虑剪更难的哦，比如四个人、五个人。

作品步骤：

1 从一个人的身上任意一个地方开始第一剪。

2 依次剪出每个人的脚、身躯、头部等，注意人与人之间的连接。

3 分别对折剪五官和衣服的花纹，衬一张底纸，作品完成。

何汶轩　8岁

作品欣赏：

袁锦浩　8岁

黄滢颖　6岁半

彭潇　8岁

万梓优　8岁

陶婧怡　8岁

高劼睿　8岁

课堂拓展：

提前剪完的孩子，可以让他们延伸出更难的，比如剪连接点更多的作品，或者“成群结队”，剪出更多人。因为不受传统剪纸的限制，孩子们所选择的题材就更为广阔，充满了蓬勃的生命活力，更加灵动鲜活。

张柏瑞　8岁

张行止　6岁半

教学总结：

在第四节课里，孩子们运用成语“三五成群”来剪纸，我为不同能力的孩子设定了不同的难易程度，没有把人物规范得很死，让他们跳起来就可以摘到苹果。你们看，孩子们放开手脚时，天马行空，随心所欲，把剪纸玩活了：有的大人用手臂把孩子吊起来，有一个大人带着两个孩子玩，有人叠人地在耍杂技，有的在打篮球……那些粗细不同的线条，不求比例均衡，而是夸张变形，具有一种独特的美感。这是一种原始的、纯粹的、质朴的、稚拙的美，它们率真、新奇、鲜活，具有生命的活力。经过这几节课的训练，我们往后可以延伸出更多有趣的课来。

第2单元

UNIT 2

剪趣·动物

本单元通过《鸡》《骑牛》《叠罗汉的动物》《骑着驴儿去踏青》四课的学习，让孩子们表达对动物的关爱之情，并运用剪纸艺术表现动物的造型特点、动态变化之美，逐步提升学习剪纸艺术的兴趣和能力。这个单元主要为儿童剪纸的自然文化主题内容。

单元教学设计思路

根据学科内容的关联性，本单元设计了四课教学内容：

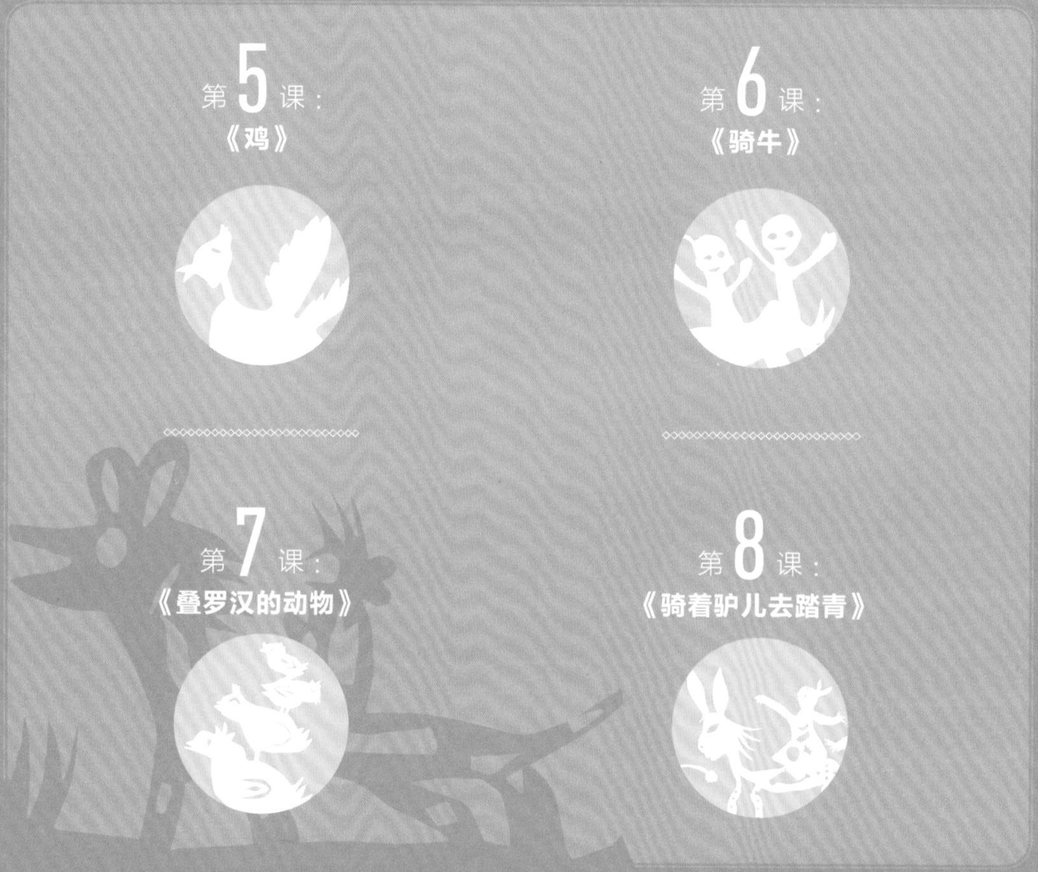

单元教学总目标

了解鸡、驴等动物的基本特征，初步学会剪纸的基本方法和步骤。

在欣赏观察、对比实践的过程中，学会剪动物和人物并配以简单的场景。

第5课 LESSON 5　鸡

有一首儿歌是这样唱的：“公鸡公鸡真美丽，大红冠子花外衣，油亮脖子金黄脚，要比漂亮我第一。”本节课通过引导孩子们观察鸡的外形特征，让他们剪出鸡的剪影造型，在欣赏观察中学习剪影的基本方法。

年龄段 6~8岁

教学实录：

师： 孩子们，今天老师给大家带来一位新朋友，你们想知道是谁吗？

生： 想！

师：（展示鸡不同动态的图片，播放视频）你们看，一只只可爱的鸡来到我们教室了！它们时而低头寻食，时而环视四周，小鸡活泼可爱，母鸡憨态可掬，公鸡引吭高歌！这样的朋友，你们喜欢吗？

生： 喜欢！我还喜欢吃鸡蛋，对了，红烧鸡肉也好吃哦！

师： 那我们今天就来好好认识一下鸡！

师： 请同学们观察鸡的图片与鸡的剪影，比较分析下鸡的特征和鸡的各种动态，要学会整体观察哦。

生1： 老师，我发现鸡跑起来很有意思，细细的腿，胖胖的身体，真担心它们摔倒。

生2： 公鸡的脖子非常灵活，可以低头吃虫子，可以伸长脖子打鸣。

……

师： 孩子们说得真有意思，鸡是农民们的“伙伴”，是画家笔下的“宠儿”，是诗人眼里的“圣物”，是厨师锅里的“美味”。我们每个孩子都认识鸡，熟悉鸡，今天我们就来剪一幅鸡的剪影。在剪之前，我们先欣赏民间剪纸作品中的鸡。

大家看，民间剪纸中鸡的动态是怎样夸张变形的，待会儿孩子们也要注意形态的变化哦，老师不要求剪得准确，而是要剪出鸡的神韵。

作品步骤：

1 打好腹稿，做到心中有数，再用剪刀剪出鸡的形态。

2 根据剪出的剪影，再对折剪眼睛，修剪细节，让鸡的形态更生动。

舒欣妍　8岁

作品欣赏：

杨淼　7岁

孙凡棋　6岁半

杨可心　7岁

程新　8岁

唐嘉蕊　7岁

胡文佳　7岁

课堂拓展：

可以把鸡的剪影用喷笔喷出图形，试试看，很有趣哦！

教学总结：

本节课让学生了解简单的剪影知识与技能，学会运用剪影的方法剪出鸡的形态。孩子们在观察鸡的动态、了解鸡的特征时，也学着鸡的动态比画着动作，非常有喜感，甚至还有男生学公鸡“喔喔喔”地叫，那种声音惟妙惟肖，让大家哄堂大笑，课堂上非常活跃。在这样轻松愉悦的氛围里，孩子们剪出的鸡千姿百态、简洁大方，很有童趣。

第6课 LESSON 6 骑 牛

关于牛和人的诗句，孩子们都能随口说上几句，比如："牧童骑黄牛，歌声振林樾。""借问酒家何处有？牧童遥指杏花村。"等等。本节课通过观察分析牛的基本造型特征，学习剪影的方法，并想象添加骑牛的人物，让孩子们在欣赏、观察牛和人的动态过程中，学习骑牛剪影的基本方法。

年龄段

6~8岁

教学实录：

师： 孩子们，上课前我们一起来听首儿歌，你们听听歌里讲的什么呢？

《放牛娃》

大黄牛，黄牛大

黄牛背上坐娃娃，坐娃娃

别看娃娃年纪小，黄牛就听我的话

就听我的话

啦啦啦啦啦啦啦……

黄牛就听我的话，就听我的话

生1： 老师，歌里唱的是牛哦，大黄牛，哈哈，我回乡下见过奶奶家的牛，好大呀！

生2： 我不仅见过，我还在姥姥家骑过牛呢，爸爸把我抱在牛背上，吓得我不敢说话啦！

生 3： 老师，我见过牛吃草，嘴巴不停地吃呀吃，慢悠悠的，好享受呀！

……

图片资料

师： 孩子们知道的真多呀，那今天我们就一起来了解牛哦！（播放课件）我们一起来观察牛的图形和剪影牛，分析下它们的特征。

生 1： 牛有头、脖子、躯干、四肢和尾巴。

生 2： 剪影牛忽略了里面的五官和毛等细节，只有外形，但我们还是看得出来牛在干什么。

……

师： 大家说得都不错，我们在上节课剪鸡的剪影基础上，本节课要加入人骑牛的动态，我们要学会从整体到局部的观察，看看人骑在牛身上的剪影，哪些地方和牛融为一体了？

生： 腿、脚等。

师： 很好。我们再来欣赏关于牛和骑牛的民间剪纸作品，大家要注意这些作品夸张变形、简洁有趣的地方哦。

本节课我们就一起来剪一幅骑牛的剪影作品，孩子们要注意动态造型的夸张变化哟。

作品步骤：

1 打好腹稿，剪出外形，注意人和动物之间的连接。

2 折叠剪出人和动物的五官。

3 收拾整理画面，完成作品。

唐嘉蕊　7 岁

作品欣赏：

唐竹君　7岁

肖嘉乐　7岁

陶婧怡　7岁

王冠中　7岁

舒欣妍　8岁

杨淼　7岁

方艺涵　7岁

胡文佳　7岁

课堂拓展：

可以把骑牛的剪纸用喷笔喷出图形，也可以用颜料拓印，孩子们，你们还有其他的玩法吗？一起玩起来！

① 喷出形状。

② 拓印出形状。

教学总结：

本节课旨在让学生了解简单的剪影知识与技能，学会运用剪影的方法剪出骑牛的作品。他们的作品造型夸张，生动有趣。在课堂上，有的孩子看到骑牛的图片，不由自主地比画动作，做骑牛的姿势，教室里笑声一片。还有个小朋友说："老师，我有一次不小心被牛角顶了一下，到现在感觉屁股还痛呢！"他边说边揉自己的屁股，仿佛那里真的很痛。看着孩子们天真可爱的模样，我们不由得觉得，把剪纸课堂与生活体验结合在一起，孩子们才能剪出生动的形象。课后孩子们还可以尝试剪骑马、骑大象，等等。

第7课　LESSON 7　叠罗汉的动物

叠罗汉是一种体育游戏表演，由两个以上的人，人上架人层层叠成各种样式，是体操、杂技表演项目之一。本节课我们把叠罗汉的人物变成动物，尝试利用折叠、镂空的方法把不同动物灵活叠起来并剪出来，要注意动物之间的连接。最后是怎样的一番模样呢？

年龄段
6~8岁

教学实录：

师：孩子们，你们看过绘本《月亮的味道》吗？

生1：看过。

生2：没看过。

师：没看过不要紧，看过的我们再来回顾下。（老师出示课件，讲绘本《月亮的味道》）

师：孩子们，你们观察到动物们是如何吃到月亮的呢？

生：通过叠加的方法，就像叠罗汉一样。

师：不错，它们通过叠罗汉的方法，越来越高，离月亮越来越近，于是就尝到了月亮的味道。真是一群聪明的动物呀。

绘本《月亮的味道》

我们现在来观察各种常见的动物图片，比较分析一下不同的动物都有几只脚、什么样的五官和尾巴，找出它们大致的特征与动态。我们观察完动物图片，再来欣赏民间剪纸的动物形象。

前面两节课我们学习了如何剪动物，今天孩子们就一起用动物来叠罗汉玩吧！要注意动物与动物之间的连接，可以是脚连接下面动物的身体，也可以是其他任何一个部位连接下面的动物，五官和脚之间的地方可以用折叠的方法剪出来。（老师示范）

孩子们现在开始剪一幅动物叠罗汉的作品吧，记得要剪出动物造型夸张的特点，比如拉长了身体，增高了腿，或者放大了某个部位，等等，最后剪出五官等细节。

作品步骤：

1 打好腹稿，从最下面那个动物的任何一个部位开始第一剪。

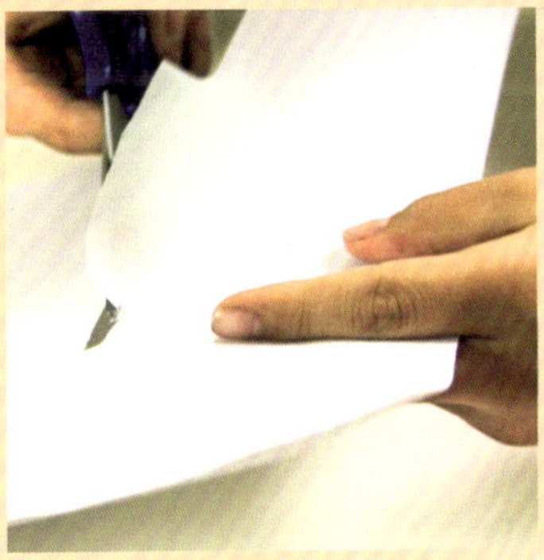

2 在动物与动物之间连接的腿部，可以用折叠的方法在其他地方先剪一刀，再把剪刀伸进去剪。

3 剪完之后，再折叠剪出眼睛和身上的花纹。

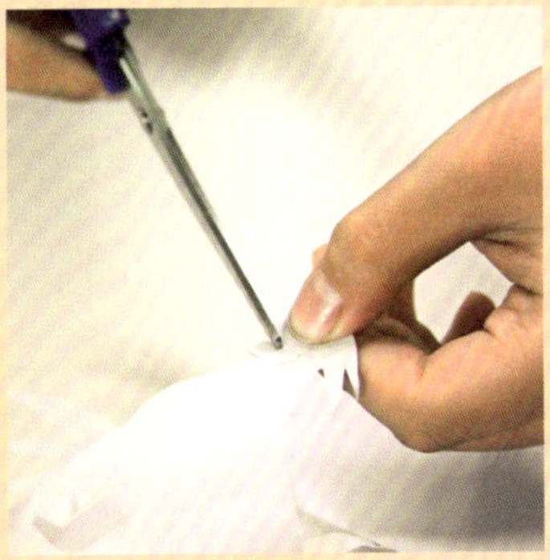

4 修剪整个作品，再衬一张底纸，完成作品。

高劼睿　8岁

作品欣赏：

王紫熹　8岁

罗智博　8岁

谢海周　8岁

方潇萌　8岁

朱珂冬　7岁

李美陶　8岁

课堂拓展：

孩子们可以用本节课的剪影作品试着制作纸版画哦。

教学总结：

孩子们有能力学会用镂空等方法剪出动物叠罗汉的作品。他们的作品大胆有趣，有的动物变得又长又矮，有的动物展示了大力士的一面，这些动物就像人一样，聪明有思想，情态十足。前两节课设计的是单个动物和人与牛两者的连接，本节课是三个动物及三个以上动物的连接，循序渐进地引导孩子们激发内在潜能，有梯度地深入，对孩子们来说不算难。

第8课 LESSON 8 骑着驴儿去踏青

古代诗人与驴有着密切的关系，他们骑着驴儿悠然赏景，流连于林泉之下，自由逍遥，在驴背上构思文赋，凝思苦吟，纯情雅致。有孟浩然骑驴雪中吟诗的浪漫形象，有苏东坡“又不见雪中骑驴孟浩然，皱眉吟诗肩耸山”为证，有陆游脍炙人口的名句“此身合是诗人未？细雨骑驴入剑门”。在本课中老师将引导孩子们想象假如我们也是一位诗人，骑着驴儿去踏青会是怎样的情景呢？首先要学生了解驴和人的基本特征，学会用折、剪、刻等方法剪出动物和人物的花纹及场景。

年龄段

6~8岁

教学实录：

师：孩子们，你们踏过青吗，你们去郊游过吗？（和孩子们一起回忆踏青时的快乐时光，用心感受大自然的美，感受人与自然的和谐相处。）

图片资料

生：去过，我们每年都要出去春游呢，而且周末爸爸妈妈也要带我们去郊游。

师：你们去踏青或郊游一般是用什么交通工具呢？

图片资料

生 1： 走路。

生 2： 开车。

……

师： 孩子们，你们知道吗？古代的诗人们会骑驴郊游，他们慢悠悠地游山玩水，好不自在。假如我们也骑着驴儿去踏青，会是怎样的情景呢？我们先来欣赏人骑在驴上的图片和剪纸作品，把骑驴的主角换成我们自己，再想象一番。你们看，这些民间剪纸多有趣味！他们把自己的所见所闻、所思所想剪出来，剪出了千变万化的夸张形态，自由地表达剪纸的趣味。

好了，孩子们，现在请你们用剪刀代替笔，用剪代替画，组合形象，创作一幅骑着驴儿去踏青的剪纸作品。大家剪纸时要注意胆大心细，要让作品造型有趣、纹样美观哦，注意从里到外、从小到大地剪，把握好剪纸各部分的连接和完整性，局部细节的地方也可以用刻刀先刻出来，再剪。

作品步骤：

1 打好腹稿，组织好人、驴和大自然的画面，用折或刻的方法从局部细节开始剪刻。

2 用折剪的方法剪去大面积不需要的地方。

3 最后修剪整理画面，用红纸为背景衬托作品。

作品欣赏：

何易希　8岁

朱珂冬　7岁

张艺航　8岁

田思雨　8岁

黄雨晨　8岁

赵宇晗　8岁

吴逸轩　8岁

王宇航　6岁半

高劼睿　8岁

课堂拓展：

可以继续用滚筒滚油墨的方式做出纸版画哦。

教学总结：

剪纸可以让学生安静专心地去做好一件事，他们在剪刻的过程中不断地观察、发现、探究，不知不觉就感受到了民间艺术之美。在剪纸过程中要注意学生个体的差异性，不同孩子要给予不同的引导。

本节课把驴和人组合在一起，让大家想象自己骑着驴儿去踏青的情景，大家剪的都非常有意思，很多同学都注意到了画面的简洁性和情趣性。这节课与前几节课相比有难度，但孩子们都能运用多种方法剪出形态和纹样，通过自然夸张的造型剪出踏青的乐趣，这是难能可贵的。

第3单元

UNIT 3

剪语·怪物

剪纸是活的遗产，一把剪刀，一张纸，就能剪出万千世界，它蕴含着深厚而鲜明的中国民俗文化历史。作为中国的非物质文化遗产，剪纸是需要传承和发展的。但如何传承与发展呢？只有一把剪刀、一张纸，要让学生剪出复杂的纹样，是件头疼的事情，如何让学生轻松大胆地走入剪纸殿堂，这就需要我们找到一种行之有效的办法。所以本单元我选择以《山海经》里的怪物作为第一剪，剪出心中怪物的样子，打开思维，大胆创作。

单元教学设计思路

本单元以《山海经》里的怪物为引子，把怪物与剪纸巧妙连接，层层递进，共设计四课教学内容：

第9课：
《怪物诞生了》

第10课：
《怪物恋爱记》

第11课：
《怪物怀孕》

第12课：
《拖儿带女》

单元教学总目标

打破框框和束缚，从剪影开始，弱化纹样，充分发挥自己的想象和创意，让剪刀代替笔，自由而快乐地行走在纸上，并能够创造性地剪出怪物充满趣味的形象。

第9课 LESSON 9 怪物诞生了

《山海经》里记载着极具神秘感的奇异怪兽，这些长相奇特的异兽代表着古人对一些未知事物的理解和想象，也为历代艺术家们提供了无尽的遐想空间，让大家总是乐此不疲地创造着。本课将带领孩子们走进《山海经》异兽的世界，打破思维定势，随心所欲地创造自己想象的怪兽剪纸。

年龄段

6~8岁

教学实录：

师： 孩子们，你们见过《山海经》里的怪兽吗？

生： 没有。

师： 没有见过不要紧，今天就请大家跟着老师一起走进《山海经》之奇异怪兽的世界。（出示课件，播放《山海经》怪兽的图片）

生1： 哇，这只怪兽居然长着鱼的身体、蛇的脑袋，还有六只脚，太奇特了。

生2： 哈哈，这只怪兽像豹子，却长着五条尾巴和一只角，古人想象力太丰富啦！

……

图片资料

师： 是啊，《山海经》里的怪物真是怪味十足，现在老师也要剪出我心目中的怪物了，大家瞧好了，猜猜我的怪物是什么样子的。我先从怪物的头部开始吧，你们也可以从怪物的脚、尾巴、嘴巴等任何地

方开始剪。我先剪张大嘴巴的样子，还有尖尖的牙齿，再剪六只脚，接着剪长着刺的三条尾巴，剪一只长长的耳朵。（老师示范）

看，老师的怪物剪好了，不知孩子们心目中有什么样的怪物呢，说给大家听听。

生1：我要剪有着九条尾巴、人的脸的怪物。

生2：我要剪像蜈蚣一样有很多脚的怪物，还要剪长了翅膀的怪物。

生3：我要剪一条可以飞的鱼，这条鱼也有脚，还有牛一样的尾巴。

……

图片资料

师：哈哈，孩子们想象的城堡打开了，奇思妙想层出不穷，我都迫不及待想看到你们剪的怪物了，我相信一定比《山海经》里描写的怪物还要奇特呢！现在开始剪吧。

作品步骤：

1 从怪物身上的任意一个地方开始第一剪，剪出怪物的剪影。

2 局部对折剪怪物的五官和身上的花纹。

3 整体修剪，完成作品。

张柏瑞　8岁

作品欣赏：

刘宇 8岁

胡钟洁 8岁

张钰晴 7岁

肖懿轩 7岁

王华钏 8岁

万智仁 8岁

袁纤惠 8岁

袁晨程 8岁

课堂拓展：

利用剪出来的怪物，再添加场景，想象怪物正在做什么。

任可芯　8岁

吕晨旭　7岁

教学总结：

本节课我以《山海经》为依托，引入怪物的剪法，除了让孩子们了解古代文化，最主要的还是让他们打破思维定势，勇于创作。我的引导很简单，就是从《山海经》的怪物入手，让孩子们想象心目中的怪物是什么样子的，进行描述，怪物首先要怪，越怪越有意思。课堂氛围很宽松，孩子们很自由，这样反而激发了他们积极尝试和探索的欲望。你看，有的怪物憨态可掬，有的面目狰狞，有的四不像……每只怪物都有自然的灵性，充满无穷的想象。

朱珂冬　7岁

第 10 课 LESSON 10

怪物恋爱记

爱情是一种美好的情愫。本课通过联系生活，把怪物当成人，赋予它们生命与情感，让孩子们展开想象，用上一节课的方法来创作，并进行细节的处理。我想带给孩子们的不仅仅是剪纸技法，而是通过剪纸去表达一种情感，激发他们观察、表现、热爱生活的主观能动性。

年龄段

6~8 岁

教学实录：

师： 孩子们，上节课我们在愉快的氛围中结束，你们剪的怪物非常好，还记得我给你们留的课后作业吗？

生： 记得，让我们猜猜这节课会做什么。

师： 对呀，怪物诞生后，接下来它会做什么呢？大家可以天马行空地想象哦，谁的想象最有意思，我就用他的创意作为本节课的内容！

生 1： 怪物爆发战争。

生 2： 怪物抢占领土。

……

师： 孩子们，你们要把怪物想象成人，猜想它们像人一样在做什么？

生 1： 老师，我猜想怪物读书了。

生 2： 怪物长大了，恋爱啦！

图片资料

生 3： 哈哈哈……

生 2： 别笑哦，我的哥哥现在就有女朋友啦，老师让我们把怪物想象成人，这很正常呀！

……

师： 哈哈，孩子们，你们的想法真是五花八门呀，我觉得怪物恋爱了是个好想法，多温馨呀！今天我们就来剪怪物谈恋爱！

请大家先把纸对折，然后用上节课的剪纸方法剪一个怪物，注意折痕的地方要有连接（老师示范）。再把纸打开，看看，是不是变成两个怪物啦？现在你们再单独剪出怪物身上的花纹，手、脚、尾巴等都可以重新修剪，是不是很简单呀？

作品步骤：

1 打好腹稿，把纸对折，从一张纸的任意一个地方开始第一剪。

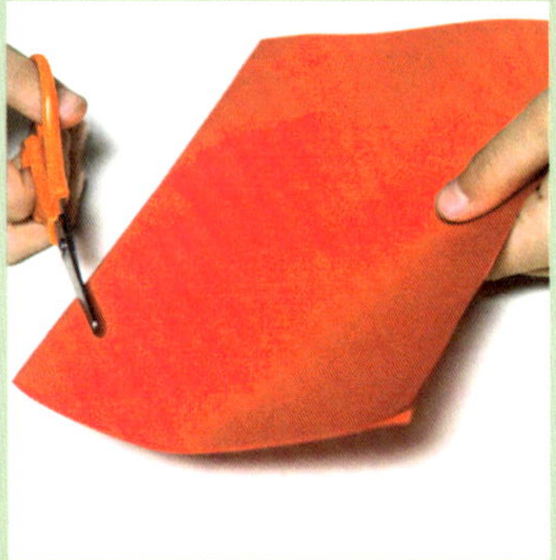

2 根据上节课学习的方式剪出一个怪物的剪影，注意折痕的地方不要全部剪掉，要有连接。

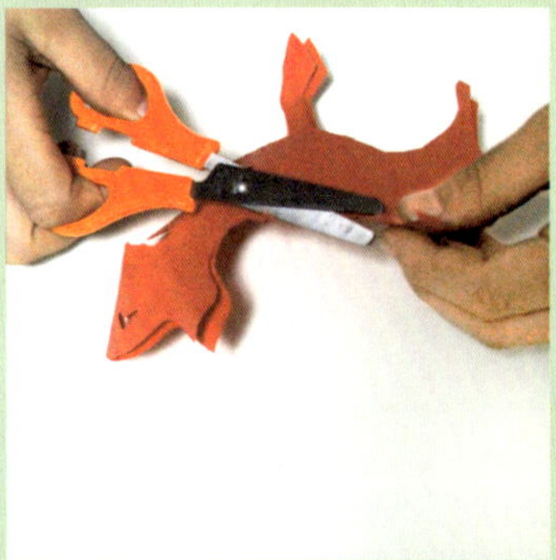

3 打开图案，分别剪出怪物的五官和身上的花纹。

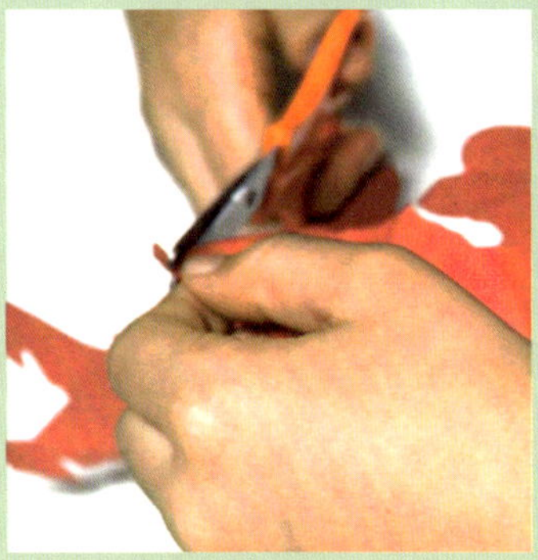

4 修剪完成作品，衬上底色。

袁锦浩　8 岁

作品欣赏：

余思行　7岁

范峻瑜　7岁

张柏瑞　8岁

陈逸枫　7岁

吕晨旭　7岁

肖懿轩　7岁

陈依婷　8岁

卢欣鑫　8岁

课堂拓展：

可以利用对折的方式剪抓髻娃娃。

罗智博　8岁

雷梓翎　8岁

任可芯　8岁

邓雨辰　8岁

教学总结：

加入情节的想象，再让孩子们对折剪，然后打开修剪不同的花纹，它破除了对称的呆板，变成了对称中的不对称，统一中的变化。这是一个循序渐进的过程，比上一节课增加了一点难度，但又很容易实现，解除了孩子们的畏惧心理。在剪的过程中，孩子们一直处于主动思考的状态，想象无限。他们把生活中的情景融入剪纸中，让画面充满生活的气息。你们看这些怪物，有的恩爱有加，有的背靠背互相不理睬，有的欢喜甜蜜，有的左顾右盼……这种以物寄情，把怪物情感化、人情化的手法，让作品更加生动，自由夸张，且充满温馨。

第 11 课 LESSON 11 怪物怀孕

美好的爱情之后，怪物们有了爱情的结晶，让孩子们联系生活想象怪物怀孕的情景。本课剪纸的重点是处理怪物妈妈和肚子里小怪物的连接。

年龄段
6~8 岁

教学实录：

师： 孩子们，经历了怪物的诞生、怪物恋爱，你们猜猜今天我们将剪什么。

生 1： 怪物的一家。

生 2： 怪物结婚了。

生 3： 怪物怀宝宝了。

……

师： 大家说得都不错，我们就选怪物怀宝宝这个主题来剪吧。结婚这个环节我们就不去掺和了！

生： 哈哈哈，怪物结婚我们可以吃喜糖了。

师： 小心长蛀牙，呵呵。浪漫的二人世界过后，怪物怀孕了，我们怎么来剪呢？今天这节课的剪纸比前两节课难一些，你们想想怎么剪出肚子里的宝宝来。要不你们先试试，然后告诉我方法。记得只能用剪刀和纸哦！

（孩子们开始试验）老师巡视，等孩子们的好消息。

生 1： 我把怪物剪好了，可是肚子里的宝宝总是被剪断。

生 2： 老师，肚子里的宝宝可不可以不和怪物一样？

师： 可以不一样。

生 3： 老师，我成功了，哈哈。

师： 你来给大家讲讲方法。

生 3： 宝宝在妈妈肚子里是有脐带连接的，你们看，我先折叠剪一刀，然后把剪刀伸进去剪出一个小怪物，但是有根脐带连接着怪物妈妈的肚子，这样小怪物就不会掉下来了。

生 4： 我也成功了，我是让宝宝的身体部分和妈妈肚子连接的，比如头、脚、手，等等，只要有一两个地方和肚子连接，宝宝就不会掉下来哦！

师： 嗯，实践出真知，你们很有行动力，其他孩子看明白了吗？老师再示范一次，如何让小宝贝和妈妈的肚子连接而不掉下来。

现在请孩子们再剪一次怀孕的怪物，已经成功的孩子可以剪其他怀孕的怪物，巩固一下。

作品步骤：

1 从一张纸的任意一个地方开始第一剪。

2 剪出怪物的剪影。

3 在怪物的肚子上折叠剪一刀，然后把剪刀伸进去剪出小怪物，注意小怪物要有和怪物妈妈连接的地方。

4 修剪完成怀孕的怪物，衬上底色。

王雪菡　8 岁

作品欣赏：

卢欣鑫　8岁

李嘉捷　8岁

张嘉怡　8岁

张柏瑞　8岁

祝雨欣　8岁

贾艺羚　8岁

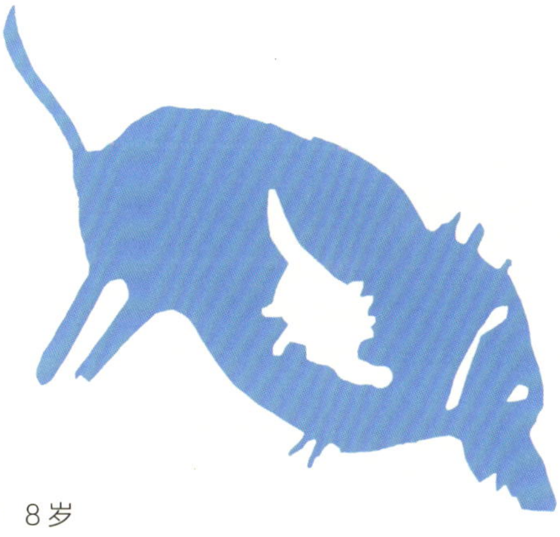

曾昶珠　8岁

王雪菡　8岁

课堂拓展：

可以利用剪怪物怀孕的方法来剪怀孕的妈妈，也很有意思哦！

杨淼　8岁

孙凡棋　7岁

唐嘉蕊　8岁

黄雨晨　8岁

教学总结：

利用故事情节的发展来进行课程的递进，逐渐增加难度，这样孩子们能不知不觉地走进故事中，成为创造故事的人，动手剪起来就会水到渠成。这节课的难点是肚子里的宝宝和怪物妈妈的连接关系，创作时要发挥孩子们的主观能动性，让他们先实践，一个班里总有走在前面的孩子，利用他们的成功表率带动其他孩子。作品有的活蹦乱跳，有的孕味十足，有的婀娜多姿……宝宝和妈妈彼此呼应，很有生活感。我问孩子们："为啥你的怪物妈妈怀孕了还那么活泼、姿态优美呢？"孩子回答："因为我看到有些妈妈怀孕了依然很漂亮，走路也很大方哦！"不管孩子们剪成什么样，我们都要给予鼓励，因为个性差异要的就是不同。

第12课 LESSON 12

拖儿带女

这节课把故事继续推进，利用生活中生二孩的现象，与怪物的故事相联系，用剪纸的形式剪出怪物带宝宝的情景，目的是希望通过故事，通过生活化、趣味化，慢慢增加剪纸的难度。这节课的难点在于让孩子们剪出一到几个小怪物在大人的身上并且不掉下来。

年龄段

6~8岁

教学实录：

师：孩子们，上节课怪物怀孕了，你们猜，今天怪物会怎样？

生1：怪物坐月子了。

生2：怪物换尿布，哈哈。

生3：怪物带宝宝玩耍。

……

图片资料

师：怀孕后，肯定就要带孩子了，有的妈妈生一个孩子，有的妈妈可能会生好几个呢！

生：是的，是的，我的妈妈就生了小妹妹。（班上有弟弟妹妹的孩子七嘴八舌说起来。）

师：是呀，大的小的怪物都围绕着大人玩，多有意思呀！今天我们就剪怪物带宝宝玩耍的情景吧。可是我们怎样让这么多宝宝在大人身上而不掉下来呢？

学生开始实践。

师：通过孩子们刚才的实践，老师也想出了一个方法，你们可以试试哦，按照之前的方法剪怪物，在认为可以加入宝宝的地方先剪出一个疙瘩，不用剪出细节来，想加入几个宝宝就剪几个疙瘩，等大怪物剪完之后，再回头去修剪疙瘩，把小怪物剪出来，注意怪物之间的连接。（老师示范一个小怪物连接怪物妈妈的样子）

作品步骤：

1 打好腹稿，从一张纸的任何地方开始第一剪。

2 剪出怪物带宝宝的剪影，注意怪物与怪物之间的连接。

3 局部折剪怪物身上的花纹，修整完成作品，衬上底色。

范峻瑜　7岁

作品欣赏：

张柏瑞　8岁

卢欣鑫　8岁

彭潇　8岁

陈逸枫　7岁

肖懿轩　7岁

李林瞳　8岁

李栎涛　8岁

课堂拓展：

我们可以用“拖儿带女”这种剪纸方法来剪鸟妈妈（或鸟爸爸）带鸟宝宝哦。

吴逸轩　8岁

张艺航　8岁

高劼睿　8岁

舒欣妍　8岁

教学总结：

这个单元完全消除了孩子们的畏惧心理，他们不再纠结像与不像，而是充分打开自己的思路，自由地去剪。孩子们把这当成游戏，充分发挥想象与创意，由浅入深，由简入难，一环扣一环，层层递进，难度就自然化解了。作为老师，我们要做到遵循儿童的认知规律，循序渐进，那么孩子继续深入，以后创作大幅的有难度的作品就自然比较容易了。你们看，这些小怪物就像棉花糖一样贴在怪物的背上、脚上、尾巴上，到处爬，太好玩了。这四堂课都是同学们自己来设计的，故事情节的发展也是孩子们来想象的，可见同学们的小宇宙爆发后，多让人惊喜呀！

第4单元

UNIT 4

剪意·创作

在孩子们的眼里，山山水水，一草一木，飞禽走兽，无不充满生机与活力，在孩子的世界里，这就是一个生机盎然的世界。因为不受传统剪纸的限制，孩子们选择的题材就更为广阔，充满了蓬勃的生命力。作品简洁大气，灵动鲜活，又具鲜明的时代气息，我驻足品味，流连忘返，仿佛也置身于诗情画意的童年生活中。

单元教学设计思路

结合前三个单元的学习，孩子们已经有了一定的剪纸基础，本单元主要以剪纸的形式，创作一系列主题作品，具体分为以下四课教学内容：

第 13 课：

《在大树下玩耍》

第 14 课：

《我的交通工具》

第 15 课：

《吃团圆饭》

第 16 课：

《成语》

单元教学总目标

本单元主要运用前三个单元所学知识来进行主题创作，孩子们在创作过程中要注意造型的简洁夸张、内容的故事情境创设和画面的组织关系等问题。

第13课 LESSON 13 在大树下玩耍

关于树的诗句特别多，比如曹操的“树木丛生，百草丰茂”，孟浩然的“绿树村边合，青山郭外斜”，贺知章的“碧玉妆成一树高，万条垂下绿丝绦”，等等。树是地球的保护伞，是人类的好朋友。这节课我们把树作为主角，剪纸创作《在大树下玩耍》，除了要剪出树和人的姿态外，还要注意彼此之间的关系，让人和树和谐统一并充满趣味。

年龄段

7~8岁

教学实录：

师：孩子们，上课前老师出两个谜语给大家猜猜，仔细听哦！

1. 冬天光着头，春夏长绿发，只有一条腿，小鸟喜欢它。

2. 又进村来。

这两个谜语的谜底都是一样的，大家猜到了吗？

生：树。

师：非常棒！树不仅是诗人笔下经常歌颂的植物，也是画家笔下常见的风景，它也经常出现在歌曲里被人们传唱：“在我家的门前有一棵树，它烙印在我记忆的深处，当时间让它慢慢老去了，心中的悲伤挡不住，在我的童年记得很清楚，它总是很坚强风雨无阻……”（播放隔壁团唱的歌曲《树》）大树是我们人类的好朋友，它可以调节气候，净化空气，防风固沙，减少噪声，等等，关于树的好处太多了。今天我们就利用树来创作一幅剪纸作品。（出示题目《在大树下玩耍》）

大家要注意人与树之间的连接关系哦，也要注意大树枝干的姿态。

图片资料

作品步骤：

1 打好腹稿，做到心中有数，从纸的任意一个地方开始剪。

2 剪出人和树的剪影，注意它们之间的连接。

3 修剪枝丫和树叶，可剪出一些鸟儿。

4 用对折剪的方法剪出人和鸟的五官，并修整完善作品。

程新　8岁

作品欣赏：

张柏瑞　8岁

时楷 7岁

石佳豪 8岁

罗哲皓 7岁

杨可心 8岁

杨景瑞 8岁

赵慧奇 8岁

教学总结:

当我给孩子足够的创作空间时，让他们自由创作时，孩子们表现出的艺术创造力是强大的。他们用剪纸抒发内心的情感，表达自己的生活感受和所念所想。作品中线条粗细不均，形象夸张变形，欣赏它们，就像在读一本童年的书。如果在人和树的姿态上再自然点、舒展点，再夸张有趣点，比如有的人爬树，有的人荡秋千，等等，让人与大树愉快相处，会更棒!

第 14 课 LESSON 14　我的交通工具

我的交通工具，奇特有创意，可以上天入地。本课采用与我们生活息息相关的交通工具作为内容，让孩子们自己设计交通工具，并坐上去游玩，这是一件非常有趣的事情。这节课运用到的剪纸技能和前面所讲的怪物怀孕有异曲同工之处，下面看看同学们的奇思妙想吧。

年龄段 7~8 岁

教学实录：

师： 同学们，你们外出除了走路外，一般用什么交通工具呀？

生 1： 我们出去旅游大部分是自驾游。

生 2： 如果离我们家近，我们会骑自行车出去玩，爸爸说这样可以锻炼身体。

生 3： 我们去外省玩坐了火车和飞机呢！

生 4： 我坐过摩托车、公共汽车、动车、地铁、轮船、快艇……

师： 你们真是幸福的一代呀！大家知道吗？古代的人们，几乎都是走路，家境好一点的会骑马，坐马车，后来聪明的人类发明了自行车、汽车、轮船、飞机，等等。（课件播放人类各个发展阶段的交通工具）

图片资料

时代在进步，科技在发展，现在我们的交通工具越来越先进，但还有进步的空间。如果让你来当一回设计师，设计一款你最喜欢的交通工具，你会有哪些想法呢？

生 1： 现在的汽车尾气污染环境，我要设计一款不污染环境的交通工具。

生 2：现在车子太多了，总是容易堵车，我要设计一款海陆空都可以行走的交通工具，这样大家就可以随机应变。

生 3：我要设计一款飞行器，系上最安全的绳子可以在空中蹦跳，不用担心安全问题，一定好玩。

师：大家的想象力真是太丰富了！那还等什么呢？赶快动手设计吧！今天是用纸剪出你们的交通工具，要注意交通工具的外部形态哦，更要剪好内部的结构零件。

图片资料

作品步骤：

1 先在心里构思画面，做到胸有成竹，可以从任意一个地方开始剪。

2 剪出交通工具的外形。

3 用折剪的方法，把要开窗户的地方剪一刀，然后把剪刀伸进去，剪出人和椅子等，注意连接。

4 修剪完善作品。

时楷　7 岁

作品欣赏：

吕晨旭　7岁

周哲毅　8岁

朱珂冬　7岁

汪枫茗　7岁

程新　8岁

赵慧奇　8岁

张柏瑞　8岁

罗哲皓　7岁

教学总结：

本节课孩子们利用前面三个单元的剪纸方法来创作《我的交通工具》，无论外形还是内部的结构，包括人物的姿态，都设计得非常有意思，动静相间，生动夸张又质朴自然，充满灵性和无穷的想象。其实在课堂上，我们给足孩子自由的空间，调动起他们积极探索的欲望，往往回报给我们的是超出想象的惊喜。

第15课 LESSON 15 吃团圆饭

中国自古以来就十分重视团圆，要不然怎么会有苏轼的“但愿人长久，千里共婵娟”的千古佳句呢？和家人在一起的点点滴滴，哪怕是母亲的唠叨、父亲的责骂，都像发酵的酒，弥久醇香！尤其是一家人围坐在一起吃饭的情景，在快节奏的今天，显得格外温馨珍贵，满满的幸福感油然而生。

年龄段
7~8岁

教学实录：

师：同学们，今天老师请大家听一首歌，大家闭上眼睛倾听哦！

《团圆饭》

一阵阵米饭香在飘扬

装满新年带来的温暖

那遥远的家乡那扇窗

还留着儿时的模样

转运的风车转呀转

一转眼我们都已成长

……

师：孩子们，你们听到这首歌唱的什么呀？

生：唱的是春节吃团圆饭的情景和祝福。

师：那春节你们都要做些什么呢?

生：看春晚、放鞭炮、走亲戚、吃团圆饭!

师：是呀，我们国家是礼仪之邦，最注重团聚，尤其是吃团圆饭。中秋节我们要团圆，春节我们要团圆……在我们平常的日子里，大家都有各自的事情，但是能坐在一起吃饭也是团聚的美好时光。所以同学们要珍惜和家人在一起的日子哦!

今天我们就来剪一剪大家吃团圆饭的情景。你可以想想在什么样的餐桌上和家人吃饭，每个人都有哪些动态，都喜欢吃什么菜……这些都可以通过剪纸展现出来，留住这美好的时光。

图片资料

作品步骤：

1 先在心中设计好情境，再剪出一家人围在一桌吃饭的剪影。有些复杂的地方不能盲剪，可以适当用铅笔打个草稿。

2 剪出桌子的造型，可以剪出桌子腿或者镂空桌面，折剪出人物的五官和花纹。

3 用其他颜色的纸剪贴桌布、饭菜等，甚至可以加入一些小动物增加生活情趣。

赵慧奇　8岁

作品欣赏：

陶婧怡　8岁

彭梓皓　7 岁

董雨辰　8 岁

宋林蓬　8 岁

魏钰恩　8 岁

教学总结：

孩子们用夸张变形的造型、粗细不匀的线条，捕捉吃团圆饭时的瞬间，无论是站在凳子上，还是手舞足蹈地欢呼，都蕴含着饱满的热情，展现出一种自然而然的乐趣和团圆的喜悦幸福。这样的剪纸带着生活的浓郁气息，向大家传递出另一种生命之美，率真、新奇、鲜活和浪漫，营造了一种和谐美满的氛围。

李胤　8 岁

第16课 LESSON 16 成语

成语凝聚着古人的智慧，有着精辟的含义，我们每个中国人张口都能说出一些成语来。在第一单元我们通过成语开启了孩子们的剪纸之旅，在这一课，我们继续通过成语来进行剪纸创作，让成语与剪纸再一次亲密接触，让传统文化和民间剪纸牵手，那么，又将产生怎样独特的美呢？

年龄段 9~12岁

教学实录：

师：孩子们，对于成语你们每个人都不陌生，今天我就来考考大家，你们都能说出哪些成语。

生：……

师：你们太棒了，每个人积累的成语都非常多。成语里包罗万象，当然也有很多寓意美好的成语，那如果让你们用剪纸的形式剪出这些寓意美好的成语来，你们能做到吗？

图片资料

生1：放心吧，老师，我先查阅下哪些成语有意思，选一两个来试试。

生2：我要任意发挥想象，从我的视角去表现成语。

孩子们开始查阅资料，选出自己最好表现的成语来，然后构思，冥想。

作品步骤：

1 选好成语，想好怎么构图，可用铅笔先打个草稿，然后用刻刀刻出细节的地方。

2 耐心刻出细节，有些大块的地方可以用剪刀直接剪掉。

3 刻刀和剪刀并用，修剪完成作品。

陈依婷　11 岁

作品欣赏：

杨清砚　12 岁

董曦　11岁

高劼睿　9岁

王语　12岁

陈依婷　11岁

教学总结：

从选成语到构思再到呈现画面，孩子们一气呵成，我被孩子们独特的创意所感动。当老师用正确的方法打开孩子们思路时，他们蓬勃的创造力会带来无限的可能性。他们突破剪纸的局限性，用心构思，把剪刀伸向各个角落细节，拓展了题材，并用自己的方式解读成语故事，率性天然。

图书在版编目（CIP）数据

溢课堂 / 吴林，孙智明主编．— 长沙：湖南美术出版社，2019.7

ISBN 978-7-5356-8885-9

Ⅰ．①溢… Ⅱ．①吴… ②孙… Ⅲ．①美术课 - 学前教育 - 教学参考资料 Ⅳ．① G613.6

中国版本图书馆 CIP 数据核字 (2019) 第 183530 号

溢课堂

YI Ketang

童言剪语

出版人：**黄　啸**

主　　编：**吴　林　孙智明**

编　　著：**杨　芬**

责任编辑：**吴海恩**

装帧设计：**格局视觉 Gervision**

责任校对：**伍　兰**

出版发行：**湖南美术出版社**

（长沙市东二环一段 622 号）

经　　销：**湖南省新华书店**

印　　刷：**长沙新湘诚印刷有限公司**

（长沙市开福区伍家岭街道新码头 9 号）

开　　本：**889mm×1194mm　1/16**

印　　张：**32.25**

版　　次：**2019 年 7 月第 1 版**

印　　次：**2019 年 7 月第 1 次印刷**

书　　号：**ISBN 978-7-5356-8885-9**

定　　价：**196.00 元（共七册）**

邮购联系：0731-84787105　邮编：410016

网　　址：http://www.arts-press.com/

电子邮箱：market@arts-press.com

如有倒装、破损、少页等印装质量问题，请与印刷厂联系调换。联系电话：0731-84363767

溢课堂

吴林 孙智明 主编

线玩线趣

李建明——编著

湖南美术出版社
全国百佳图书出版单位

前言

与李建明老师结识是在溢美少儿美术交流会上，他儒雅阳光，温和善良，乐于助人，谦虚好学，深得大家的喜爱。也许是同为天秤座的原因，再加上对少儿美术教育理念的追求大致趋同，因此在探讨少儿美术教育的话题时我俩经常畅所欲言，相谈甚欢，这也加深了我对李建明老师的了解和印象。

李建明善于学习，他不仅经常向国内专家学者虚心请教，频繁地与国内同行老师深层次地探讨交流，在课堂上他还习惯性地俯下身来向孩子们学习。陶行知先生说过："不愿向小孩学习的人，不配做小孩的先生。一个人不懂小孩的心理，小孩的问题，小孩的困难，小孩的愿望，小孩的脾气，如何能教小孩？如何能知道小孩的力量？" 难能可贵的是，李建明老师在教学中善于聆听孩子心声，及时了解孩子心理需求，与孩子们打成一片，成为孩子们深深喜欢的大朋友，孩子们亲切地称呼他为"大力老师"。

喜闻李老师即将出版课例集《线玩线趣》，翻阅书稿，阵阵清新的鲜活气息迎面而来。李老师在书中以孩子为本，以情感为纽带，以故事情境为线条，让孩子的心灵之花灿烂绽放，让线条成为孩子自由表达的个性化语言。本书最大的特色是打破线条的概念化，丰富线条无尽的表现力，让传统的线条从物体的轮廓线里解放出来，走进无限的创意空间：可以表达情绪，可以展现质感，可以展示姿态，可以表现声响，甚至还可以表现生长……在这里，线条可以任意行走，没有模式，没有标准，没有任何制约和障碍，满载儿童生命的激情与温度，从而凝聚为儿童成长的生命轨迹。

有人说，游戏是儿童最好的学习方式。在本书中，李老师采用一个个游戏情境，把美术认知活动融入儿童游戏体验之中，让每一个孩子在不知不觉中、在快乐体验中愉悦地获取新知。因为游戏有趣，贴近儿童生活，符合儿童成长需求，极大地点燃了儿童亢奋的激情和热烈的情愫，所以他们主动思考，主动观察，主动探究，在这一过程中，他们的灵感被激发，思维被打开，情感被点燃，创造的欲望开始燃烧升腾，从而产生逾越“障碍”的力量，进而越过了“障碍”，迈向大胆创造的自由之境。自由是创造的前提，古今中外很多艺术大师在创造的道路上无不尽力摆脱固有的认知障碍和樊篱，为追求独特创造的自由之境而努力不止。可见，在玩中学，学中生趣，趣中生智是这本课例集最大的亮点与特色，同时也是针对低龄儿童绘画教学巧妙而高超的引导启发方式。

书中作品稚拙天真，朴素自然，细细品读，仿佛有脉脉温情流动其间。最好的教育是生命的教育，我想，艺术教育更是如此。

“育”是美术教学的核心，一切教学的最终目的都应指向塑造美好心灵，成就人的健康成长，否则，美术教学就会沦为为画而画、为教而教的没有温度的技术培训。而李老师深谙学生心理，熟知孩子的心灵需求，在教学设计的每一个案例中，无不关注着孩子心灵的成长。孩子们通过触摸体验、移情感受，去学习呵护和尊重自然界的一切生命，去深切体会自然生命生长的神奇和美好。但“育”也是一个长期的缓慢的过程，它必须日积月累，慢慢浸润和渗透，就如同水滴石穿，一点一滴浸润到孩子的心灵中。因此，老师的课堂引导和教学方向就显得尤为重要。

艺无止境，教学更无止境，教学探索永远在路上。由衷地祝愿李建明老师在教学研究的道路上马不停蹄，百尺竿头，更进一步！

赵曼丽

目录 CONTENTS

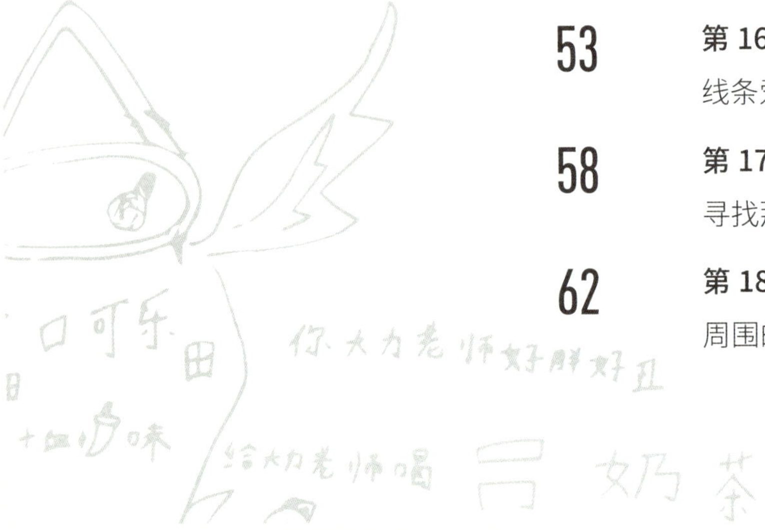

第1单元

UNIT 1

一根线

第1课 LESSON 1 我的线朋友

我们玩耍的时候都喜欢找小朋友们玩，是不？今天老师介绍两个特别的“小朋友”给大家认识一下：一个是棉线小朋友，叫暖暖；另一个是铁丝小朋友，叫壮壮。我们一个个来认识它们，看看它们的样子，看看它们的特点。它们还会七十二变，大家看一看，它们变成了什么？

年龄段

5~6岁

材料：素描纸、记号笔、签字笔等

新课讲解：

图片资料

1 **师：**摸了摸棉线之后，你们对它有什么感受？（实物观察与触摸）

生：柔软的、轻的、粗糙的、可以绕来绕去的……

2 **师：**摸了摸铁丝后，你们又有什么不一样的感受？都有些什么感受？（实物观察与触摸）

生：硬邦邦的，可以弯曲，有点重，滑滑的，有些地方坏了，摸着也很粗糙。

3 **师：**棉线和铁丝，还有什么不一样的地方吗？比如，冬天里，你们更愿意摸哪个？

生：冬天里愿意摸棉线，它给人暖暖的感觉，铁丝冰冷的。

4 **师：**小朋友的感受都很棒！棉线是柔软的，给人温暖的感觉；铁丝就不一样啦，硬硬的，摸上去滑滑的，夏天摸着它会感觉很凉快。哈哈，大家根据它们的样子，仔细观察，从线的一头开始画，哪头开始都可以。

如何绘画：

图片资料

让孩子去感受，用眼去看，用手去触摸；引导孩子去发现，启发孩子去感知；用拟人有趣的故事和轻松的生活语言，带领孩子走进一个不一样的世界。利用孩子们熟悉的简单事物，通过老师的“游说”，开启孩子的天性和探索未知的欲望，让老师手里的棉线和铁丝打开孩子想象的大门，从而拉近孩子与艺术的距离，让孩子的观察和想象内化于心。每个孩子都能轻松细致地画出事物的样子，观察细致并有自我表达。

评价与拓展：

孩子通过观看去发现世界，带着思考去感知事物，如此才能触摸到事物的个性与美。概念式的填鸭法，直接教孩子如何画直线、曲线的方式，虽然孩子容易掌握，但抹杀了孩子的天性，抹杀了他们对事物的好奇心和对未知自然万物的自我探索，阻隔了孩子的观察之道，对于孩子的学习和发展是不利的。如何让孩子喜欢画画，如何引导孩子去感知事物和观察事物，如何帮助孩子进行自我表达，是教学中需要思考的。将游戏融入教学可以让孩子体验趣味，进而滋养每一个独特的生命体。

孩子的话：

“这个线生病啦，在拉肚子，很不舒服，身体还在抖。”

“这个线会跳舞，还会唱歌，它唱出了各种各样的音符，好开心。”

“铁丝受伤啦，有些地方摔破了皮，生锈啦，还很毛糙。”

“这根线在游泳，游来游去。”

作品展示：

冯朱艾睿　6 岁

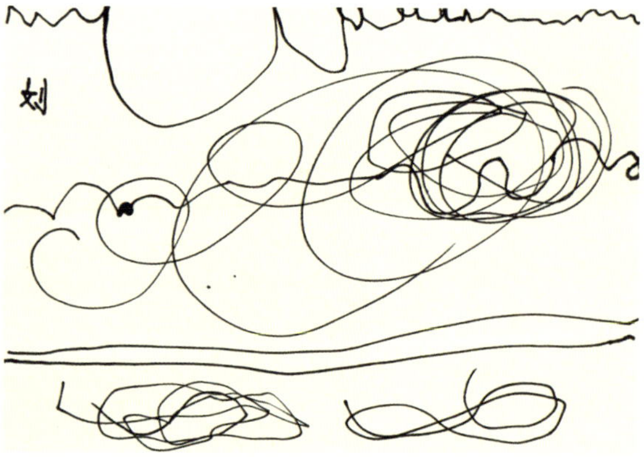

刘雨桐　6 岁

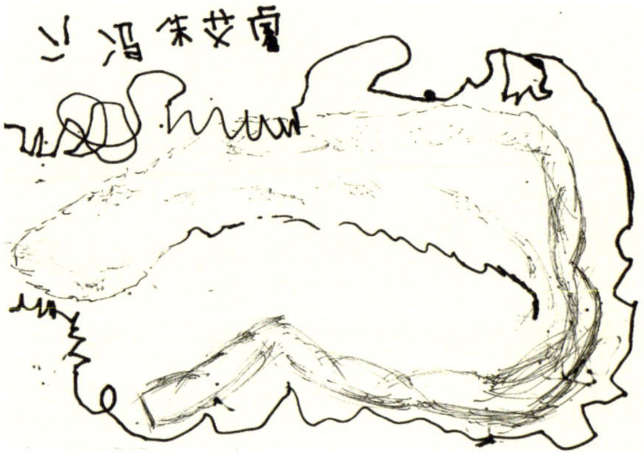
冯朱艾睿　6 岁

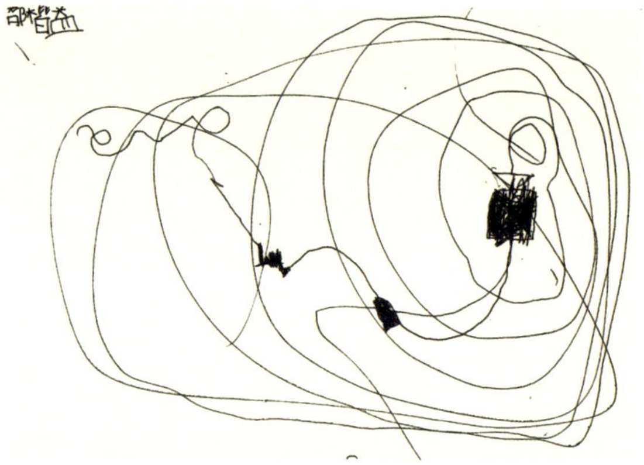
邵楷益　7 岁

张一炀　7 岁

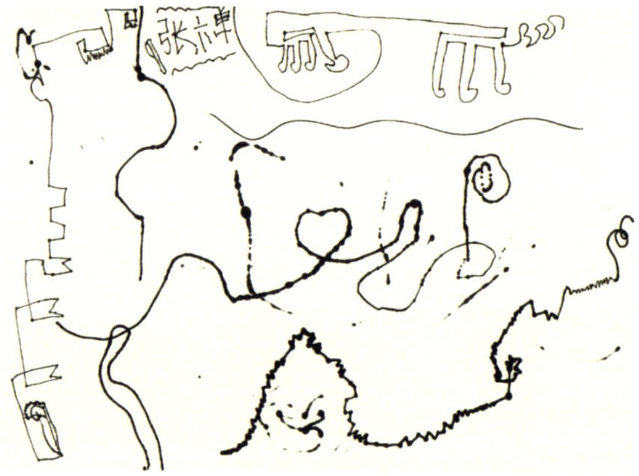
张亦单　6 岁

陆彦廷　7 岁

许谨泽　6 岁

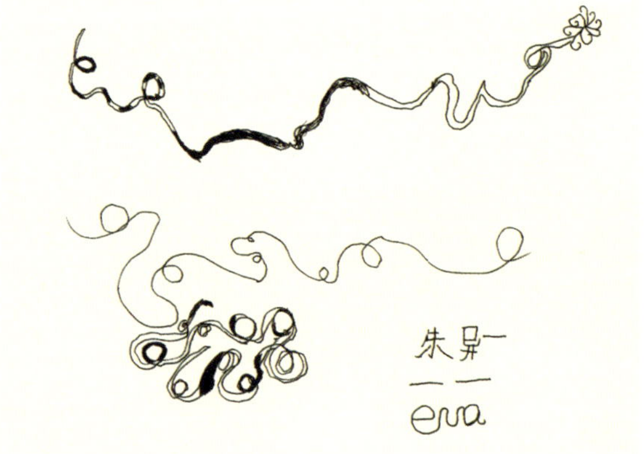

朱异一　7 岁

第2课　LESSON 2

大自然里的那些线

小朋友，你们身上有好多线条朋友，比如乱七八糟的头发线，密密麻麻的眉毛线，哈哈大笑的嘴角线，还有你们手心的手纹线，说不定那是一幅神秘的藏宝图呢！它们都很调皮贪玩，躲猫猫似的藏在你们的身上，你们可以把它们都找出来吗？

年龄段

6~8岁

材料：素描纸、签字笔等

新课讲解：

1 **师：** 要下雨啦，这时天上忽然裂开了一条白缝，地上墙脚边也有一道长长的黑线，是不是要天崩地裂啦？（图片欣赏）

生： 不是，那是打雷了，天上的一道闪电，说明要下雨了，小蚂蚁们来来往往，正忙个不停地搬家呢。

2 **师：** 哈哈，原来是闪电。那我们看看这些闪电像什么呢？那小蚂蚁搬家的队伍又像什么呢？

生： 闪电像铁丝，像渔网，像墙上的裂缝；蚂蚁队伍有点乱，中间还有断开的，不直，不整齐，有的地方长，有的地方短。

3 **师：** 你们观察得很仔细，真不错！你们可以把它们画下来吗？

生： 可以。

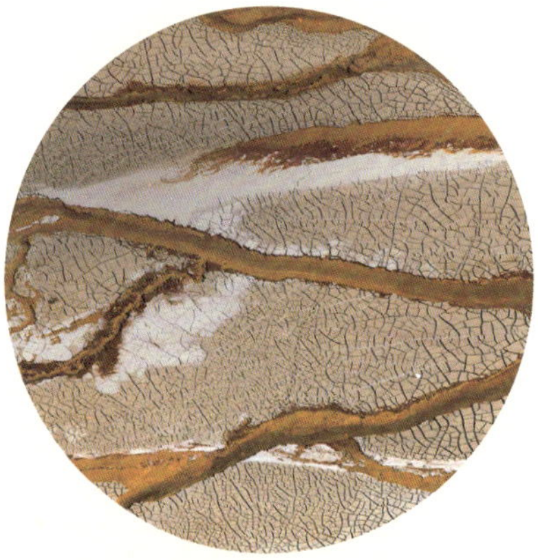

图片资料

如何绘画：

要想让孩子大胆自由地去画画，先要解决线的问题。简笔画里充斥着大量的直线、曲线，阻碍了孩子们的想象。要让孩子看到大自然里那些神奇的、有趣的事物，老师可引导他们，提出问题。孩子们好奇心强，想象异常活跃，观察敏感到位。他们画出来的线条生动自然，每个孩子都能自由、开心地画画，没有框架概念。

评价与拓展：

大自然是人类的终身老师和精神家园，它自然奇妙，姿态万千，也是孩子们观察世界、感知世界的良师益友。让孩子带着问题观察大自然里的各种线，孩子的眼界会大开，思维想象能力也会随之提升。大自然里那些美丽的线、不经意的线，通过老师提问题、讲故事的方式走进孩子们的视野里，每个孩子都能对大自然里那些神奇的、美丽的、好玩的线条产生浓厚的兴趣，他们的想象异常丰富，想法稚趣可爱。孩子笔下的线条不再是那些呆板的直线、曲线或公式化的波浪线，而是带着观察和想象的线，丰富而有变化，如大自然一样变幻莫测，稚趣天成。

孩子的话：

“我画的有倒挂的线，插队的线，排队的线，还有向上生长、向右生长的线。”

“流星撞击星球的线，各种撞击，轰轰轰。”

“花开了，玻璃碎了。”

作品展示：

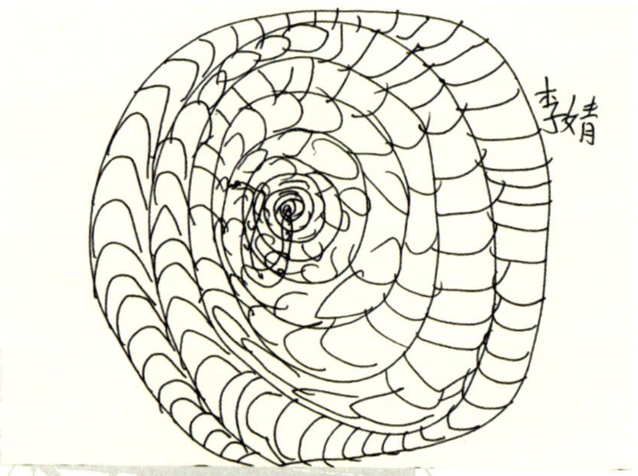

李婧 9岁

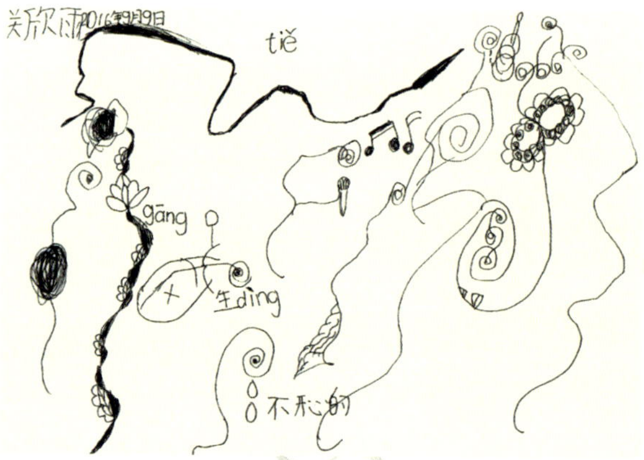

关欣雨 7岁

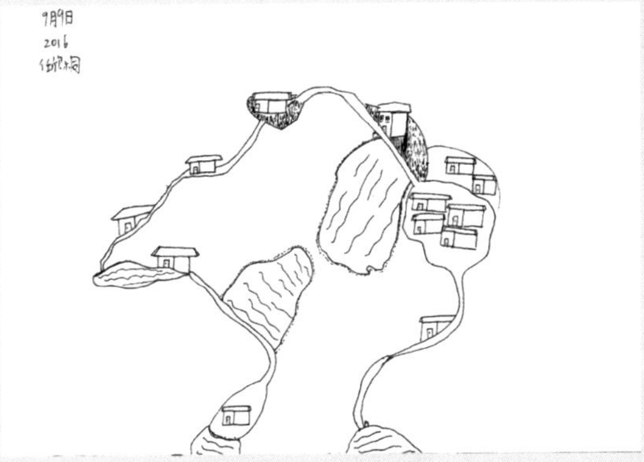
任欣桐　8岁

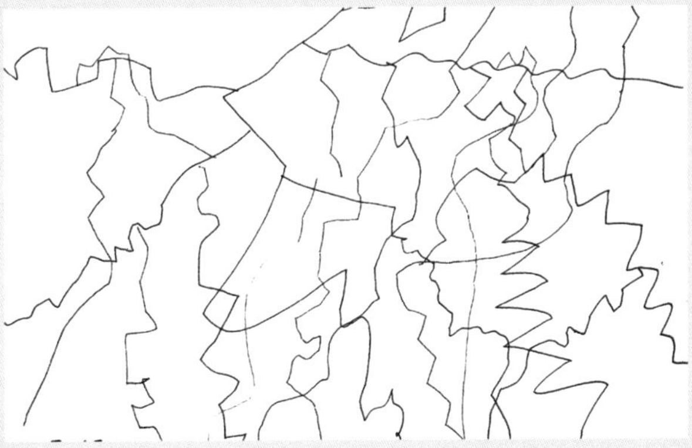
周子涵　8岁

周沐阳　6岁

赵悦含　8岁

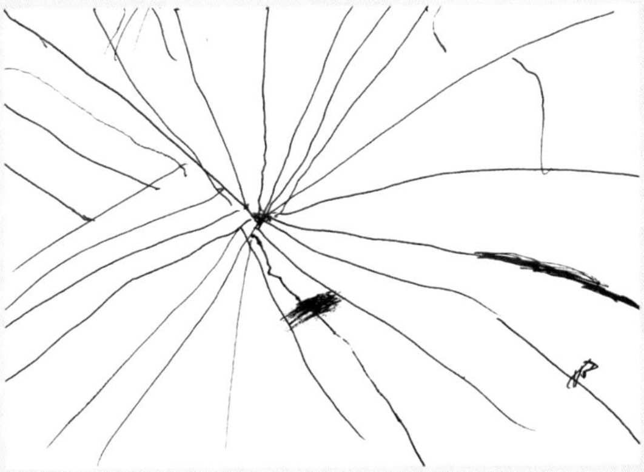
陈柏阳　8岁

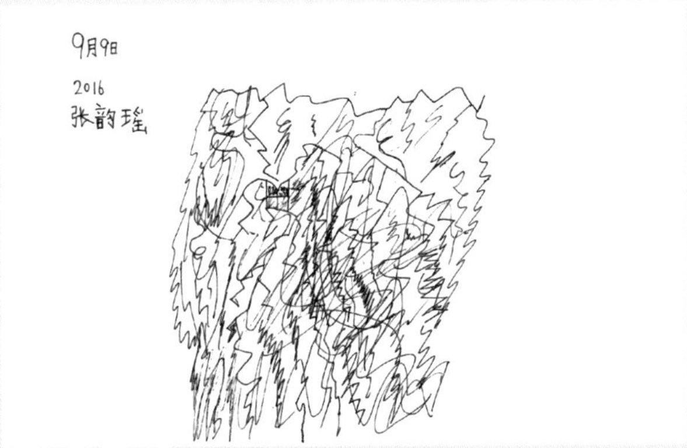

张韵瑶　8岁

朱凯睿　6岁

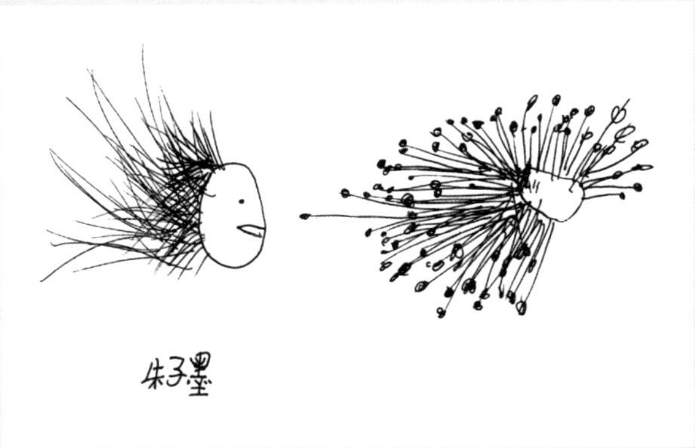

朱子墨　8岁

第3课 LESSON 3 做薯片，吃薯片

今天老师和你们一起来做薯片，这儿有一张纸，伸出手，撕一撕。老师先慢慢撕出一个形状，这就是我做的薯片，还可以撕出好多不同形状的薯片。这片薯片好大，这片薯片又好小，不过味道都很美，脆脆的，吃起来嘎嘣嘎嘣地响，真的是太好吃啦！小朋友们也自己亲手来做薯片吧，自己用手撕一撕，撕出什么样子就是什么样子的薯片，看看谁的薯片不一样。

年龄段 5~6岁

材料：素描纸、签字笔等

新课讲解：

① **师：** 老师撕出了大大的薯片，闻起来好香好香，肯定很好吃，谁想来咬一口，哈哈！品尝之前，大家先用线来“围”出这个大薯片，看谁的薯片最好吃，试一试。

生：“我会。”“我也会。”

② **师：** 你们画的薯片真不错，竟然和老师的薯片还不一样，真好玩。现在老师要来咬一口薯片啦，你们自己看，不要流口水哦。薯片被我咬了一口，你们能画出薯片样子的变化吗？

生： 老师，我也想咬一口，给我咬一口吧。

③ **师：** 老师现在换一个角度来咬薯片一口，从薯片的中间咬，咬出的形状你们要仔细看，把它的样子画出来。

图片资料

生： 哇，太好玩啦！我会画。

4 **师：** 每个人亲手撕一撕，撕出薯片的形状，把它们画下来，然后还可以自己去联想，给薯片加眼睛、加腿、加手，还可以加翅膀让它们飞起来，看看它们能变成什么其他好玩的东西。

如何绘画：

让孩子亲手撕一撕纸，撕出各种造型的薯片，从中挑选自己喜欢的薯片，把它画出来。这里所讲的画的方法，其实就是用线“围”出形，让孩子在乐趣中画出自己喜欢的薯片模样，画出薯片不一样的“味道”，启发他们的想象，让他们在体验中大胆创造，趣味无限。

评价与拓展：

让孩子在撕纸的过程中，观察各种各样的纸的造型并赋予它们生命，加以联想，打破孩子们对物体形状的概念化的认知。让这种自然的、造型各异的形去打破阻碍孩子想象力的那些概念化的几何形体。让奇妙各异的造型释放孩子的想象力，拓宽他们的思维空间。让自然万物之形态走进孩子的内心。

孩子的话：

“我的薯片变成了恐龙，我骑着它。”

“我的薯片变成了超级赛尔号飞船，特别厉害，可以钻进地下。”

“我的薯片变成了超级乌贼，那些八爪鱼都不是它的对手，它可以潜入海底。”

作品展示：

姬佳颖　6 岁

姬佳颖　6岁

孙博睿　6岁

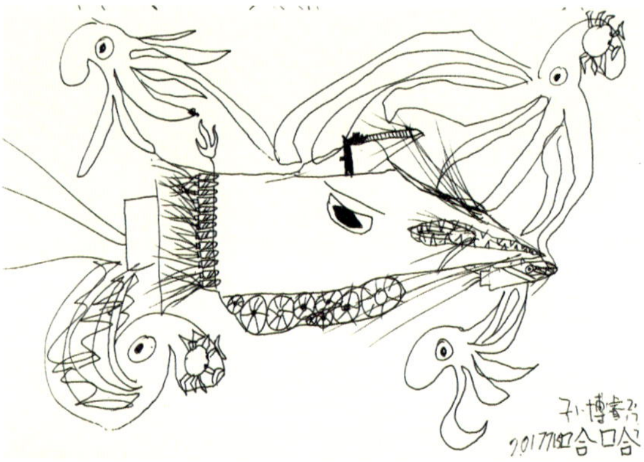

孙博睿　6岁

袁逸潇　6岁

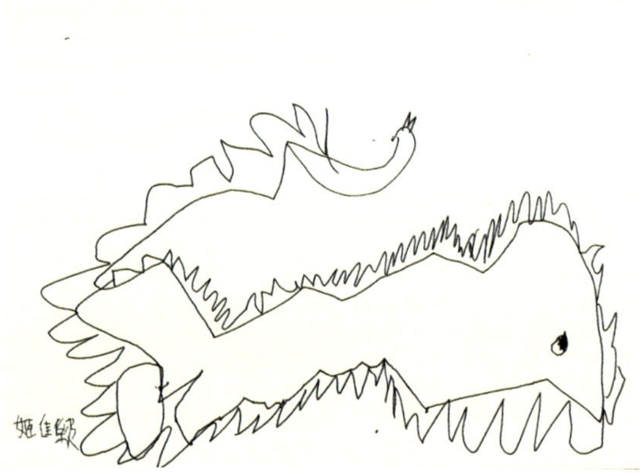

姬佳颖　6岁

袁逸潇　6岁

马艺宁　6岁

黄施文　6岁

第2单元

UNIT 2

观线感质

第4课　LESSON 4　变色龙的功夫

年龄段
6~7岁

变色龙不是龙，它是蜥蜴类的一种，用四脚爬行，慢悠悠的，假如你不仔细地看它，它就像木头一样一动不动。可是它身怀绝技，动眼、吐舌和变色是它的三套绝活。眼球会转，左顾右盼，能环视四周一圈。舌头极长，平时盘卷在嘴里，当看见好吃的昆虫在眼前，口水直流，就“嗖”的一声，伸直长舌黏住昆虫，吞进嘴里，慢慢享用（可表演）。变色龙最拿手的看家本领还是变色，皮肤可以变换任意颜色用以伪装，不让猎物和天敌发现，厉害吧。

材料：素描纸、签字笔等

新课讲解：

图片资料

1 **师：** 小朋友，你们会转动眼球，会伸舌头，会变色吗？

生： 眼球可以转，伸舌头也会，哈哈，就是不会变色。

2 **师：** 其实你们在生活中也可以变色呀，只要你们用敏锐的眼睛去细心观察你们周围的生活，就能够发现这一点。

生： 我们也能变色？

3 **师：** 对呀，随着季节、天气的不同，你们穿的衣服也不同。平时周末参加好朋友聚会的时候，你们会穿上各自美丽或帅气的衣服，但上学时你们都会穿校服，这不也是一种“变色”吗？只是方法不同、道具不同。

生： 老师，你说得好有趣呀！

❹ **师：** 你们开心的时候，哈哈大笑；生气的时候，闷闷不乐，或者大吼大叫；你们难过的时候，眼泪汪汪，哭成一个大花脸。变色龙遇到心情不好的时候，身体也会变出“警告色”。

生： 原来变色龙也和我们一样呀。

图片资料

如何绘画：

画画的前提是如何看，对于写生来说，观察能力尤其重要，要把画的难点落在“看”上，用对比法和生活体验法引导孩子兴趣盎然地看，从一个局部、一个点、一个特征、一个故事展开，让孩子看得轻松有趣，让思维与想象驱动他们的创作欲。孩子专注的观察力能让他们画出灵动而不一样的细节。就让孩子随心而作，自由地表达。

评价与拓展：

无论是图片写生，还是实景实物写生，都要以唤醒孩子对事物的好奇心和观察的乐趣，启迪孩子用敏锐的眼睛去发现和观察周围生活中的美好事物为出发点。教学中可采用拟人有趣的语言，通过游戏互动参与，从孩子的生活视角出发，引导孩子产生观看的兴趣，触发他们主动表达的内驱动力。

孩子的话：

“我的变色龙一家子都来参加公主和王子的婚礼，可热闹啦。”

“这个变色龙在放风筝，放蝴蝶风筝。”

“变色龙偷偷地在树枝上休息，要吃小蚂蚁。”

作品展示：

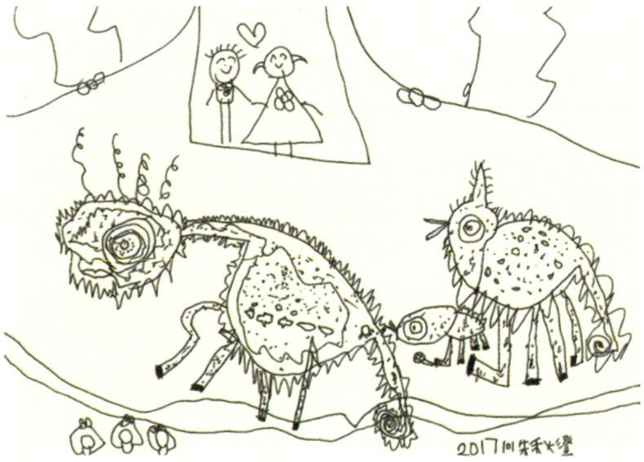

朱秋澄　6 岁

冯朱艾睿　7 岁

潘燕希　7 岁

达佳玺　7 岁

邵城轩　7 岁

钱一夫　7 岁

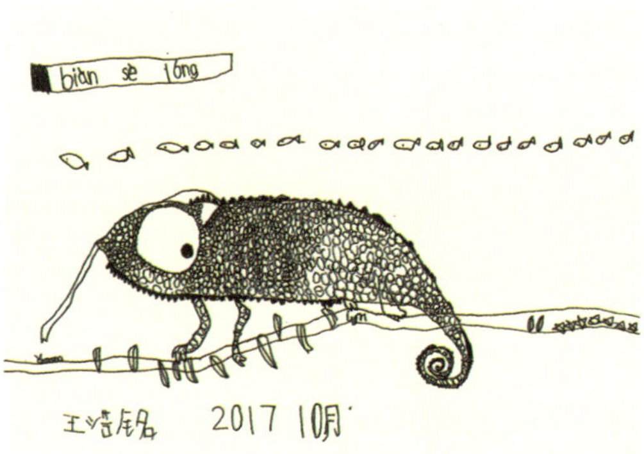

王浩铭　7 岁

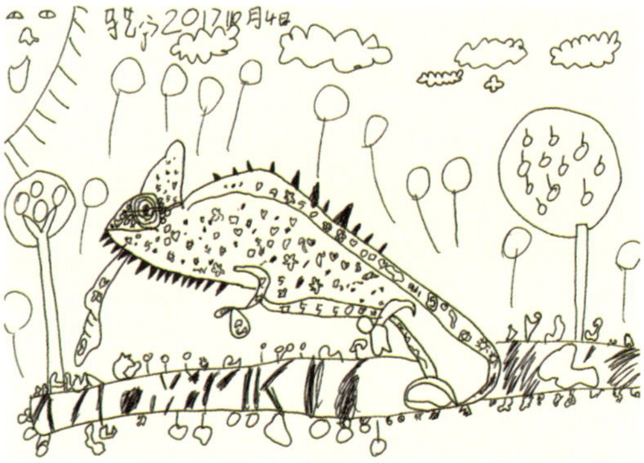

马艺宁　7 岁

钱钟予　7岁

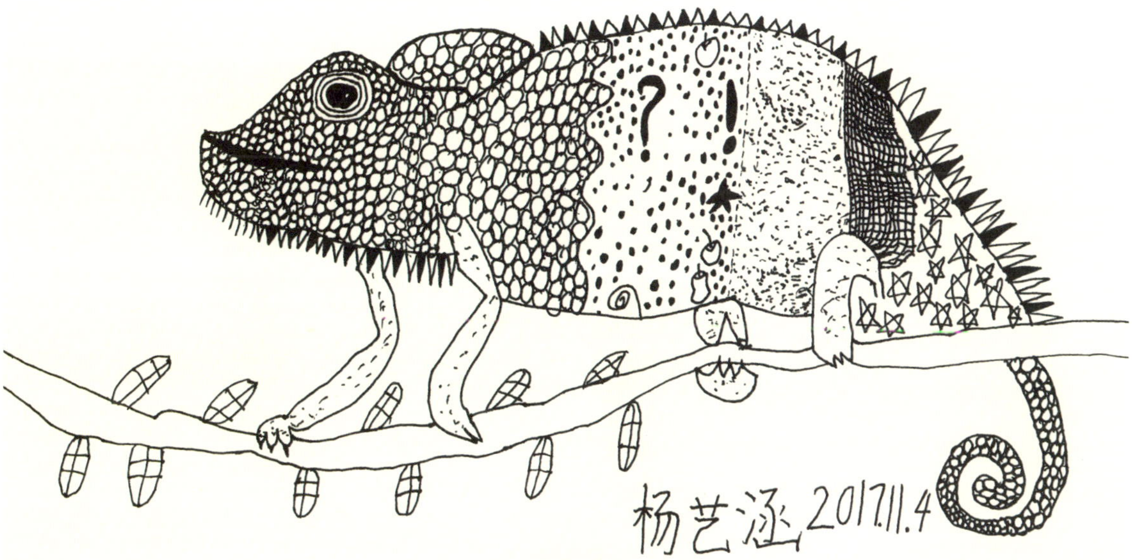

杨艺涵　7岁

第5课 LESSON 5 线也会慢慢生长

昨晚老师做了个梦，梦见一粒种子生根发芽，慢慢地长出了枝，长出了叶子。神奇的是，它越长越高，越长越大，它的枝叶都爬满了高高的墙壁，爬上了云朵，一边长一边开花，一边开花一边又结出不一样的果子，有的像星星，有的像月亮，还有的像小房子，好奇怪。还有小朋友爬到树枝、果实上去玩，他们玩得好开心。

年龄段

7~8岁

材料：黑卡纸、高光笔等

新课讲解：

图片资料

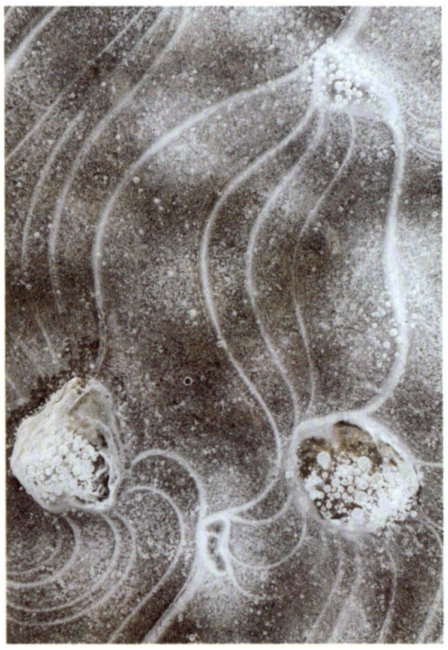

1 **师：** 老师今天得到了一粒种子，但是不知是一粒什么植物的种子。怎样让种子生长呀？

生： 把种子埋在土里，给它浇水，它就可以发芽生长啦！还要阳光，还要给种子施肥，还要给种子搭个棚子。

2 **师：** 你们的方法都不错，那种子除了长在泥土里，还可以长在哪里？

生： 长在沙子里、河水里、水瓶子里、石头缝里，还可以长在脑袋上，哈哈！

3 **师：** 你们的想法都很有趣，那今天让这粒种子长在纸上，随着你们的笔尖，跟着你们的想法任意生长，向上长、斜着长、弯着长都可以，向下长也行。

生： 太好啦！那种子是什么样子的？怎么画？

4 **师：** 这粒种子，形状可以不一样，任由你们自由大胆想象，什么形状都可以，开始吧。

如何绘画：

从一个点开始，从一根线开始，设计一粒种子，慢慢地让其生长。可以给它浇水、施肥，给它阳光、空气，还可以给它遮风挡雨……让孩子们笔下的种子随着他们的联想在纸上游玩、嬉闹，自由地开花结果。种子要是“累”了，孩子们还可以给它设计个家或帐篷。让孩子的创作持续不断，老师可以在其需要帮助的地方予以引导。

评价与拓展：

成长是跟孩子的生活息息相关的一个课题，他们对成长的向往和好奇心非常强烈，对生命的探索多出于天性。本节课通过“慢慢生长”这个和孩子有着共同生命体验的游戏，让孩子在观察和记忆的基础上，融入自己的想象，让孩子在对自然现象的理解上，展开对大自然生命的大胆想象。让线条在孩子笔下自由驰骋，呈现出不一样的景致，让线条随着孩子迸发的灵感而更具活力！

孩子的话：

“线越长越像一个冰块，最后变成了大冰川。”

“长出了一朵奇怪的花。”

“线慢慢变成了一个超级怪物。”

“长成了一只恐龙，吃人的恐龙，哇！”

作品展示：

王玘瑞　9岁

刘家沂　7岁

吴亚宸　8岁

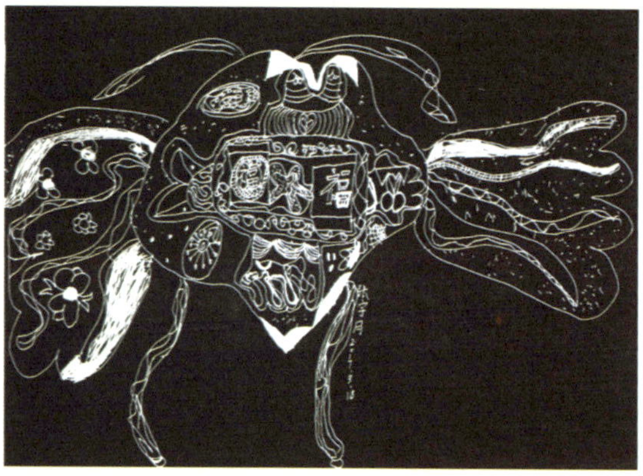

张宇月　7岁

陆彦廷　7岁

朱异一　7岁

陆欣萌　7岁

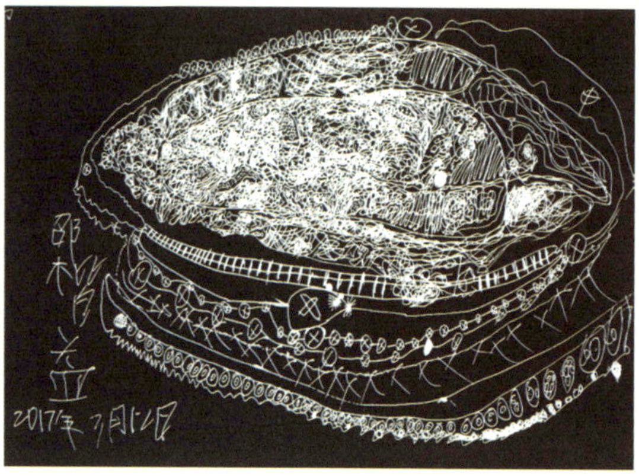

邵楷益　7岁

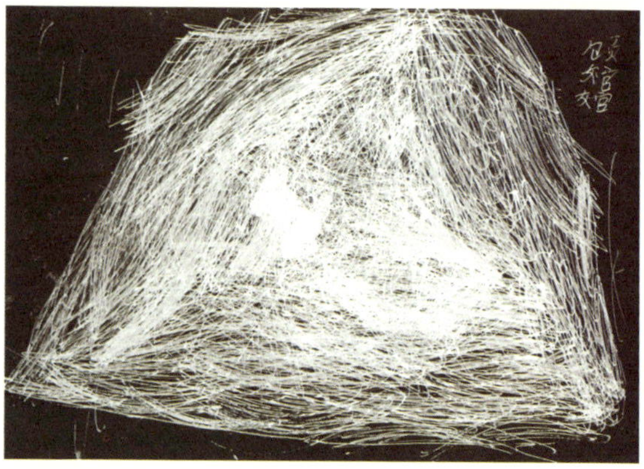

顾婠婠　7岁

第3单元

UNIT 3

玩线写趣

第6课 LESSON 6 树叶的故事

秋天来了，秋风徐徐吹来，它们与树叶打招呼，叶子们都兴高采烈地欢迎秋风仙子的到来，有的拍拍手，有的跳跳舞，有的成群结队地在一起嬉闹着，大家都开心雀跃地参加这一时刻的派对。每片叶子都好神奇，各自打扮得美美的，想与秋风仙子来一场欢乐游戏。

年龄段

5~6岁

材料：素描纸、签字笔等

新课讲解：

1 **师：**这些叶子都是什么形状的？它们好特别、好奇怪。

生：这些叶子有的像鸡爪；有的像针，细细的；有的像扇子，像烧着了的火焰，像海星，像鸟的羽毛；有的像尾巴，卷卷的。

图片资料

2 **师：**这些叶子看起来和别的叶子更不同，这些叶子有什么？为什么会这样？

生：这片叶子上有破洞，被咬了几口，也许是被毛毛虫咬的；有的叶子生病了，叶子上有伤口；这叶子烂了，生病了，皱皱的。

3 **师：**这些不同的叶子，外形都不一样，甚至那些生病的叶子，它们都有什么相同的特征？有什么功能？

生：它们都有叶脉，用来喝水，获取养分的，还有叶肉，还有叶柄。

4 师： 这些叶子没有一片是相同的，请你们设计一片特别的叶子，设计出的叶子的表情都要不一样。

如何绘画：

让孩子从叶子的形状出发，画各不相同的有趣的叶子，在观察的基础上产生联想，让每片叶子都有故事的展开。

评价与拓展：

世界上找不出相同的两片叶子，让孩子寻找、发现叶子的不同细节，培养孩子的观察力。从找不同开始入手，利用孩子的好奇心去挖掘他们的探索欲。观察是思维的基础，没有观察，孩子的思维会受到局限，只有让孩子的观察力得到训练，思维才会随之打开，感受力也会变得敏锐起来，孩子笔下的叶子就会变得各不相同。观察到位，孩子设计出来的每一片叶子就会活灵活现，稚拙天真。通过创想，一片简单的叶子也会呈现精彩的作品。

孩子的话：

“这片叶子 107 岁啦，一根线就代表一岁，我这叶子里有 107 根线。”

“这是月亮形状的叶子，这是太阳形状的叶子，老师你猜猜这根线是什么……绕在中间的是最长的叶子，哈哈哈。”

“这叶子长出表情来了，它左看看，右瞧瞧，表情丰富，太好玩了！”

“这是叶子老奶奶，下边画的是沙发，叶子老奶奶眼睛花了，坐在沙发上啦。”

图片资料

作品展示：

孙博睿　6岁

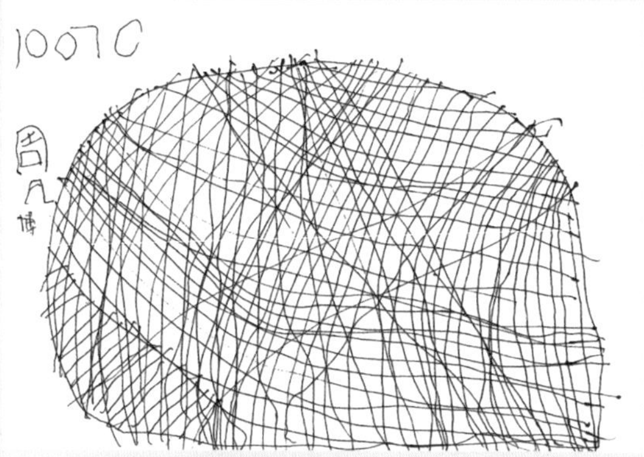

周凡博　6岁

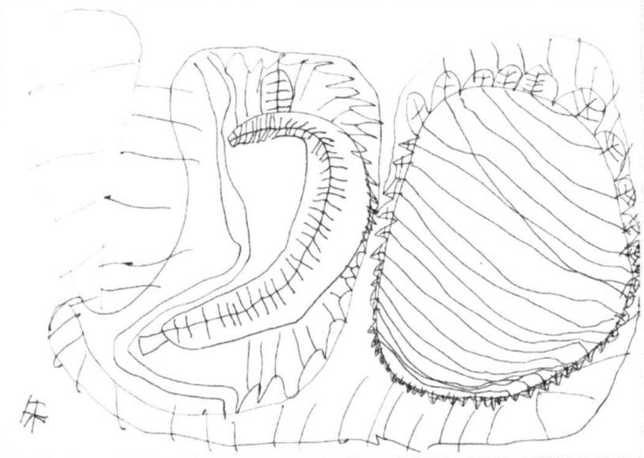

朱凯睿　6岁

张亦单　6岁

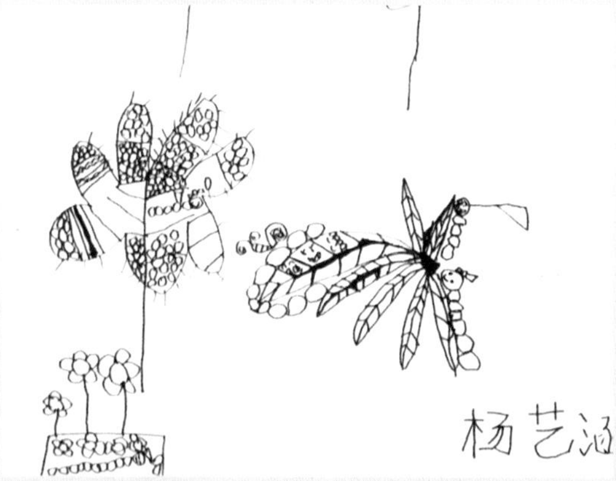

杨艺涵　6岁

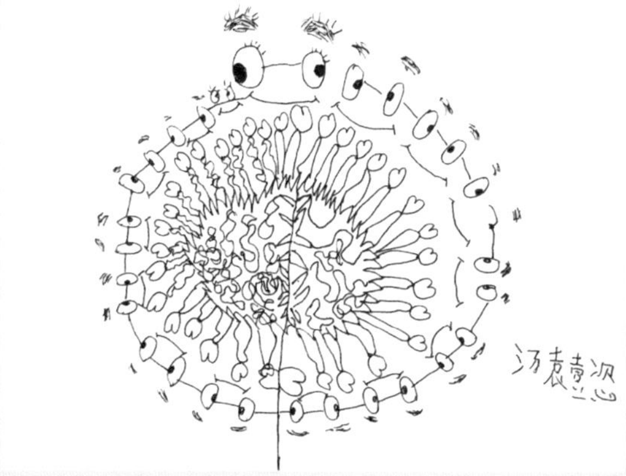

汤袁懿　6岁

钱钟予　6岁

许谨泽　6岁

第7课　LESSON 7

菠萝游乐场

黑风怪收了一个宝贝，藏在了黑漆漆的袋子里。这个宝贝长得很特别，气味芳香，谁愿意伸手进袋子里去摸一摸它，黑风怪就会把宝贝拿出来，让大家一饱眼福。谁有胆量来试一试，谁来第一个摸？哈哈，黑风怪拿着黑袋子里的宝贝，哼着小调，走来走去，得意得很呀。

年龄段

6~8岁

材料：素描纸、签字笔等

新课讲解：

图片资料

1 **师：**你们每个人摸了之后，觉得黑袋子里装的是什么东西？有什么感受？把你们的感受与想象画出来，画好之后，我们揭晓答案。

生：“里面是个刺手的怪东西，表面很粗糙，让人摸着不舒服。”“叶子很扎手。”“圆圆的球，表面像长着草。”

2 **师：**你们根据触摸感受画出来的，都很不一样，有些还很有趣。现在答案揭晓，看看是什么宝贝东西。每个人依次拿过去，仔细看。

生：“是菠萝呀，皮好刺手，好硬呀。”“叶子像锯子一样。”“皮疙疙瘩瘩的，气味好香呀。”“老师我想吃，一定很好吃。”

3 **师：**好，那把菠萝从中间切开，半个菠萝自由地摆放。你们觉得菠萝皮上的一个个小疙瘩像什么呀？

生：“像菠萝的盔甲。”“像眼睛。”“像一个个的小窗户。”

4 **师：**菠萝的每片叶子都不同，每一个疙瘩也都不同，请画出你们发现的不同之处。

如何绘画：

找到一个喜欢的疙瘩，或找到一片奇趣的叶子，从它们开始画起，画出它们的不同。它们的姿态不同？疙瘩的眼神不同？先观察后联想，菠萝能变成各种各样的游乐场。

评价与拓展：

小学低年级的写生课程，符合孩子的认知特点，他们观察事物与想象情境的能力日益增长，对身边事物的好奇心和探索欲越来越强烈，无论对事物的外在形状特征，还是内在结构功能，都有很强的感知欲。教学中可以加入写生课程，在边看边画的过程中，允许和鼓励孩子们借物想象，偶发联想，让他们的表达更加有故事性和创造性。

孩子的话：

“大菠萝由一个保护层包裹着 。”

“有菠萝家、菠萝小岛宾馆，还有菠萝飞行平台，可以用来飞机降落起飞。”

“这是菠萝船，上面在开晚会。”

作品展示：

周沐阳　6岁

孙博睿　6 岁

张亦单　6 岁

汤袁懿　6 岁

杨艺涵　6 岁

冯朱艾睿　6 岁

周凡博　6 岁

第8课 LESSON 8 吹泡泡，吹个大泡泡

彩虹姐姐给了我们几个瓶子，据说里面都是“神奇水”，每人一瓶，每人可以选一种颜色，将其加入水中搅拌，看看有什么变化。“哇，老师，我的水变色啦，变成红色啦。”“我的也变了，变成蓝色啦，好好玩。”这时，老师又掏出一个小瓶子，这是一瓶“魔法水”，给每人瓶里滴上几滴，会有更神奇的事发生。

年龄段
5~6岁

材料：素描纸、签字笔等

新课讲解：

教学场景

1 **师：** 你们的瓶子里倒入“魔法水”，有没有开始变化呀？

生： 没有，一点变化都没有，这是什么“魔法水”呀？

2 **师：** 哦，老师忘了，忘了给你们发一个神秘武器，来，每人领一个吸管，插入水中，轻轻朝水里吹一口气。

生： “哇，吹出泡泡啦。”“好多的泡泡，好好玩。”“有红色的泡泡、蓝色的泡泡。”

3 **师：** 再给你们加一根吸管，你们可以一起吹，看看有什么变化。

生： “泡泡好多，都跑出瓶子啦。”“哇，太好玩啦，泡泡都冒得好高好高。”“我的泡泡比你的多。”

4 **师：** 你们可以一边吹一边用手去抓泡泡吗？老师也要和你们一起玩。

如何绘画：

看着你们自己吹的泡泡，画出它们的样子，这些泡泡是那么调皮和多变，边画边联想，讲讲这些泡泡的故事。

评价与拓展：

从玩开始，体验玩的乐趣，有了近距离的体验，孩子才会有更深入的观察，更多的奇趣玩法。许多搞怪的方式里隐藏了让孩子多角度观察的方法，玩能锻炼孩子的思维，展开想象，甚至能解除有些孩子不敢动笔的心理障碍，每个孩子都能画得不一样。可以说，幼儿阶段孩子的观察力与想象力，很多都是在玩的过程中感受和发展来的。

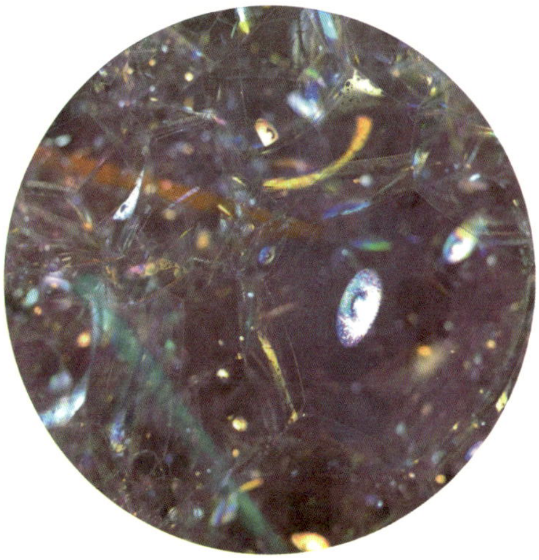

图片资料

孩子的话：

“月亮和太阳，一起在吹泡泡，小朋友在里面玩得很开心。”

“我的泡泡里还有超级勋章，我们在泡泡里进攻、包围。”

“吹泡泡，玩泡泡，各种各样地玩。”

作品展示：

姬佳颖　6 岁

马艺宁　6岁

周沐阳　6岁

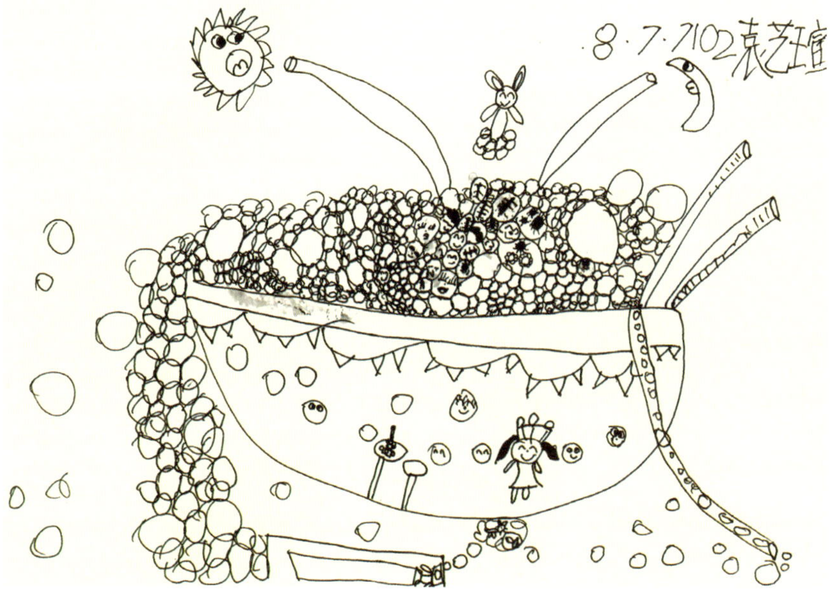

袁艺瑄　6岁

第9课 LESSON 9

树枝与虫

树梢上摔落下一根小树枝，摔得它屁股开了花。它好像受伤了，捡起它仔细一看，原来它生病了，树皮开裂，身上有的地方皱皱巴巴，有的地方还破了个大口子，一定很疼。

年龄段

5~6岁

材料：素描纸、签字笔等

新课讲解：

1 **师：** 今天老师给大家带来了这根生了病，从树上摔下来的小树枝，我们来看望看望它，它也很想认识你们这群可爱的小朋友。你们见见它，摸摸它。

生： “它好丑呀。”“摸起来疙疙瘩瘩的，很粗糙。”“树皮变黑了。”“树皮好老，树皮上有细缝。”

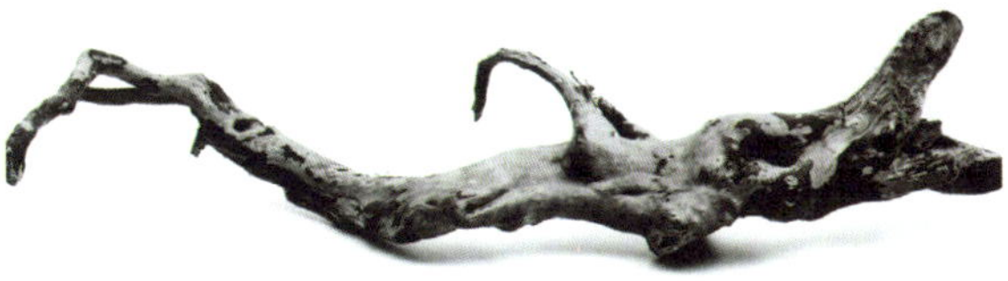

图片资料

2 **师：** 谁知道小树枝生了什么病？你怎么看出来的？

生： “它皮肤坏了，树皮都开裂了，有很多缝。”“它被毛毛虫咬了，树皮上有些小洞洞。”

“树皮破了，有些起皮了。”

3 **生：** 你们每人都来摸摸它，感受它，来画画小树枝疙疙瘩瘩的树皮，画出它被虫子咬了的地方。我们帮小树枝把受伤的、生病的、被咬的地方都一一找出来，好让医生来帮它治疗。

如何绘画：

从一个伤口，或一个细缝，或一个小洞洞开始，画小树枝的伤势。从局部开始，画你们眼睛看到的，看到多少画出多少。画画过程中，小树枝里跑出一只小蜘蛛，引发了孩子们的联想创作，非常好玩。

评价与拓展：

生活中不起眼的小树枝，孩子们会觉得习以为常，可以用情境式的语言和故事激发孩子的好奇心，让他们感受不一样的树枝。从观察与触摸开始，重新去发现树枝粗糙的外形和裂缝，让孩子感受到大自然与自己的联系，触发孩子内心的驱动力，这样孩子们画起来才会处处有味，妙趣横生。

孩子的话：

“小树枝的树皮烂烂的，上面长了许多蘑菇，还长出了小树。”

“有许多小蜘蛛来给小树枝治病，给它包扎伤口，帮它抓出咬它的小虫子。”

“有的在小树枝上搭建蚂蚁军事基地……”

“直升机在现场直播，我们树枝基地正遭受外敌入侵……”

作品展示：

冯朱艾睿　6岁

钱品场　6 岁

周沐阳　6 岁

邵城轩　6 岁

孙博睿　6 岁

袁艺瑄　6 岁

王责宽　5 岁

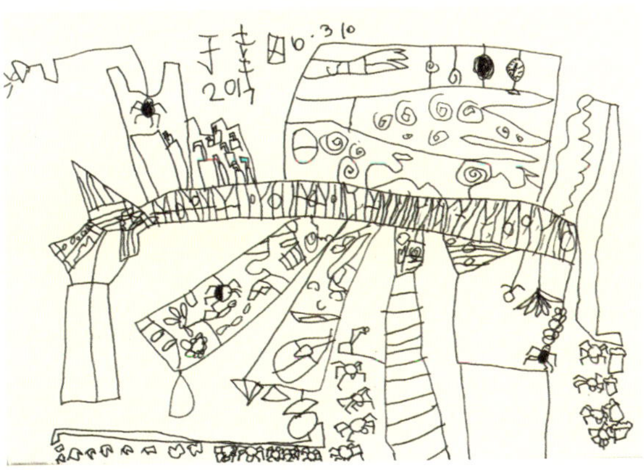

于幸田　6 岁

袁逸潇　6 岁

第10课 LESSON 10 喝汽水，乐翻天

老师小时候，一到夏天，最喜欢的就是喝汽水，那时的汽水只有橘子味儿和柠檬味儿的，口味很少，品种也很少，不像现在，你们太幸福啦，有那么多好喝的汽水饮料。老师好怀念小时候喝汽水的情形，你们也喜欢喝汽水吗？都喜欢喝什么饮料呀？

年龄段
8~10岁

材料：黑卡纸、素描纸、牛皮纸、签字笔、高光笔等

新课讲解：

1 **师：** 今天老师请客，请每个人都来喝杯可乐，开不开心呀？每个人都有一杯，不过喝的时候要慢慢品尝，只能先喝半杯，看看你们喝的这个可乐和平时喝的有什么不一样的味道。

生： “开心！老师，你快给大家倒可乐吧！”“老师，我等不及啦，流口水啦。”“老师，这杯可乐好好喝，比平时的还要好喝。”

2 **师：** 好，我要给你们的可乐变味道，给你们的可乐里加上别的汽水。哈哈哈，谁愿意来第一个尝试？

生： “老师给我倒。”“我不要，味道一定怪怪的。”“我要，味道还不错，挺好喝。”（最后大家都想要尝试下，孩子的从众心理。）

3 **师：** 好喝吧！你们没有喝过这么好喝的汽水吧！这还不够，精彩的还在后面，老师这儿还有好多别的汽水饮料，你们都要加吗？

图片资料

生：“要的，要的。”（孩子们都要加一加，试一试，现场有点失控。）

4 师：你们今天喝了这么多不同口味混在一起的饮料，感受如何呀？

生：“老师，太好喝啦。”“太难喝啦，我要吐啦。”“这饮料味道好特别，我舍不得喝，等下课后再继续喝。”（孩子们的感受各异，每个人都喝得非常开心。）

5 师：喝完后，你们自己来设计一款神奇的汽水，要和今天喝过的饮料不一样，从瓶子造型设计开始，自由地发挥想象，画得开心有趣。

如何绘画：

绘画是一种与人类生活息息相关的行为，不能没有生活体验和感受。培养孩子对生活的观察力，就是要让孩子去体验生活、体验游戏。培养孩子的想象力，就是要让孩子在生活、学习和游戏中积累感受，先会玩再去画。画画要感受，有了这些经验与感受后，画画就会变得简单有趣。

评价与拓展：

让孩子观察可乐罐，可乐罐本是很平常的事物，加入“喝”这个环节，让孩子喝得有趣，喝出味觉的变化，去尝试各种不同口味的可乐，使他们的思维发散，味觉打开，自由地表达，创作才会精彩。每个孩子都呈现出各自的想象力，创作就变得轻松自由、生动有趣！

孩子的话：

黄梓钰　8岁

黄梓钰：“可乐火车工厂，一边运输，一边生产，小蚂蚁和小老鼠还有毛毛虫都来帮忙了。”

周子涵　8 岁

周子涵：“倒下来的可乐罐像个趴着的怪物，另一个横倒的可乐瓶像躺在地上的熊可乐，我还给它们都设计了一身服装。熊可乐在求救，旁边打扮得帅气的熊宝宝像个超人，来救倒地的熊可乐，还大呼‘世界和平’。”

刘雨禾　8 岁

刘雨禾：“各个不同姿态的可乐罐，每一个都不一样，我可以从不同角度观察这些有趣的可乐罐。”

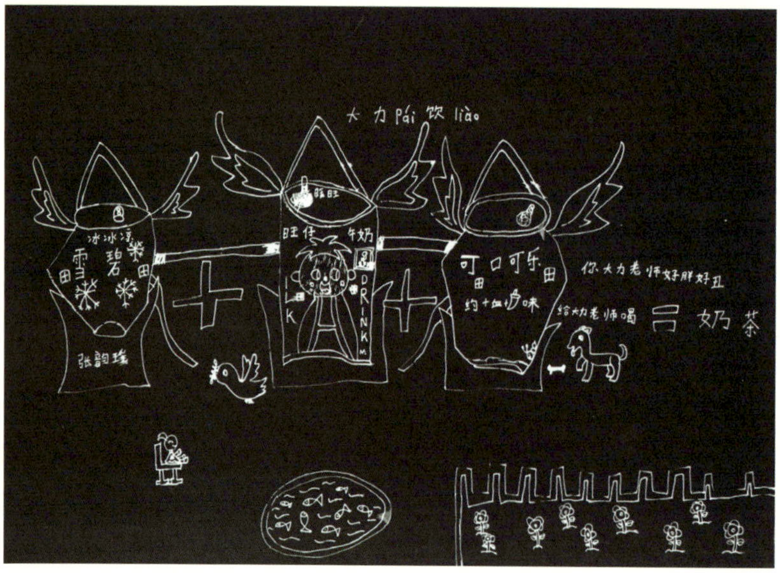

张韵瑶　8 岁

张韵瑶：“不同造型的可乐罐，不同味道的饮料，小鸟来喝它，小狗也很喜欢这口味，它们的味道可以混合，最后变成了一大杯奶茶。原来奶茶是这么发明出来的，好好玩。”

陈高添：“我的画画得很大，可乐罐的很多细节我都画出来了。我画的是一个可乐机器，它有着机械手。在可乐罐最下面，它和大力老师一起在生产不同口味的可乐，开心得很。”

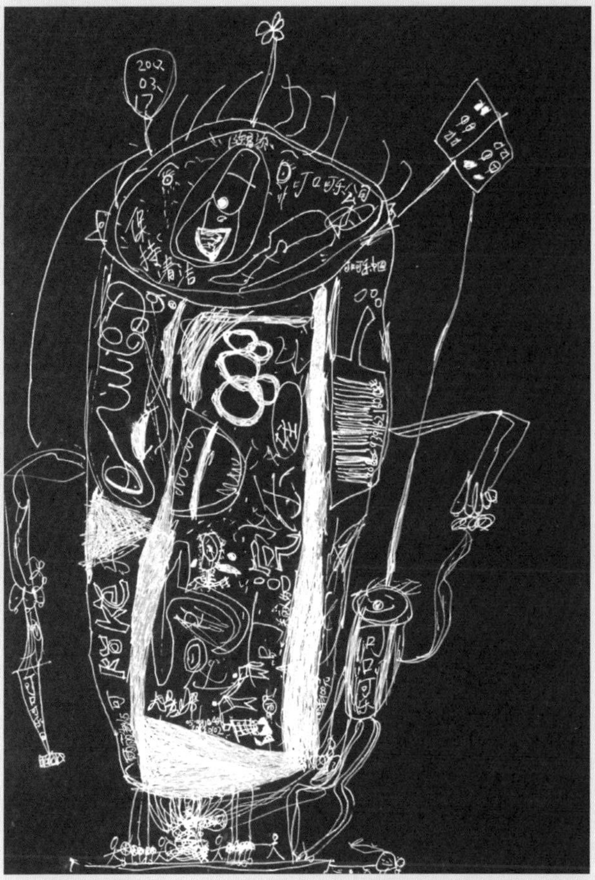

陈高添　8 岁

朱秀媛：“可乐罐会爆炸，罐里的液体可乐如原子弹一样，威力无穷。哈哈！可乐罐还是一部手机，有 Wi-Fi，有各种功能。”

朱秀媛　10 岁

刘佳雯　9岁

刘佳雯：“我画的是一个破裂的可乐罐，上层飘着雪花，雪花温度可以让下面的各个雪糕不融化，雪糕和雪花融合在一起，最后变成了一场雨，有雨水，也有雪糕。”

赵悦含　8岁

赵悦含：“可乐瓶变成了可乐王后，她身边还有一群可乐公主，个个都美得像花一样，萌萌哒。”

第4单元

UNIT 4

写境思创

第11课 LESSON 11 建筑里的大自然

高迪是西班牙一个知名的建筑设计师，他设计的建筑，有趣而又神秘，奇妙而又梦幻。其建筑内外处处能看到他从大自然中获取的灵感。他设计的建筑超乎你们的想象！

年龄段

7~8岁

材料：素描纸、签字笔等

新课讲解：

图片资料

1. **师：** 今天我们来欣赏一位西班牙建筑师的设计作品，看看他设计的房子有什么特别的。

   生： 感觉像童话故事里的房子，有的房子里面五光十色的，有的屋顶像冰淇淋。

2. **师：** 那想象着我们现在走进高迪的建筑里，看看这些房子的门、窗户、屋顶、墙、柱子以及阳台，它们和我们生活周围的房子有什么不一样。

   生： “我看到屋顶上长着水果、鲜花，有海螺、贝壳、海星。”“有的屋顶像鱼鳞，有的像蛋糕，像火炬，像海浪。”“阳台像朵花，窗户上有宝石，像蜻蜓的眼睛。”“门像蜘蛛网，像很多泡泡。”“柱子像龙卷风，像动物的骨头。”“我看到房子装饰上有动物头像和人像。”

3. **师：** 大家都很棒，发现了许多房子里的秘密，多有趣的设计构思！那你们觉得高迪老爷爷的设计灵感来自哪里呀？

生：“大海里。”“动物世界。”“大自然中。”“水果摊。”“蛋糕店。”

④ **师：**哈哈，你们说得都很有意思，那用你们的发现和想象，设计出和高迪爷爷房子不一样的、独一无二的建筑吧。

如何绘画：

从你们喜欢的大自然中的各种植物、动物以及你们生活中有趣的事物中获取灵感，来设计房子的屋顶、门、窗户、墙面等。设计的房子功能有很多，可以是一座城堡，一幢幼儿园，也可以是一个儿童乐园，还可以是一个食物贩卖小店等。建筑不分高低大小，可斜可弯，只要有趣，任意设计都行。

评价与拓展：

高迪曾说：“艺术必须出自于大自然，因为大自然已为人们创造出最独特美丽的造型。”让孩子欣赏高迪充满无限想象的建筑作品，视觉受到冲击，亦真实亦梦幻，引领孩子进入另一个建筑空间。让孩子在设计建筑的时候，应注重建筑门、窗、柱、廊、墙的变化，用丰富的想象力创造出独特的建筑造型，将他们对大自然一草一木、一花一果的感知，运用在建筑绘制上，打破他们对世界已有的认知，让想象进一步自由地迸发！思维的发散与运用，极大地满足了孩子的好奇心和探索欲，让孩子的心智打开，观察更加全面，激励孩子学习和发展的自主性。

孩子的话：

“我设计的是一个冰淇淋店，窗户有五种表情，类似微信里的表情符号。”

“我设计的是一个学校地下停车场，下层是地铁层，出行很方便，房顶上有许多小怪兽。”

“我设计的是一个儿童游乐场，有十一层，每一层都有不同的游玩项目，有过山车等，地下有各种小怪兽机器在制造各种音乐。”

作品展示：

刘佳雯　9岁

刘泽宇　7岁

黄梓钰　8岁

陈柏阳　8岁

朱子墨　8岁

朱异一　7岁

第12课 LESSON 12

鞋里鞋外

年龄段

7~8岁

鞋，是我们生活的必需品。动物不用穿鞋，植物也不用穿鞋，但是我们人人脚底都有一双鞋，甚至每个人都不止拥有一双鞋。穿鞋是我们每天的日常行为，每双鞋都心甘情愿地被我们穿在脚上，不怕磨不怕撞，不怕脏不怕累，不怕摔跤，不怕雨雪，保护我们的小脚，陪着我们开开心心地上学，尽情肆意地玩耍。

材料：素描纸、签字笔等

新课讲解：

1 **师：**你们有自己的鞋吗？都有什么样的鞋？

生：有运动鞋、皮鞋、凉鞋、拖鞋，下雨天有雨鞋，冬天还有保暖鞋。

图片资料

2 **师：**你们知道吗，其实每天你们穿上自己的鞋，它每天陪伴着你，也在偷偷地看着你。哈哈，你们能指出它们的“眼睛”在哪儿吗？

生：老师，我知道，我找到啦，在这里！这个是它的“眼睛”，“眼睛”长在这上面，有的不止一双“眼睛”呢。

3 **师：**太好了，你们都指得很有趣，每个鞋子的“眼睛”都不同，那它们的“鼻子”“嘴巴”“耳朵”又在哪儿？

生：老师，我知道，在这儿，在那里……

4 师： 好，每个人都发现了自己鞋子的一部分秘密。请边观察边画下它们的模样，找一找鞋子身上还有哪些没被你发现的秘密，都一一画下来。

如何绘画：

先从鞋子的“眼睛”开始，可以边看边画，也可以边摸边画。看一看鞋子的样子，哪里磨坏了？有没有受伤？听一听鞋子要说的话，它们想和你们做好朋友。你们可以一边画一边联想。

评价与拓展：

鞋子的写生，让孩子对于平常的事物兴趣盎然地去观察，生动有趣地去描绘，这也是这节课的重点。让每双鞋子活起来，有表情，有动作，通过老师故事性的讲解，让鞋子和孩子之间互动起来，那么孩子在画的时候就不会觉得枯燥啦。移情的导入，让孩子带着丰富的情感和想象去观察，孩子对鞋子形象的感受就会内化于心。

孩子的话：

“老师，这鞋细节好多啊，眼睛都看花啦。”

“我的鞋，可神气了！每个部分都画出来了。”

作品展示：

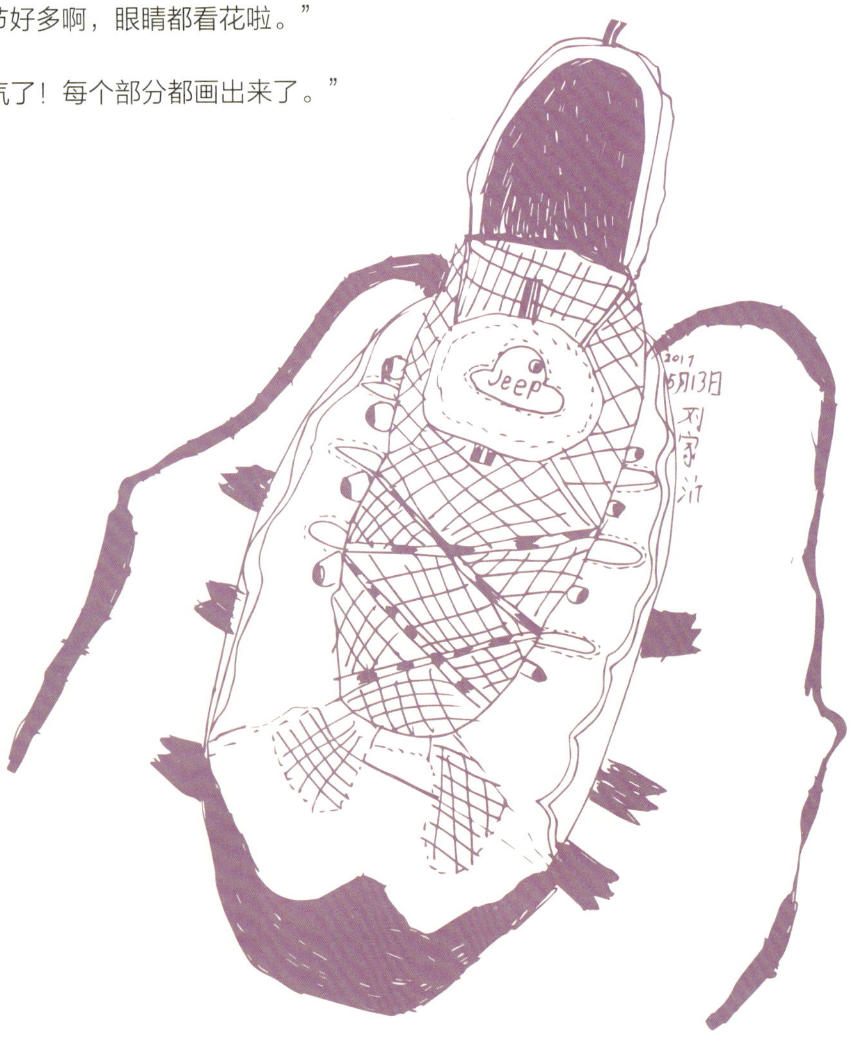

刘家沂　7 岁

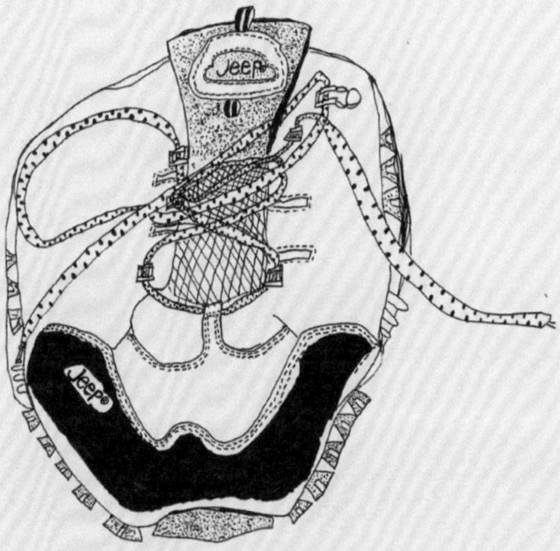

陈蕾如　7 岁

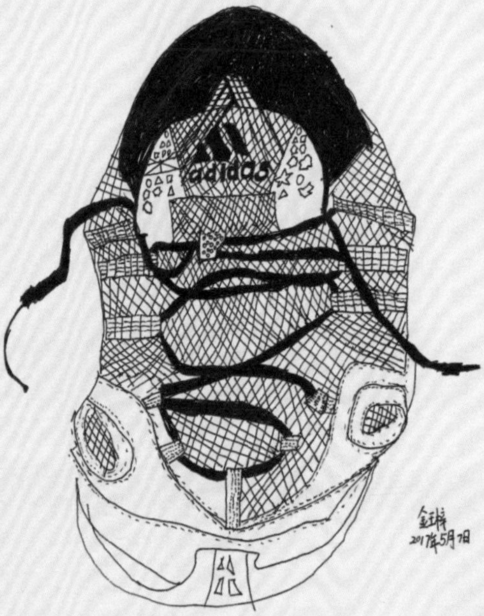

金王梓　7 岁

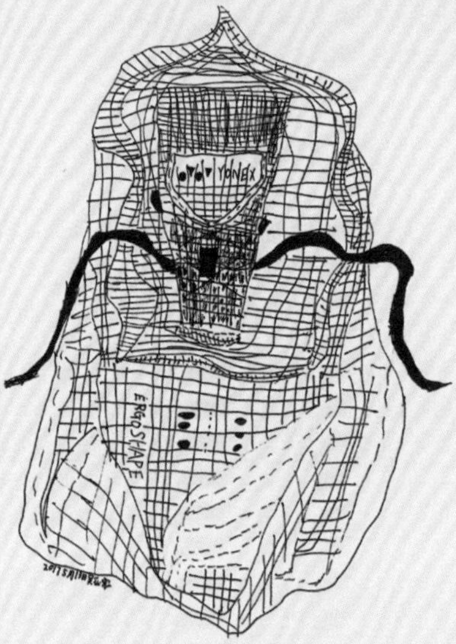

吴亚宸　8 岁

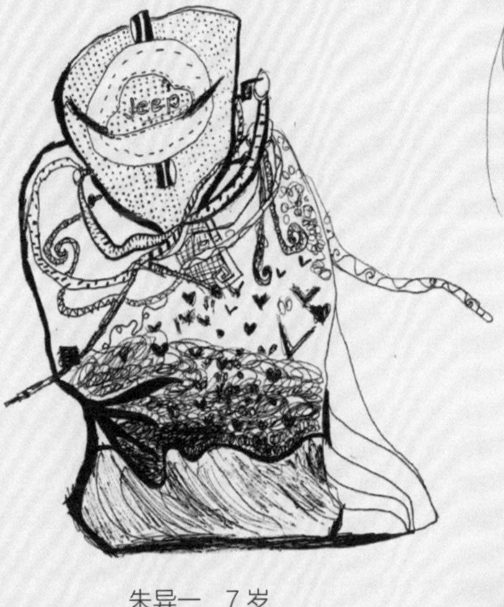

朱异一　7 岁

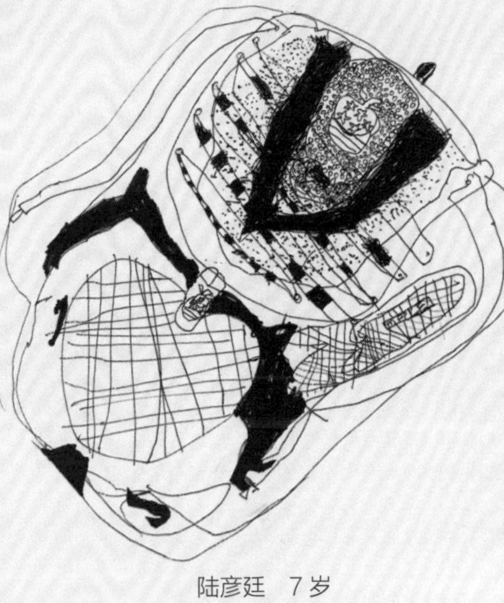

陆彦廷　7 岁

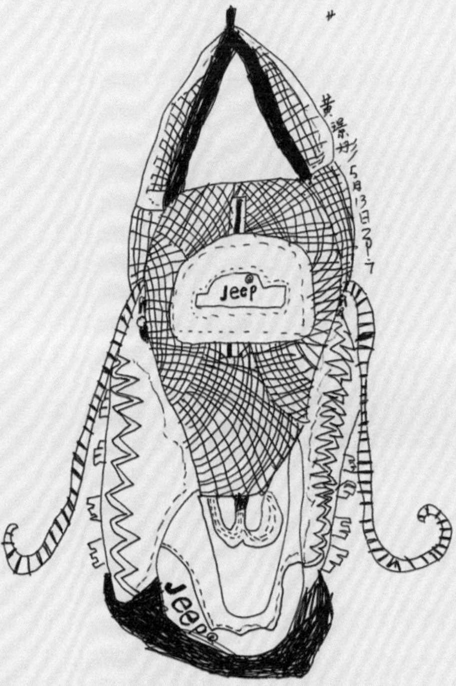

黄璟彤　7 岁

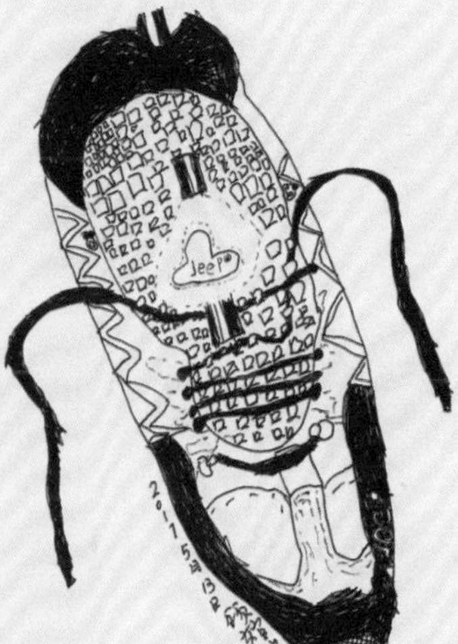

顾婠婠　7 岁

第13课 LESSON 13 猫形狗样

在动物的眼里，我们人类是既熟悉又陌生的，它们看到人类既会感到欣喜，也会感到惧怕。我们经常遇见身边的小动物，它们的眼神明亮又好奇，呆萌又胆怯。为什么呢？因为我们人类中一部分人不爱惜动物，肆意捕杀珍稀动物，来获取动物上的牙齿、皮毛和其他部分；对于一些流浪的小猫小狗，有些坏人也会随意打杀。我们从小要爱护身边的小动物，你对它们好，它们也会对你好，就像妈妈爱你，你也爱妈妈一样。

年龄段

7~8岁

材料：素描纸、签字笔等

新课讲解：

图片资料

1. **师：** 你们有过养宠物的经历吗？都养过什么动物？

   生： 小猫小狗，小鱼小蝌蚪，小鸡小鸭，还有蚕宝宝，呵呵。

2. **师：** 你们养过的动物还挺多的嘛，你们喜欢它们吗？观察过它们玩耍时开心的样子吗？

   生： 喜欢，它们很可爱，是我们的朋友，和它们玩耍很开心。

3. **师：** 那你们知道小猫小狗有不开心的时候吗？什么时候不开心？什么时候开心？

   生： “有，肚子饿的时候。”“生病的时候。”“天太热的时候。”“淘气被打的时候。”“和我们玩的时候可开心啦，吃到好吃的和睡得很香的时候，还有带它们出去玩的时候。”

4 师： 你们观察得很准确，对它们表情、动作的观察也很到位，那今天你们自己来看看笔下的小猫小狗都有什么样的表情。

如何绘画：

画动物的眼神和喜怒哀乐的表情，当你们第一眼看到小动物的时候，你们觉得它是用什么样的眼神看着你？它有什么话想对你说？是开心还是陌生，是惊喜还是害怕？你们可以轻柔地与它们对话，也可以想象你们在边抚摸小动物边和它们嬉笑。

评价与拓展：

小猫小狗是孩子们喜欢的动物，孩子们画起来兴趣十足。动物的毛发处理，需要孩子们细致耐心地去表现和取舍，如妈妈给孩子梳头发、扎辫子一样，让孩子对毛发质感有一种探索性的表现。孩子画的每一幅动物肖像仿如他们自己的模样和气质，让观察与感受内化于心，人与动物天然合二为一。

孩子的话：

“我这狗画得好萌，哈哈，像我一样。”

“老师，这狗的毛，我可以不照着图片画吗？”

“这狗画好了，我还想画另外一张。”

作品展示：

陈蕾如　8 岁

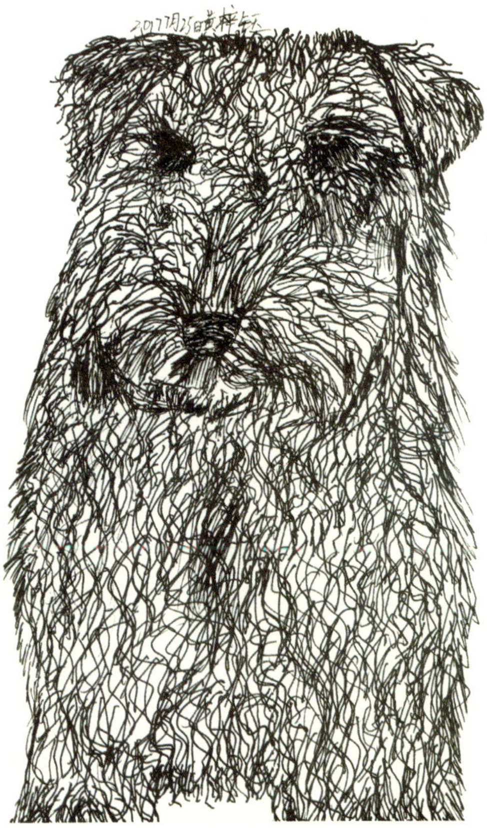

黄梓钰　8 岁半

叶芷欣　8 岁

刘家沂　8 岁

葛陈添伊　8 岁半

刘泽宇　7 岁半

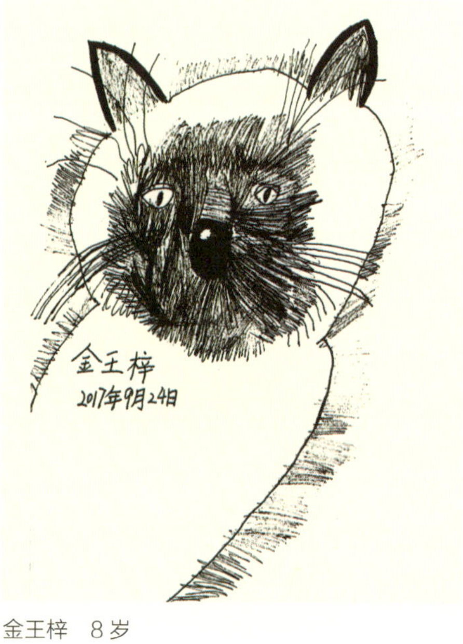

金王梓　8 岁

朱异一　8 岁

第 14 课　LESSON 14

用线画象

每个人的发型一样吗？穿的衣服一样吗？我们来看看大自然中不一样的线，每一处的线有什么个性和脾气？每一幅画面的线又有什么样的视觉变化？带着问题，我们来欣赏作品。

年龄段

7~8 岁

材料：素描纸、签字笔等

新课讲解：

师： 这些作品有哪些不同？这些大自然图片中的线又有什么不同？

生： “这线像雪花。”“像冰块裂缝。”“像烟花。”“像切开的橙子。”“这线像奶酪。”“像魔幻精灵。”

图片资料

如何绘画：

以一个动物形象为原型，观察它的特征，结合你们的感受，想象线条和造型，联想有趣的事物并添加到你们的作品中。手法不限，可以任意变化。

评价与拓展：

万物不同，气象也各具变化。大自然中的线奇妙迥异，姿态万千。每个画家的作品也独具个性，他们运用的线条都不一样。让我们来欣赏大师们作品中丰富的线条变化与视觉呈现，从大自然和艺术作品中汲取营养，审美水平提高，作品表现便自然而富有变化。

对线的认知解读：

线如你，软硬曲折，长短有序；

线如你，品质细腻，丝滑粗糙；

线如你，温暖热心，冷静机智；

线如你，时而大笑，时而泪奔；

线如孩子，自由欢快，有趣稚拙；

手中的线，心中的线，想象的线，都是不一样的景象。

图片资料

作品展示：

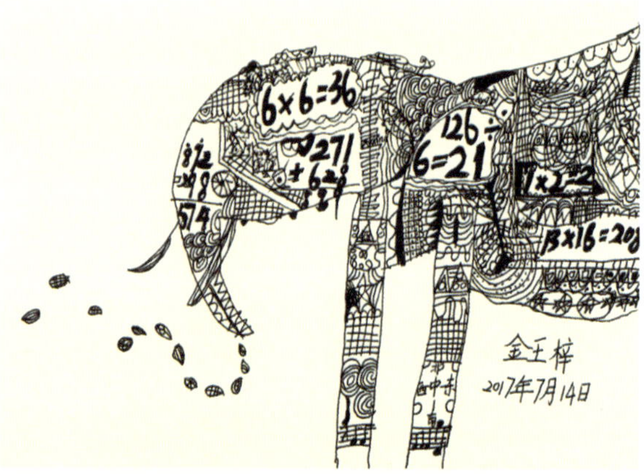

金王梓　7 岁

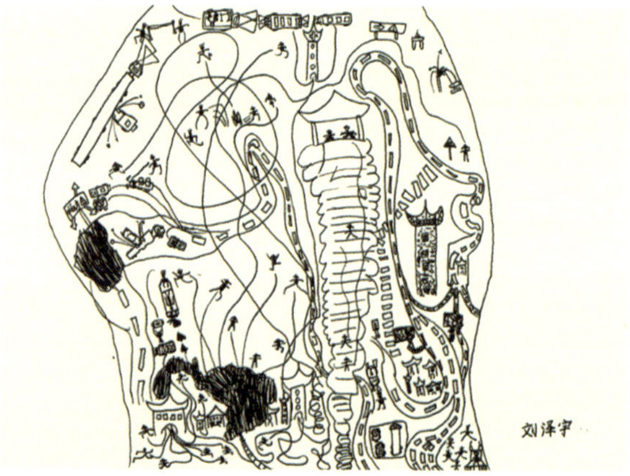

刘泽宇　7 岁

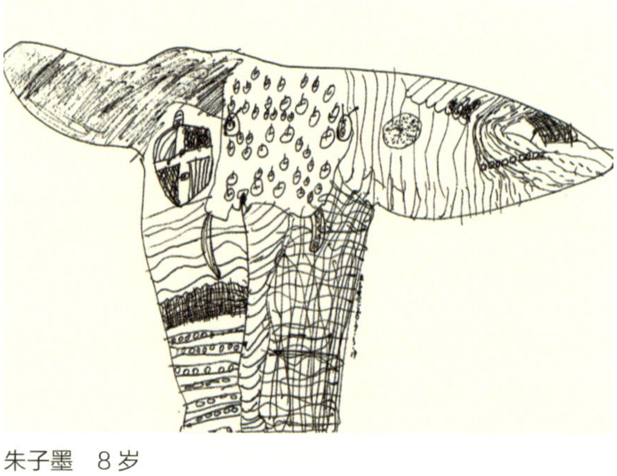

朱子墨　8 岁

季烨　7 岁

刘佳雯　9岁

吴赵芯　8岁

第15课 LESSON 15 皮毛有别

物有万象，景有万千，一花一草，都有不同的姿态和特征。今天我们来看看皮毛各异的小动物们和已灭绝的恐龙家族，虽然它们生活在不同的时空里，可对我们来说都很重要。无论是眼前鲜活可爱的小动物，还是在博物馆里才能见到的恐龙标本，都有它们各自的特征，下面让我们来看看它们到底有哪些不一样的特征。

年龄段

8~9岁

材料：素描纸、炭笔等

新课讲解：

1 **师：** 我们大人和小孩都有毛发没？有哪些毛发？

生： 有头发、眉毛，男的有胡子，人的皮肤上还有汗毛。

2 **师：** 那我们每个人的头发以及发型是一样的吗？有什么不一样？

生： 不是。有的人是黑发，爷爷奶奶有白发，我还见过黄色、红色、咖啡色的染发。发型有长发、短发、卷发，还有爆炸发型等。

3 **师：** 那这些可爱的小动物都有哪些不同的皮毛？它们为什么会不一样？

生： 粗糙的、长短不一的皮毛。它们长成这样，是为了保护自己，防止受伤，有利于生存。

图片资料

4 **师：** 照片里面消失的始祖鸟还长有美丽的羽毛呢。其实动物们的毛发比我们人类的还多种多样，你们自己要认真去观察。

图片资料

如何绘画：

回忆你们喜欢的动物，想象一下它们平时活泼可爱的样子，包括恐龙曾经的样子。可从它们的眼神开始画起。它们是你们的好朋友，它们有什么话要对你们说？从局部开始，对比观察，寻找不同动物皮毛的变化，并画出它们毛发的动态。

评价与拓展：

线有描、涂、摹等画法，线的变化如自然万物一样，无处不在，瞬息万变，需要细心人去观察发现。线的变化和多样，也需要用不同的材料工具去表达，可以在单一的记号笔、签字笔基础上，增加铅笔、炭笔、毛笔等，软硬不同、粗细不同，线条的表现形式也不一样。注意线的疏密起伏，握笔的力量大小，运笔的速度快慢，让孩子们可以体验到笔在纸上画出的线条的不同节奏感与韵律感。

孩子的话：

“它们的皮那么粗糙，是不是老了？”

“它喜欢吃草莓，身上有草莓的花纹。”

“它身上有好多泡泡呀！”

作品展示：

张韵瑶　9 岁

周子涵　9 岁

季烨　8 岁

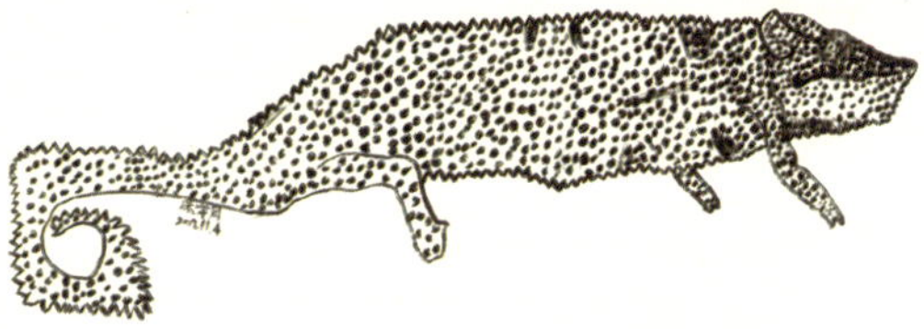

张宇月　8 岁

关欣雨　8 岁

顾悠冉　8 岁

赵悦含　9 岁

陈高添　9 岁

朱子墨　9 岁

第16课　LESSON 16　线条爱玩，色彩会笑

世界五彩斑斓，日新月异，我们看见的每一棵树、每一座房子以及我们身边的朋友，都会随着季节、天气等的不同而变化，每棵树的样子会不同，每座房子的颜色会不同，我们的朋友的服装、发型也不一样。

年龄段

7~10岁

材料：白卡纸、彩笔、马克笔等

新课讲解：

❶ **师：** 假如现在世界上所有的电视机都变成只能播放黑白图像，你们愿意吗？

生： 不愿意，那太单调啦！

❷ **师：** 的确，我们的生活中有着形形色色的事物，所有动物、植物、建筑都会随着季节与昼夜的更替而变化，样子会变，自身色泽也会变化，你们在生活中还看到哪些变化？

图片资料

生： “春天，树会长出绿叶，到了冬天，叶子变黄又掉落树下。”“早上的太阳暖洋洋的，到了中午，太阳光照射强烈，傍晚时分，太阳光又变得柔和绚丽，无比美丽。”

❸ **师：** 你们说得真好，也观察得很细致。你们已经开始学会观察生活中、大自然中点点滴滴的瞬息变化。今天我们用色彩来直接描绘不同的生活景象，看看谁的想法多、变化多。

如何绘画：

观察形象，用想象的符号、线条、色块来重新画出有趣的造型和形象，如拼图游戏、乐高积木一样，选出你脑海里形形色色想法中的任意一个，来搭建或组装新的物象，依次下去，就能呈现出不一样的新形象。这个形象是属于你自己的，同时也展现了你的个性创造。

评价与拓展：

在线条写生的基础上，加入彩线和色块的绘画形式，打破孩子之前的写生绘画习惯，重组训练孩子的想象思维和抽象思维，让孩子在观察中想象，在想象中重新思考，利用新的形式和技法，创作出独具个性、独一无二的视觉形象，让孩子在具有挑战的基础上，促进思维想象能力的提升，对万事万物的认知不仅仅停留在物象表面，并且对周围世界有一种新的探索。

孩子的话：

“老师，我想按照自己的想法去画，和图片的不一样。”

“水彩笔两头都可以用吗？”

作品展示：

达佳玺　7 岁半

王梓熙　8 岁半

王玘瑞　10 岁

刘家沂　8 岁半

季佳煜　10 岁

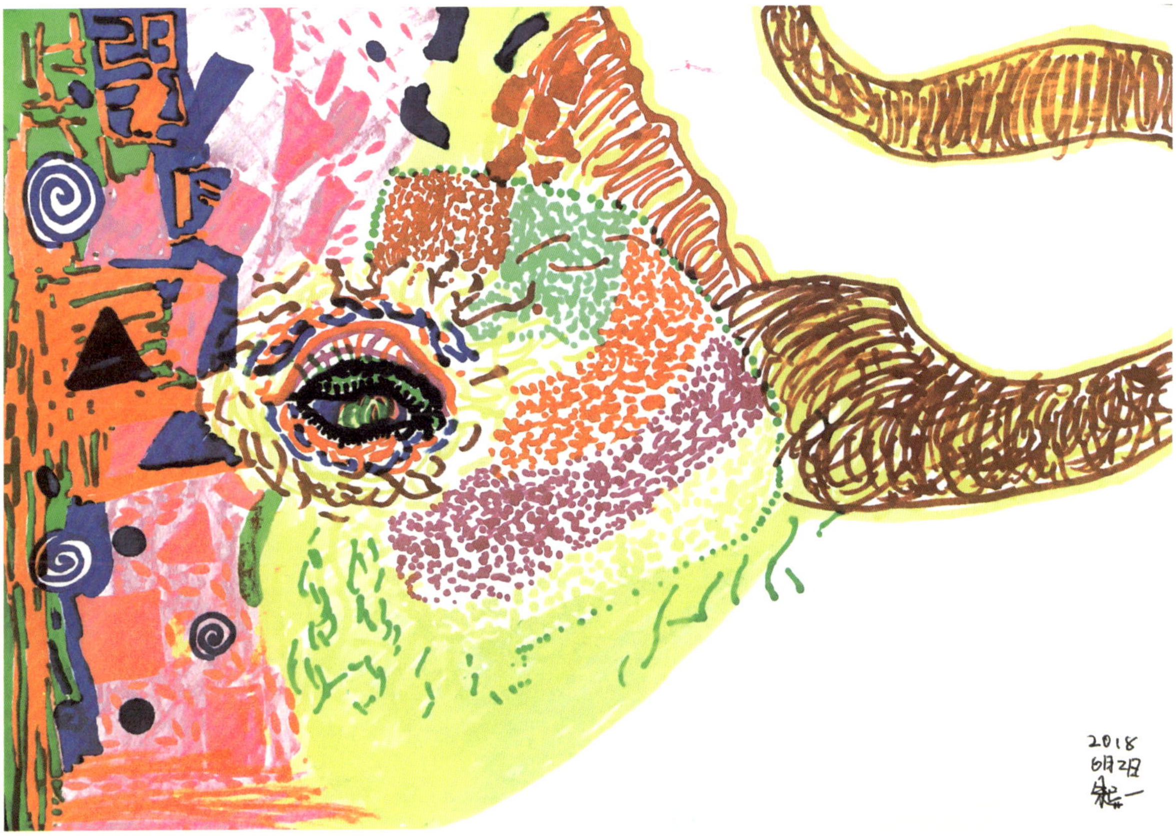

朱异一　8 岁半

吴亚宸　9岁

潘燕希　7岁半

黄梓钰　8岁半

陈高添　8岁

第 17 课 LESSON 17 寻找那棵灵魂树

人类祖先是原始人，之前都住在一棵棵参天大树上，树上有他们自己的家园，那里美丽奇幻，生生不息。很久以前的一次大暴风雨，电闪雷鸣，一道大大的闪电把树劈成了两半，树顶部分被烧坏啦，原始人便搬离了赖以生存的大树家园。但因祸得福，原始人开始来到广袤的土地上，住进了山洞中，并外出捕猎。人类文明因此得到进步和发展。但更多的原始人都会来膜拜他们的大树家园，在他们心中，这是一棵棵神奇的有着他们祖先灵魂的树。百万年过去了，这些有着灵魂的树慢慢消失在人类的记忆里，不知去了哪里。

年龄段 6~7 岁

材料：素描纸、签字笔等

新课讲解：

图片资料

❶ **师：** 观看你们眼前的这一棵棵树，它们都是什么样子的？

生：“有的树干裂了。”“有的树干和树枝都没有了树皮和叶子。”“有的树干有许多大窟窿，树上长满了红叶。”“有的树长在悬崖边，树根好大。”

❷ **师：** 这些树都是百年以上的树，都经历了风吹雨打，有的甚至被雷电劈过，被大风吹过，被洪水冲刷过，被炎热太阳炙烤过，但是它们都没有倒下，而是坚强地屹立在悬崖上，仿佛给我们的家园站岗，守护我们的生活，替我们抵挡狂风暴雨的袭击。

生： 太感人啦。

图片资料

③ **师：** 每棵树都不一样，都有着感人的故事，都有着不屈的生命力，每一棵树都值得我们去守护和珍惜。让我们描绘出它们生长的姿态和勇敢的灵魂。

如何绘画：

刻画出每一个吸引你们的树的细节，关注树干的裂纹和造型，以及树枝的姿态，你们要有感情、有感受地去描绘这些生命力顽强的树，边画边联想我们与树之间的家园故事。

评价与拓展：

让孩子在感受一棵大树前世今生的故事里注入丰富的感情，让孩子带着感情去观察、去寻找，是为了让孩子在写生时表现得更加生动，更有生命力，让每一个孩子心中都有那一棵生命树。孩子在画的时候，都要心存敬畏，敬畏生命的伟大，敬畏大树的坚强与不屈。

孩子的话：

“老师，树的叶子有些看不清，可以自己想象吗？”

“树画完了，可以加些联想的东西吗？我想在树上画学校，画房子！”

作品展示：

袁艺瑄　7岁

朱秋澄　6岁

冯朱艾睿　7 岁

徐晨恺　7 岁

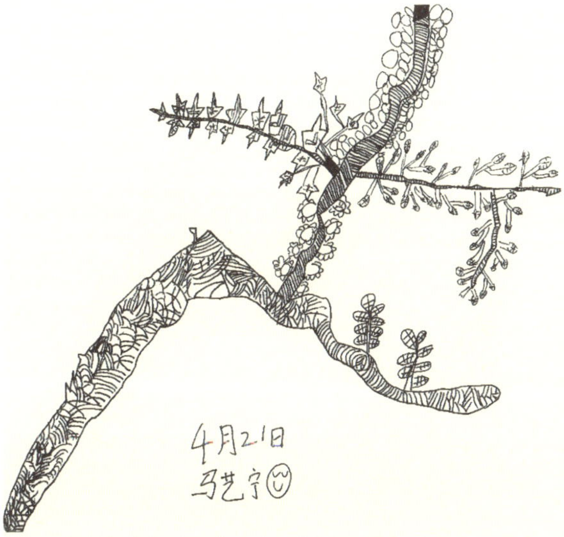

马艺宁　7 岁

钱钟予　7 岁

第 18 课　LESSON 18

周围的秘密

大自然是一位很有魅力的老师，你们能看见它，也摸得着它，甚至还可以聆听到它的声音，如和风细雨，鸟语花香……不过，如果你们想了解它的更多面孔和故事，就需要自己用敏锐的眼睛到大自然中去发现。

年龄段
7~10岁

材料：素描纸、签字笔等

新课讲解：

1 **师：** 我们一起来参观这些建筑和它们周围的环境，看看会有一些什么有趣的发现。

生： “这建筑好旧呀，里面的家具、门窗都和我们住的房子里的不一样。”“楼梯、阳台、走廊好漂亮，很不同。”“外面的花园里有好多石头，长了好多植物，有些树很高，像在跟房子比高低，有些植物爬满了墙，好开心。”

2 **师：** 每个人找到自己喜欢的角度和位置坐下来，观察你眼前的景物，这是我们这座城市一个神秘人物的家园，他为我们这座城市做出了许多贡献，例如他兴办学校，重视孩子们的教育与生活，希望每个孩子都能上学，好好读书，这对每一个孩子来说都很重要。

图片资料

生：他是谁呀？我们想多知道一些。

3 **师：**那我们先来看看这些建筑都用了哪些材料来建造，都有什么造型。

生：“红色的砖头。”“木头和铁艺做的窗户和栏杆，感觉很结实，很好看。”“还有石头做的台阶走廊。”

4 **师：**你们找到自己喜欢的一角，从一扇门、一个窗户、一块砖画起，谁会用眼睛发现美，谁就能画得很棒。

创作场景

如何绘画：

抓住孩子们感兴趣的一砖一瓦开始引导，画出建筑的特征，画出他们自己的感受，画出他们感兴趣的细节，多用眼看，多角度地看，甚至一幅画可以采用多角度的拼装。

评价与拓展：

写生课中观察比绘画重要，看的方法，事物间的对比，直接影响了孩子的观察能力。让孩子带着问题思考，并采用事物之间对比的方法，让眼、脑、手同时运转配合，这样孩子在写生的训练中会收获满满，既提升了观察能力，又呈现出轻松天然的视觉画面。

孩子的话：

“老师，窗户看不见，被树挡住啦！”

“老师，我可以画自己感兴趣的部分吗？”

作品展示：

陈蕾如　7 岁半

黄梓钰　8 岁半

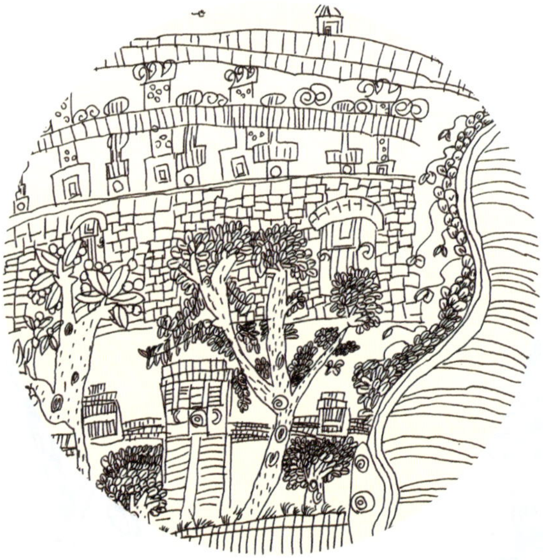

赵悦含　8 岁半

黄璟彤　7 岁半

关欣雨　7 岁半

朱秀媛　10 岁

图书在版编目（CIP）数据

溢课堂 / 吴林，孙智明主编. —长沙：湖南美术出版社，2019.7
ISBN 978-7-5356-8885-9

Ⅰ. ①溢… Ⅱ. ①吴… ②孙… Ⅲ. ①美术课－学前教育－教学参考资料 Ⅳ. ① G613.6

中国版本图书馆 CIP 数据核字 (2019) 第 183530 号

溢课堂

YI Ketang

线玩线趣

出 版 人：黄 啸
主　　编：吴 林 孙智明
编　　著：李建明
责任编辑：吴海恩
装帧设计：格局视觉 Gervision
责任校对：伍 兰
出版发行：湖南美术出版社
（长沙市东二环一段 622 号）
经　　销：湖南省新华书店
印　　刷：长沙新湘诚印刷有限公司
（长沙市开福区伍家岭街道新码头 9 号）
开　　本：889mm × 1194mm 1 /16
印　　张：32.25
版　　次：2019 年 7 月第 1 版
印　　次：2019 年 7 月第 1 次印刷
书　　号：ISBN 978-7-5356-8885-9
定　　价：196.00 元（共七册）

邮购联系：0731-84787105 邮编：410016
网　　址：http://www.arts-press.com/
电子邮箱：market@arts-press.com
如有倒装、破损、少页等印装质量问题，请与印刷厂联系调换。联系电话：0731-84363767

溢课堂

吴林 孙智明 ● 主编

游戏与绘画的对白

罗晋——编著

湖南美术出版社
全国百佳图书出版单位

前言

忘了是从何时开始，我对“玩”开始有了执念。

或许是在传统的教学中闷太久了，新鲜感不复存在。日复一日的风平浪静，几乎将内驱动力消耗殆尽，也直接导致课堂的沉闷与繁重。我是一个比较贪新鲜的人，不愿意重复，想做点新名堂出来，花了许多时间，做了各种类型的尝试，也没折腾出个所以然。

如何保持长久的新鲜感和学习成效，就成了我一直以来研究的课题。

每一个契机的来临，一定都伴随着尝试、体验、探索，以及经验的积累。涉猎游戏化教学的过程中，我也曾在长时间的摸索中挣扎了许久，至此也并不代表其已经成熟。书中列举的不少课例，都是第一阶段开始逐步确立方向的一些尝试，提供的是一种可能性，以及一种思考方式。

本书中谈及的所有“游戏”，与以往的竞赛类游戏不同，准确地说，应当称为思想的游戏——身体静止，动起来的是大脑。这里无关胜负，不论对错，考验的是直觉，是自信，是想象力，是勇气。

很多人曾经问我游戏操作是否复杂，我想说的是，游戏需要组织者、参与者，要有序，有目的，有方式……艺术课堂本身就具备这些条件，只需将复杂的事情简单化，便能迅速达到目标。如何简化，便是课题中要重点探讨的。

没有孩子会拒绝游戏，就如呼吸一样，玩是每个人的本能。而玩，就教学而言，是有“风险”的。开放性的游戏结局，不可预测，无从判断其可能性，会容易失控，一旦脱缰，教学目标的达成便无从谈起，这似乎成了一个死局。

只要是“局”，就一定有破局的方法。玩得开心，也照样能玩出成效，只是必须在教学的设计上以及执行方向上“动些手脚”——接纳与观察、支持与鼓励，以及审美。这更考验我们自身的修为。

艺术学习最害怕标准，我们无法判定在画布上花一周时间创作的一张作品就一定比花十分钟涂鸦的几笔更高级。同样，我们也不能判断这几笔的涂鸦技巧就一定比繁复的造型表现技术更容易，或者更难。如何接纳每一种可能，其实比想象的更有难度。

艺术本身的可能性是无限的，艺术化的思考同样具备这个特性。教学中如果能尝试去完成这个部分，建立起艺术化思考的意识，进行多元化的思考，便能直接影响到创作的可能性与个性化。

可以肯定的是，艺术化的思维、创造性的思考，在大多数情况下，更具有优势。打破常规，才能有新事物的诞生；百家争鸣，才能碰撞出不一样的火花。艺术家们如果都习惯用同一种思维去创作，那艺术的历史长河里早就失去了大多数的著作和色彩。而孩子们的艺术学习，如果限制了思维的多样性，就遏制了他们成长的无限可能性。

谨以此书抛砖引玉，让我们学会思考并合理设计，从充满无限可能性的“玩”中，探寻到相对合适、更为恰当、能达到教学目标的方式，把握住开放性教学的平衡点，辅助学生们更自在地去寻找、发现、感受、思考、探究真我。

真正有价值的学习，是在思想者的游戏里完成自我的飞跃。会玩的人，动力是不可能枯竭的！

罗晋

目录 CONTENTS

01 第 1 单元　线描

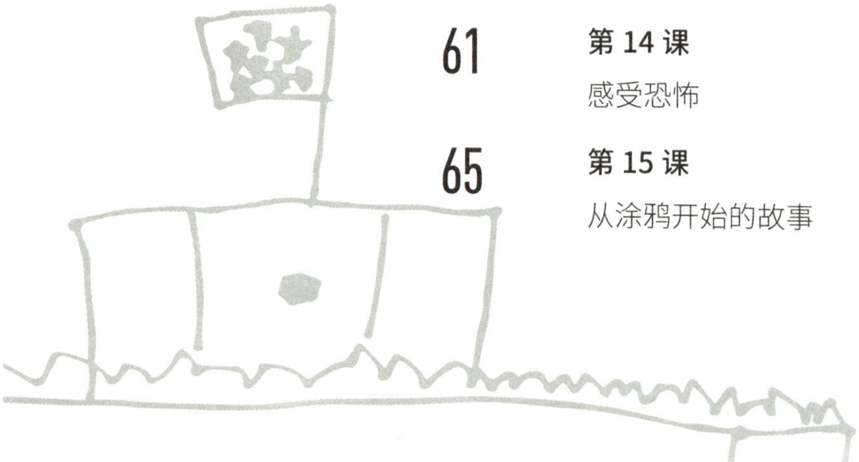

第1单元
UNIT 1

线描

第1课 LESSON 1 1+1=？

材料准备

环境布置所需的物件（如凳子、玩具、书本、鞋袜等，物件越丰富，操作性越强）、白纸、笔（线描笔、铅笔、水彩笔、中性笔、签字笔）

年龄段

4~6岁

教学目标

1. 阶段性目标：建立改变意识，打破惯性思维和符号概念。

2. 单课目标：进行简单的学科融合，打破“1+1=2”的数学概念，尝试从新的角度考虑问题，迸发出新的联想，并借助线性语言表达出来。

3. 任务：通过互动和游戏来引发思考和想象，并用黑白线描进行创作。

教学过程

❶ 导入

A. 课堂准备游戏——先分别玩一玩放松的游戏和集中注意力的游戏

a. 大家轻轻地搓一搓手，等手变温热之后，将两手缓缓地放在膝盖上，放松眼皮，慢慢地闭上眼睛。

b. 我倒数15秒，大家一起来听一听声音，先从离自己最近的声音开始，15、14、13、12、11（*慢一点数，比实际的秒针速度慢*），我们再来听一听门口、窗户边的声音，10、9、8、7、6，接下来我们再听一听更远的地方会有什么声音，5、4、3、2、1。

c. 简单地来聊一聊孩子听到了哪些声音，无关对错，哪怕是孩子想象出来的声音，也没关系。

B. 主题导入游戏

师：接下来我们进入下一个游戏，在游戏开始之前，请问 1+1= ?

生：一般都会回答等于 2。（*小提示：如果回答出其他答案，老师赶紧点赞，这说明孩子思考问题没有被数学等式概念约束。*）

师：如果 1+1 不等于 2，这个可不可以呢？为什么？

生：……（*小提示：孩子们可以先随机思考，无固定答案，如果有回答等于其他答案的，老师根据答案再问一次为什么。让孩子自由表达。*）

师：……有人认为只能等于 2，有人认为还可以等于其他答案，大家都有自己的想法，非常好！接下来我们一起做个小游戏，具体怎么做呢？

a. 师：我们先从周围找两个东西，最好简单一点的，试着来玩一玩。

b. 学生随意寻找两个物品自己组合，看看通过摆放和想象，能得到多少种答案。

课堂学生范例（*小提示：学生范例不是给孩子看的，而是帮助家长理解。*）

范例一：五岁半的苗苗，找了两条小矮圆凳，一正一反地叠放在一起，出现了一个竖着的蝴蝶结和数字 8。

范例二：五岁半的牛牛，找了一支笔和一个铁夹子，出现了一把剑、一个大炮、一个路灯。

C. 总结一下刚才的各种答案，及时鼓励和赞赏有趣的、独特的、有创造性的想法。

（小提示：答案无处不在，老师和孩子一起动手试试，看看能否找到更多有意思的答案。每一次新的答案出现，都及时和孩子表达一下你的鼓励和欣赏，例如："这个很有趣，有意思，我怎么没想到呢？""我们一起来试试，看看还能不能发现新的东西"……）

2 创作

游戏互动式绘画——你加一我加一

两人（A 和 B）一组，游戏步骤如下：

a. A 花一分钟时间，根据自己的想法画一个形状或者形象，越简单越好，最好一笔能成形，像一个圆、一条线、一片叶子、一个爱心……都可以，不拘泥于固定的形状。

b. B 在 A 的基础上，同样花一分钟时间，加一个自己想要加的东西，任何形状和形象都可以。

创作场景

c. A 花两分钟时间，在之前合作的基础上，再增加新的元素。

d. B 花两分钟时间，同样根据自己的想法添加新的图形。

e. A 花三分钟时间做想象添加。

f. B 花三分钟时间做想象添加。

（小提示：在这个过程中，时间会慢慢增加，要让孩子学会等待，同时孩子又有足够的时间想象下一步怎么做，能把节奏慢下来。往往孩子在一来一往的过程中，随着想象的展开、时间的延长，表达欲望也会随之增强。）

接下来两个或三个人一组，一起合作，同时开始画。

（小提示：1. 一定要按照自己的思考和想象来画，没有标准和对错。2. 中间尽量保持不互动，不打断孩子的专注力。3. 如果孩子思路断了，单独进行提问引导。）

孩子自由创作。

3 作品调整

给每个孩子一分钟时间欣赏自己的作品，看看还有没有什么地方可以再调整。

（小提示：让孩子学会自我欣赏与评价。从基础阶段开始，一点点建立孩子的审美能力。作

品是否分享，根据孩子自己的意愿来决定。创造故事的作品，很容易说出来，但有时候画画就是一种感觉、一种表现欲望，很抽象，很难描述，作品就是孩子最好的表达了。老师对于作品不做任何评价，只欣赏和肯定，并明确表达出来。）

作品展示合作画

邓雯郡、孟明泽 4 岁半~ 5 岁

黄友熙、翟湘粤 5 岁

卢泽恩、卫凝睿 4 岁半~ 5 岁

田力今、雷力畅、崔语茗 5 岁

卢恩泽、卫凝睿 4 岁半~ 5 岁

胡党文、李曦然、滕泽西 5 ~ 6 岁

相关课题延伸

1. 到户外寻找各类自然材料去玩 1+1 的游戏。

2. 从 1+1 的游戏延伸，思考如何借助自然材料将其变成新的游戏。

课后交流

1. 在少儿绘画领域，运用惯性思维往往会面临许多障碍，而孩子们容易惯性思考，惯性联想，也容易概念化，因此，我们应该帮助孩子建立一种意识——跳出惯性思维来想问题。

2. 如果不教任何学科知识和表现技法，我们能不能教孩子画画呢?

3. 对于作品不做任何对错的评价，接纳孩子的任何表达，并欣赏和肯定，培养孩子的胆量和自信。

不要从整体看孩子的作品，试着从某一个局部找到你喜欢的，并拿出来欣赏，明确表达你对这个部分的喜爱。家长应当学会从每件事中发现孩子的闪光点。画画无关对错，任何可能性都值得被肯定。

4. 课后，我们试试陪着孩子去户外找各种自然素材，如树叶、树枝、石头、沙子、花瓣……通过 1+1 的游戏，采用摆、拼、贴等方法，看还能变化出什么有意思的东西呢?

第 2 课　LESSON 2　　脚印变身记

材料准备

全开纸、颜料、水桶、水粉笔、素描纸、线描笔等

年龄段

5～6 岁

教学目标

1. 试试用自己穿的鞋子大胆地玩一玩拓印，看看我们的鞋底的花纹是什么样的。

2. 通过拓印出来的鞋印进行联想，它会发生什么故事，并记录下来。

教学过程

❶ 导入

师： 我们今天要做一件特别的事情，请所有的同学跟着我一起来。

老师抬脚抬到了桌子上，孩子们一看就来神了，纷纷模仿起来，用各种姿势来抬，看谁的脚抬得高。

师： 接下来请所有的同学把鞋底板反转过来让自己能看到，看看鞋底的花纹长什么模样。

孩子自由讨论。

师： 我们发现每个人的鞋底花纹都不一样，还聊出了一些好玩的事情，那我想把鞋子上的花纹和你们刚才说的那些好玩的故事留下来，要怎么才能做到呢？

孩子自由讨论。*（有的说脚底有灰尘，直接在纸上踩一脚就可以；有的说在鞋底刷上各种颜料；也有的说把鞋面剪掉，就剩下鞋底……）*

师：你们刚才提供了这么多方法，那我就挑其中两位同学的方法，组合在一起来试试！先在鞋底上刷颜料，再在白纸上踩一踩。老师先来试一试。

教学场景

老师将自己的鞋底刷上颜料，在铺上纸的地板上走了一圈，纸上全都是有颜色的脚印。看到老师这么做，孩子们都跃跃欲试了。

孩子们坐成一排，在前面的地上铺好大纸，在大纸上还要为每个孩子铺上一张 4 开素描纸。

每个孩子都自己拿一支大点的水粉笔，选择事先准备好的颜料，开始涂抹鞋底板，如果孩子们两只鞋都想涂，老师要记得提醒孩子们一只鞋底涂完后，先不要落地踩纸。（*看着满教室的孩子双脚悬空，饶有兴致地涂着鞋底板，感觉风景这边独好呢。*）

等所有的孩子都涂抹完毕，老师一声令下，让孩子们先在 4 开素描纸上留下一对清晰的鞋印，再将素描纸迅速抽走。

接下来的时间就可以自由在纸上行走了，行走时间为 3 分钟。（*当然得做好心理准备，接下来满教室都有可能是鞋印，孩子们太兴奋，不由自主就会走来走去。*）

❷ 创作

先进入 30 秒放松冥想环节。（*由于刚才的环节太过兴奋，所有孩子落座之后，在开始创作之前，得收收心。*）

操作方法：放松身体—缓缓闭上双眼—缓缓地深吸一口气，再慢慢地呼出来，来回三次—平稳呼吸。

提示语：接下来我会数 30 个数字，声音会越来越小，你们在我数这 30 个数字的时间里，闭上眼睛自由地想象，可以跟刚才的鞋印有关，也可以无关。好的，我现在开始数数，30、29、28……3、2、1，好，我们再慢慢地吸气、呼气，来回三次，最后慢慢睁开眼睛。

现在将笔和踩有鞋印的纸分发给孩子们，开始创作。（*要求：不能把想法说出来，说出来就是给大家分享了，想法就不再属于你一个人了。分享是好事情，但在绘画创作的时候，老师更希望每个人按自己的想法去画，这是完全属于自己的秘密哟。*）

❸ 调整：一分钟作品欣赏时间，看看是否还有想法没有表达完，或者画面中哪里还不满意，需要进行补充和调整，确定自己满意之后，收拾工具，结束。

作品展示

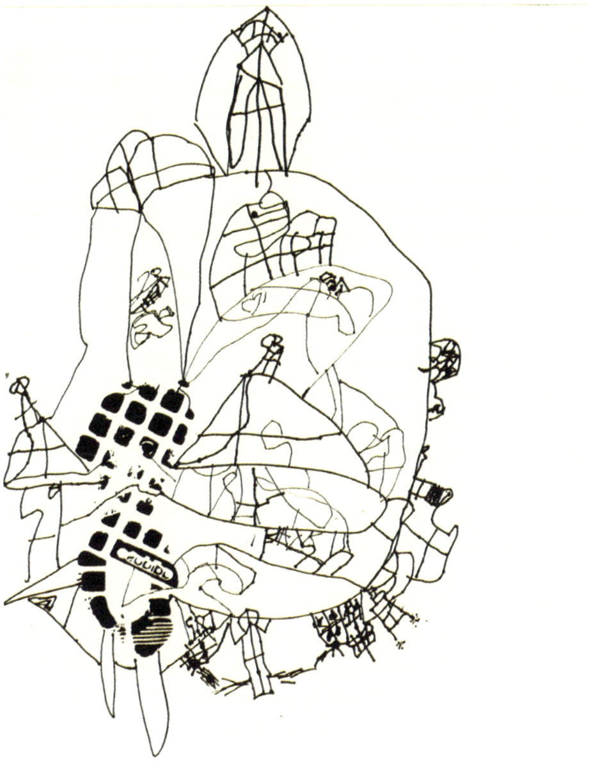

张一弛　6 岁

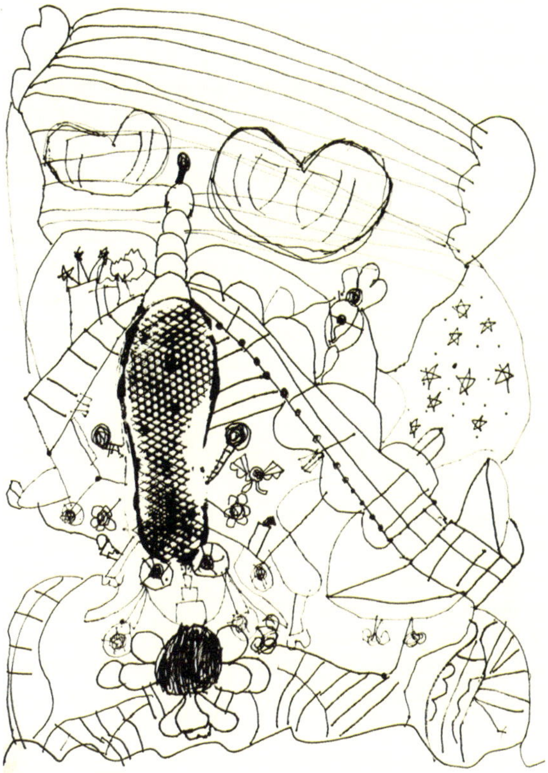

李曦然　6 岁

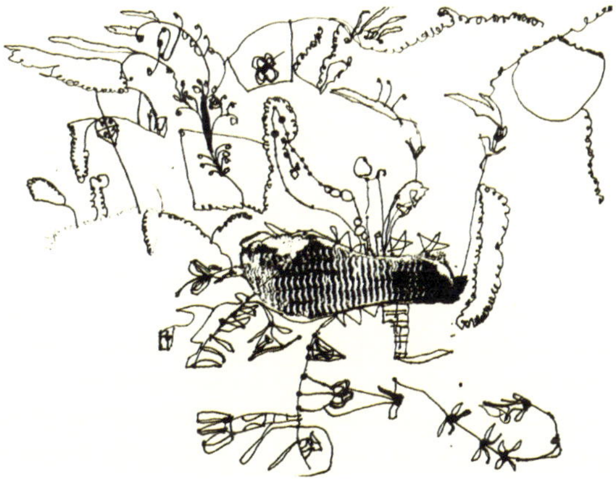

滕泽西　6 岁

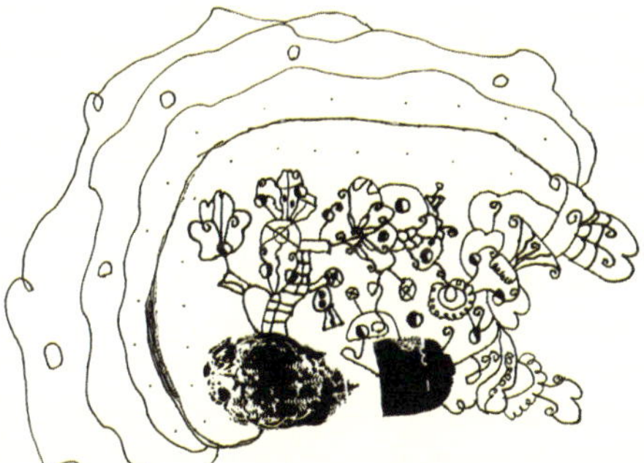

鞠苇航　5 岁

相关课题延伸

在小区里，和爸爸妈妈一起，试着穿上鞋子踩一次水，看看我们留下的鞋底的水印能有多远，看看谁的水印是最远的。

课后交流

❶ 玩，是艺术极其重要的部分，玩什么，怎么玩？

很多人潜意识里对艺术有一大堆标签——高雅、脱俗、搞怪等，标榜着它的独特之处，认为学习艺术的人，都才华横溢、匠心独运，仿佛艺术家们都生活在遥远的另一个时空，与众不同，其实是大家想得太多了。艺术，固然有它独特的魅力所在，却并不遥远，就在你我身边。艺术家们玩艺术的方式也与我们不同，没有我们想的那么严肃、正儿八经，相反，他们每天都在用尽心思来“玩”。玩心中想的，玩眼里看的，玩手里摸的，玩远在天边的，玩近在咫尺的，玩客观存在的，也玩主观臆想的……不论中国画还是西方绘画，移情入境、移情入心，都是在与自己内心世界对话，与自己玩，且玩出情趣，玩出意趣，玩出个性，玩出特点。

但别忘了，艺术家们玩的所有东西，其实我们都接触得到，也都可以玩，只是我们没有他们那么会玩而已。

比如今天我们课题中的脚印，就有艺术家们专门在雪山之巅、海滨沙滩用脚印来进行巨幅创作；又比如 2008 年北京奥运会上，舞者们挥舞墨袖在山水长卷中灵动挥洒；再比如跑步、骑行爱好者们用计步器在地图上用运动路线作画等。不一定每一个人的每次创作都能形成高雅的艺术，但这种创造性的艺术玩法，一定是一种艺术的生活方式。

课堂里的有些孩子，也许将来他们并不会专门走艺术的路线，但如若懂得以后能艺术性地工作，艺术性地生活，那么他们生命中每一段成长的路，都是不枯燥的，而是愉悦的。

❷ 改变，是学习中一项很重要的尝试，美术恰好无时无刻不在做这种尝试。

创造性思维怎么来，就是每次尝试着做出改变，而不是墨守成规。比如第一个想到要把几支笔捆在一起抄写生字，就是创造性行为。往往第一个吃螃蟹的人，我们会惊呼其天才，而这些天才真正的秘密，其实也就是做出了一些全新的尝试，哪怕只是微小的改变。

美术，恰好能满足，而且是高频率地满足这些要求，每每出现创新，都是因为部分人尝试着改变，这就是为什么原创一直都是艺术的核心，这也是为什么我们更强调让孩子们在已有的基础上大量地去尝试练习改变与突破，毕竟没有任何人知道，他们会在什么时候创造出惊喜与奇迹，也许就在下一秒！

第 3 课　LESSON 3　一棵被谋杀的包菜

材料准备

包菜一棵、水果刀一把、垫板一块、速写板、素描纸、线描笔、放大镜等

年龄段

7～8 岁

教学目标

1. 通过情境设定，激发孩子的兴趣，引导他们深入观察并获得不同线条的感受。

2. 借助已生成的线条，引导他们进行个性化想象并创作。

教学过程

① 导入：从课桌里拿出事先藏好的被切成若干份的包菜，让孩子猜猜我要做什么。

孩子们提供了很多有意思的答案，我从中找到比较接近课程思路的。包菜被切开了，接下来开始制造悬念气氛。

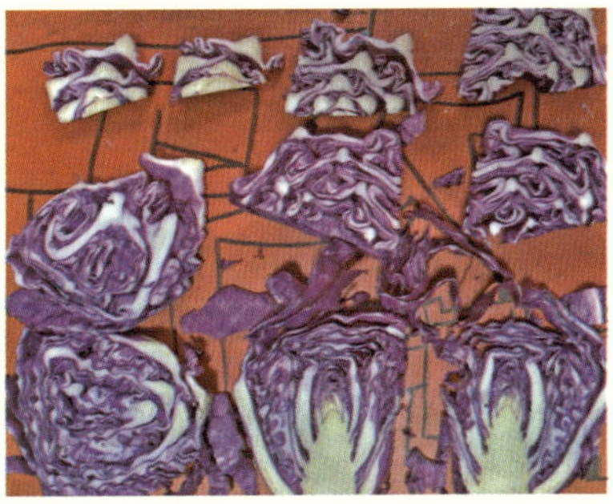
工具材料

② 模拟情境表演：假如我是一个坏人，坏笑着在切这包菜，包菜君在大声喊救命。

孩子们因为表演的渲染，很快就进入了设定好的情境中，有同情包菜君的，有指责我扮演的坏人的，有要我停下来的。

于是我迅速转换身份，开始扮演同情包菜君的角色，假装一把鼻涕一把泪地说："可怜的包菜君就这样遇难了，我们一定要严惩坏人。可是，怎么抓住坏人呢？"

创作场景

❸ 抛出问题：我们怎么通过犯罪现场来寻找线索呢？确立孩子们的身份——法医，是来协助警察破案，任务是要仔细地观察包菜君身上的线条，看看有哪些不一样的线条出现，并把这些线条记录下来，交给警察。

❹ 调查研究：孩子们以法医的身份，围着包菜君进行各种角度的观察，并进行记录。

❺ 线条分析：每位法医都找到了哪些有效线索，即个性化的线条，拿出来和大家分享。每位孩子寻找到个性化线条的同时，也能更多了解线条的表现方式。

❻展开想象：根据自己发现的线条来展开想象，看看这些线条能产生什么变化，发生什么故事。可以自由想象，运用发散性思维。每一个想法都有可能为警察提供有用的线索，往往意想不到的细节就有可能成为破案的关键点。展开想象的时候，让孩子们尽量不要说出来，不然很有可能被坏人窃听到，让这些线索消失掉。（*让孩子们通过观察得到的各种线条，进行自由且个性化的联想，尽可能地保证每个孩子进行独立思考，不被其他人干扰。*）

❼ 自由创作：创作过程中适度提醒孩子们放慢速度，不要为了完成任务而赶时间。

作品展示

雷力畅　6岁

张琼艺　6岁

甘玥璘　8岁

邹书北　8岁

邱锴霖　8岁

刘睿轩　7岁

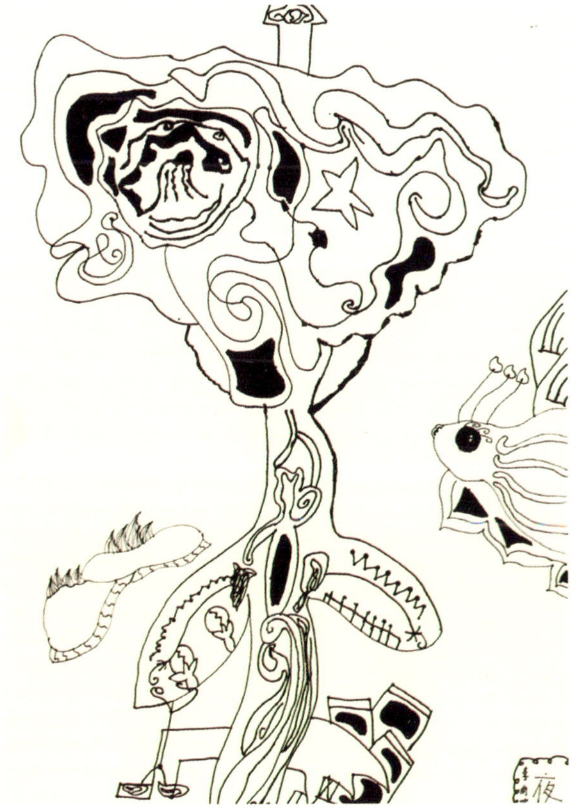

李尚瑄　8岁

邓雯月　7岁

相关课题延伸

试试课后去切开橙子、黄瓜、秋葵、菠萝等蔬菜水果，看看能在里面有什么新的发现。

课后交流

这里先附上两段思思同学课后写的感受：

“有一次上课时，他神秘地对我们说：‘今天老师要谋杀一样东西。’听到这里，我感到既好奇又害怕，接着老师拿出一棵紫色的包菜，用刀切成了六份。原来，老师‘谋杀’的是一棵包菜啊，大家哈哈大笑了起来。

“接下来做什么呢？罗老师让我们仔细观察包菜的形状和纹路，有的人说像卷发，有的人说像波浪，我觉得很像走廊……大家都展开了想象的翅膀讨论着。”

看得出来，孩子们对这堂课印象深刻，回家为此专门做了一次课后记录。

《一棵被谋杀的包菜》的设计，是基于很多孩子都喜欢看一些侦探推理的故事，因此我想是不是可以从这个点出发，看看孩子们自己在扮演侦探角色时，会有哪些好玩的东西出现，让孩子们借助角色身份的特殊性，去发现一些线条的特质、规律和变化。其中有两个一、二年级混龄班中刚接触线描的孩子，做了一些线条游戏和练习，创作出不少有意思的、经得起反复读的作品。

这类课最有意思的是，答案未知，这也是最期待的部分。老师只需要关注每个孩子的发现，把有意义和有价值的部分提取出来，进行有效的肯定和鼓励即可。

这类课同时也对老师提出了要求，如果老师不熟悉整个操作过程，很容易让孩子无从下手，后面的感受部分就很难被提取出来了。

孩子们回家之后，爸爸妈妈也可以陪同他们做一些角色扮演的游戏，协助孩子们去细致地观察身边的小事小物，锻炼孩子们捕捉细节的能力。比如观察常吃的蔬菜水果的表皮、果肉、内核，看看有什么新发现。又比如仔细观察生活中的家电、身边的交通工具、茶具碗筷等的造型、纹样与构造，看看经常被我们忽视的细节又有哪些。从探究者的视角，寻找一些新的线索并加以思考，不仅能提升美术观察力，对其他学科的能力培养也是很有帮助的。

第 4 课　LESSON 4　从一株不知名的植物开始

材料准备

一盆不知名的植物、纸盒子、线描笔、素描纸

年龄段 7~8 岁

教学目标

1. 有效地观察植物的特征，并表现出来。

2. 借助表现的结果启发孩子进行个性化的想象并创作。

教学过程

工具材料

❶ 导入

情景设定——老师带着一盆被盒子罩着的不知名的小植物进场，煞有介事地隆重介绍今天的这位主角：姓名未知，年龄不详，生长特性未经查证，具体功用也完全不清楚。

生： 老师，你什么都不知道，抱着它进来做什么呢？

师： 抱进来让你们看的！

生： 你罩着我们怎么看呢？

师： 好，给你们看一眼，准备好了，一、二、三……

孩子们围过来，老师把盒子迅速打开又迅速关上。

生： 太快了，这一眼什么都没看到。

师： 其实你们看见了，试着想想大概是什么形状、什么颜色。

孩子们大概描述了一下这一眼看到的形象，各有不同。*（快速的开合过程，也是让孩子快速强化感受的过程，需要调动大脑迅速回忆不全面的印象中植物最主要的形象特征是什么。不论看到什么，孩子终归是有印象的，老师多鼓励和肯定，让孩子们多回忆几次即可。）*

师： 都是一群“小骗子”，明明看得这么详细，特征都被你们看清楚了，还说什么都没看到！*（孩子们都笑了）* 既然第一眼就看得这么仔细了，那第二眼、第三眼我们就不用眼睛看了。

生： 不用眼睛看，那用什么看？

师： 用手、用心！接下来每个人闭上眼睛，把手伸进盒子里，仔细地、温柔地摸一摸它，看看你用手能“看”到什么，要求不能把你摸到的说出来。

孩子们因为看到了盒子里是植物，所以没有犹豫，轮流把手伸进去开始摸了起来。

师： 大家用手温柔地摸完了，那么你们心里对它哪一部分感受最深？请举手，但不要说出来。

孩子们举手示意已经有感受了。

师： 那我现在把盒子拿掉，你们再观察一下，和你们用手摸的时候相比，特征有什么不同呢？

孩子们观察。

❷ 练习：结合刚才的感受和现在的观察，把这株不知名的小植物中你印象最深的部分画下来。

❸ 创作：借形联想。孩子们完成基本写生练习之后，再对这株植物进行想象，借助现有的植物形象进行自由联想。

❹ 作品调整：一分钟的作品调整时间。

作品展示

罗子渊　6岁半

孙哲希　7岁

李青鸿　7岁

高梓悦　7岁

何欣原　7岁

何书龙　7岁

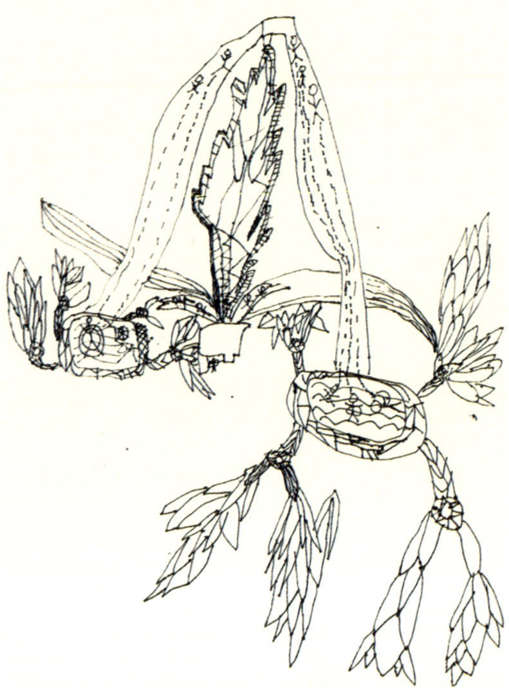

李青鸿 7岁

邓雯月 7岁

相关课题延伸

试着去发现和了解一下自己生活的小区里有哪些不知名的植物，摸一摸，闻一闻，看一看，了解或熟悉它们的特点。根据这些特点进行想象，并用语言表述出来。如果时间足够，可以试着用课堂里的方法写生，画一画。

课后交流

❶ 为什么不告诉孩子植物名？

我曾经做过一次小实验，在旅游的时候买过一种特色水果（在长沙很少见），特意带到课堂上跟孩子们分享。我用个小盒子把它装起来，先让孩子们摸，摸完了再说说特点，猜猜是什么，最后拿出来展示。一开始我没有告诉孩子们这种水果叫什么，是用来干什么的，全部交给孩子们自由讨论，孩子们给它取了很多名字，想了很多用途。

后来我公布了它的名字——释迦果，又叫番荔枝，去了皮直接吃，非常有营养。

于是下课前，我再次问了孩子们，所有的孩子都很直接地说出了它的名称和用途，没有人再自由地为其赋予更多的想象。

结果表明，孩子们面对未知的事物时，探知欲望能促进其去思考与想象，试图根据自己的感受来定义，尽管他们没那么成熟与理性。这个过程，如果放在科学家、自然学家身上，就会变得理所当然了。科学家有了新发明，自然学家有了新发现，都会为之命名和阐述，学科理论才会因此形成，再传播出去。而我们大部分的人，都是被动地接受理论知识，而并非主动地探究和体验。这部分体验的缺失，使得主动思考的可能性降低了不少。

原创才是艺术永恒的生命力。美术不是科学课，不需要那么严谨的理论支撑，不知道太多理论知识，有时反倒比知道更适合启发孩子的心智。尽可能地创造条件，为孩子们创造第一手的身心体验感很有必要，这也应当是少儿艺术教学的核心区块之一。

借助艺术活动，帮助孩子们建立原创意识，其实就是帮助孩子们寻找第一手的经验，尽可能地不要让已有的知识与经验来束缚孩子的想象力。稚拙不可怕，其价值具备深远的意义，现当代不少大师都向往用孩子的眼光与手法描绘世界，它也是成长不可或缺的部分。

今天我们的课堂仅仅拿出了一种不知名的植物让孩子写生联想，在我们生活的周围，未知名的事物大量存在，老师和家长们应多陪着孩子们去探寻发现，而不是直接灌输他们来自某个学科的权威词条。比起直接获得所谓的理论知识，孩子们更应当学着去寻找自己获取知识的途径，并长期保持好奇心。

2 如何引导观察？如何在观察的基础上形成自己的理解和想象？

如何在课外引导孩子进行有效的体验，说得直接简单点，就是尽量不用眼睛看事物，尽可能地学着当“瞎子”。盲人的感官往往比普通人的更敏锐。他们的听觉、全身的触感系统、方向感、记忆力也都是惊人的。我们有了眼睛，获取信息的渠道就变单一了，对眼睛的依赖性极高，以至于用眼睛看成为长期的观察习惯，让其他感官的发展没有那么均衡了，这对每个孩子来说，都是很可惜的。

我们如何操作呢？记住这个顺序，摸一摸，闻一闻，尝一尝（要确保安全），想一想，变一变，说一说，再看一看，把肉眼观察放在最后环节，让心眼感受成为获取体验感的主要源泉。

其中想一想、变一变，就是在感受的基础上，形成自己的理解，这两个环节，我们要多问问题。举个例子，我们摸到的是一棵小树，怎么想一想、变一变呢？

提问：这棵小树会慢慢长大，长大的过程中，我们想象一下，它会发生什么事情呢？会很顺利地长大吗？遇到了虫子怎么办？遇到了狂风暴雨怎么办？遇到了要砍树的光头强怎么办？通过这一系列的考验，最后小树会长成什么样？树皮会有变化吗？树根会有什么变化？

诸如此类的问题有一大堆，而且都是基于当下体验的一些延伸思考，对未知的时间和空间的想象。要动脑子去思索探究，至于是不是完全符合科学，并不那么重要了。

第5课 LESSON 5

自行车元素借鉴课

材料准备

自行车一辆、线描笔、素描纸

年龄段

7~8岁

教学目标

1. 通过触觉，来感受山地自行车的细节特征。

2. 熟悉由里到外、由小到大逐步推进的观察方法。

3. 将山地自行车的元素（零件或局部）通过想象拆分出来，自由组合，形成自己的思考与创作。

教学过程

❶ 导入：将山地自行车放在课桌上，能吸引孩子的注意力，更方便让他们转换视角来感受。以往孩子们都是平视或者俯视自行车，现在增加了高度，试试仰视的观察法，会发现什么不一样的地方？

接下来摸一摸。

工具材料

第一次触摸，孩子们闭上眼睛，伸手摸一摸，看看摸到的最小的形状是什么，然后围绕着这个形状，摸一摸其周围又是什么样，依次往外，逐步推进到摸零件之间相邻的部分，慢慢地向外延伸触摸，感受细节变化，一直摸到手臂伸出的最极限的位置。可以边摸边说出你摸到的细节特点是什么。

第二次触摸，孩子们睁开眼睛摸一摸，方法和闭上眼睛一样，细节特点和闭上眼睛摸有什么不同？

❷ 练习：试着按刚才摸的顺序，从里到外来依次绘画，尽量不要将顺序“跳太远”，尽可能地抓住每一个细节，看看我们能表现出多少个局部或零件。

❸ 创作：进行小结，看看导入和练习部分是否有孩子还未明白，未明白的孩子，在大家开始创作之后，由老师单独辅导。

开始创作。

创作要求：我们试着通过想象把自行车拆了，拆成了一个个零件或者几个部分，借鉴自行车上的元素（零件或者局部）来进行重新组装和创造，看看能发明出什么新的东西，可以自由添加、改变。

❹ 调整：创作完毕，留一分钟的作品自我欣赏时间，看看还有没有新的想法，或者哪里自己还不满意，需要再进行调整。如若没有，收拾好工具，结束。

作品展示

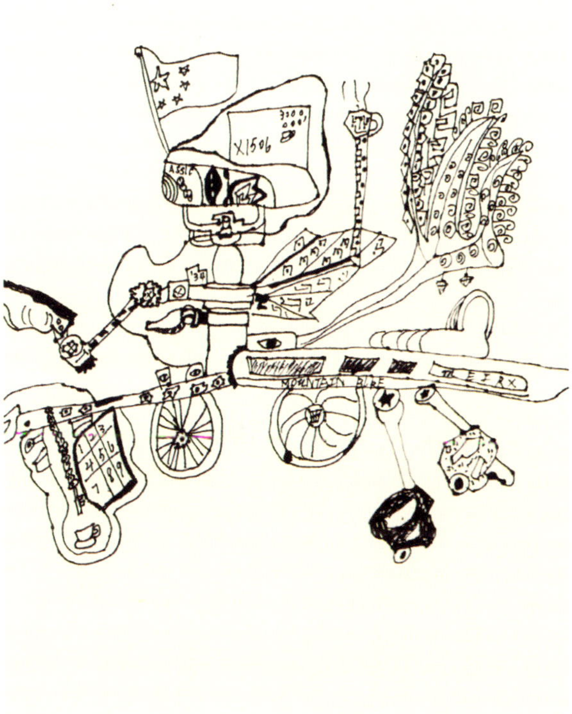

韩雨桐　8 岁

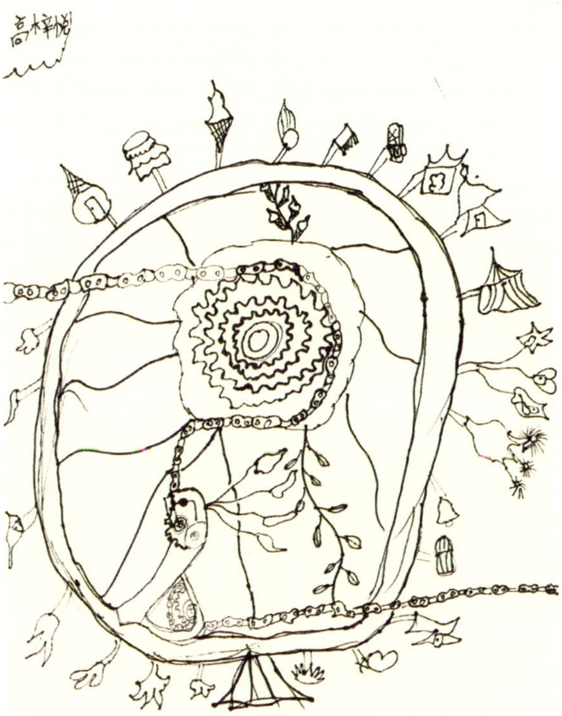

高梓悦　7 岁

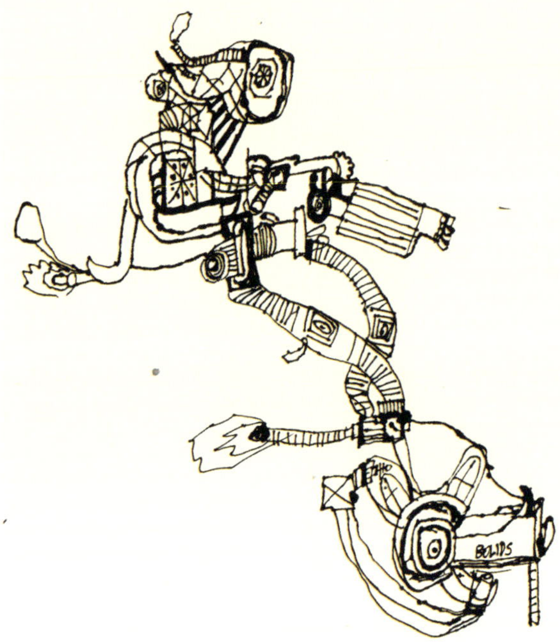

邹书北　8 岁

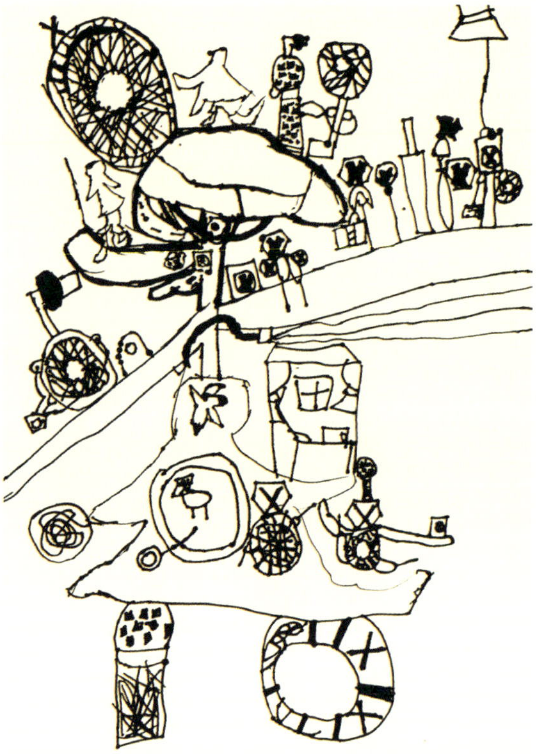

甘玥璘　8 岁

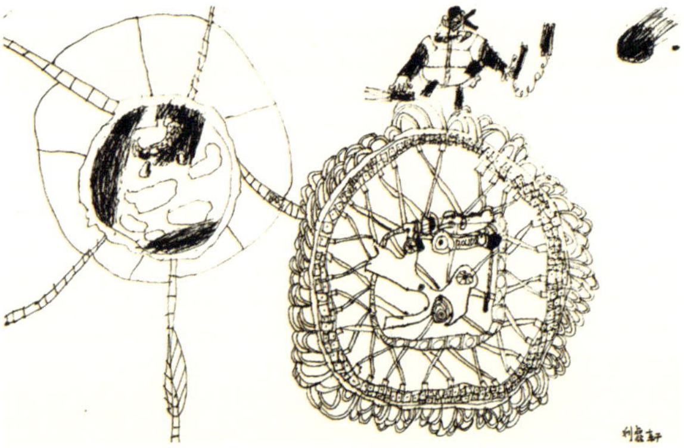

刘睿轩　8 岁

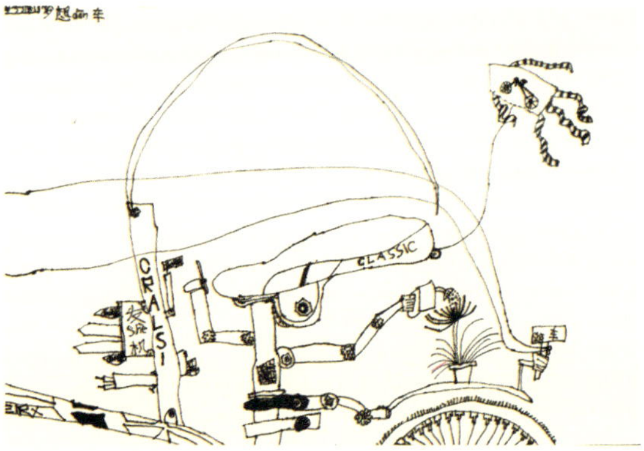

罗子渊　6 岁半

相关课题延伸

用逐步推进的观察方法，去试着摸一摸未启动的汽车轮胎、风扇、厨房里的电饭锅……看看我们能摸出什么有意思的部分。

课后交流

1. 借鉴是学习成长的必经之路。

生活中有很多现成的艺术素材适合孩子们去发掘，一颗螺丝、一个齿轮、一根麻绳或者一枚铜钱、一块线路板、一块树皮、一颗碎石……这些素材本身就具备一定的特性，细细把玩之下，很容易让人从中感受到相应的艺术元素，比如树皮的肌理、麻绳的质感、齿轮的造型、线路板的排列组合等，而这些素材转化成艺术创作的表现对象，也是相对比较容易的。

当下的孩子在学习美术的过程中，被动学习的概率很高，被人安排好学什么，画什么，怎么画，活脱脱就是一个机器人，更多的只是从老师的教学指令中获得一些讯息和执行指令，却很少有机会能够自己从素材中发现有价值的东西，运用自我转化的表现方式来创作。

每个老师的艺术高度，因人而异，实际上也是有限的。用有限的高度去指导孩子学习成长无限的可能性，其实很不合理。这也就意味着我能教出来的艺术高度是极其有限的，与其如此，不如试着教孩子们与自己为师，与内心对话。

与己为师，必不可少的是经历，尝试失败，才有可能获得成功。尝试的初期，借鉴就是很值得提倡的方法之一。借鉴并不是照搬，不是纯粹的临摹，而是从优秀的、经典的、高质量的作品中吸取有价值的部分，比如表现方法、诱发的灵感、开展的想象等，并转化成为自己的创作手段，从而形成独立的作品。

所以这一次自行车元素借鉴课，我们试着从一辆自行车中借鉴到一些元素或者局部，充分发挥想象的能动性，看看能产生什么样的新事物、新形象和新作品。而从最终的作品也看得出来，在借鉴与再创作这两个部分，孩子们都做得还不错。

❷ 解决必须要画得像的误区。

画得像不像，一直都是困扰很多孩子的问题。不仅家长经常会提出这样不恰当的要求，在孩子的学习环境中，同龄人质问的语境也经常会成为一种困扰，毕竟不是每个人都能意识到艺术可不是画得像这么简单。

借鉴课除了之前说的价值体现，还有一个容易被忽略的优势，就是画得像不像并不重要，画得有意思才重要。即便面前就是参照对象，孩子们最终也能通过自我转化形成新的形象，而与之大为不同。这就很大程度上解决了孩子面对复杂事物而产生的心理上的负担，他们不用再畏难，只要挑自己中意的部分，解决起来也容易些，同时也可以“肆无忌惮”，任由自己选择发挥。信心足的孩子可以选择画得更具体和更接近；信心不足的孩子，可以不必计较跟参照对象之间“像”的程度，一切随性来创作。心理上没有了障碍，大脑也就放松了，这样更有益于激活大脑里的潜能，孩子们身心都解开了束缚，自然不愁绘画时发挥不好！

第6课 LESSON 6 对称和不对称的思考

材料准备

素描纸、线描笔、剪刀等

年龄段

7~8岁

教学目标

1. 熟悉对称和不对称的原理，并能找出生活中相关的例子。

2. 运用对称和不对称的原理来进行想象造型，表达自己的思考和想法。

教学过程

❶ 导入：老师通过剪纸演示什么是图形对称。

将纸对折，在对折线一边随机剪下一个图形，展开剪下来的部分，看看对折线两边，发现了什么？（*自由讨论*）

老师总结孩子们的发言，并提出对称的特点：除了方向相反，两边的形状、大小是完全一样的。

任务一：请在生活中找出十个对称的东西。

将展开的图形一边随机剪掉一些部分，又会发现什么？（*自由讨论*）

老师总结孩子们的发言，并整理出不对称的特点：中轴线两边局部不同或者完全不同。

任务二：请在生活中找出十个局部不对称或者完全不对称的东西。

❷ 创作

创作步骤：

a. 将纸张对折后，留出对称轴痕迹。

b. 运用对称原理，创作一张想象作品。

c. 运用不对称原理，创作一张想象作品。

创作要求：先画一边物体，将有关一边形象的想象和思考表达充分后，再换到另一边进行创作，画出与之对称的或者不对称的形象。每人创作两张作品。

❸ 作品调整：一分钟作品欣赏时间，看看哪里还不够满意，试着调整到自己满意的状态。

作品展示

吴坤阳　7 岁

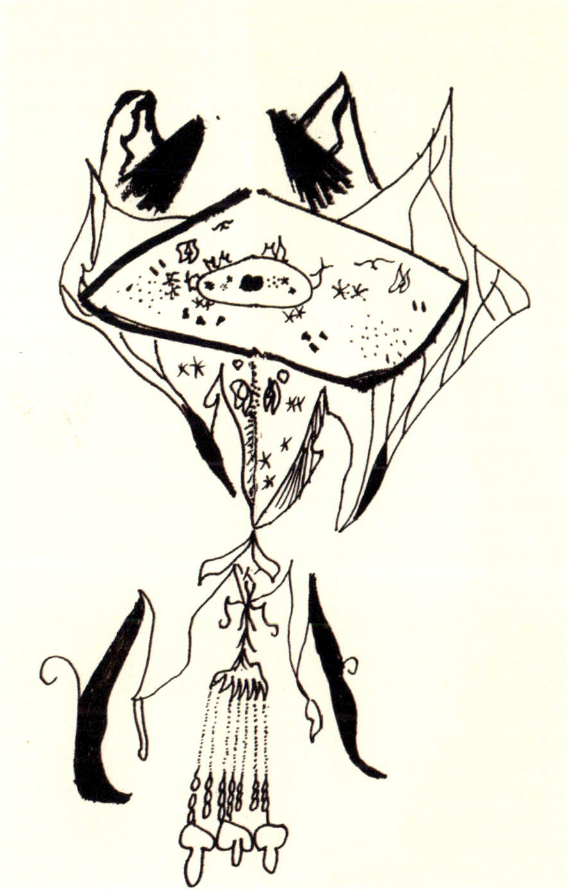

高梓悦　7 岁

高梓悦　7岁

郭妍希　6岁半

袁若瑜　7岁

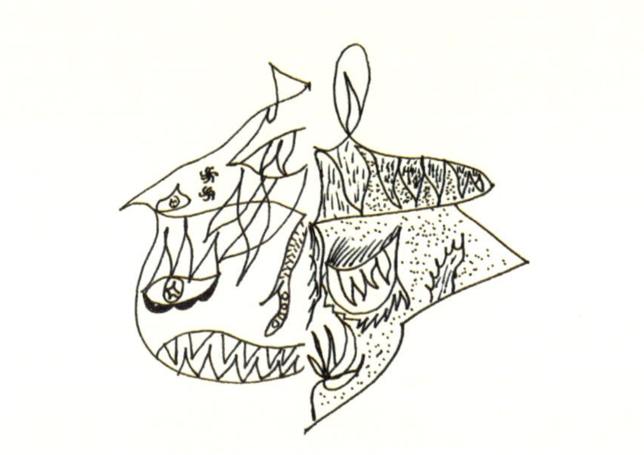
袁若瑜　7岁

邓雯月　7岁

刘睿轩　7岁

刘睿轩　7岁

罗子渊　6岁半

相关课题延伸

回家后，请孩子们在蔬菜或者水果中找出对称图案和不对称图案进行观察与创作。

课后交流

❶ 艺术的包容性是艺术的一大特性。万象皆可入画，可以说无所不包，客观存在的、主观臆想的，没有什么不在艺术领域之中。我们今天的课题，理所当然也身处其中。

对称和不对称的原理，也可以称为对称效应和不对称效应。在各大领域，比如科学界、设计界、自然界、超自然界，都有着非常重要的意义。从人本身，到衣、食、住、行这些日常所需，到设计领域的广泛运用，到声音研究，如多普勒效应，光的折射、反射、衍射，再到物理能量守恒等，不胜枚举，都有涉及对称效应。太过复杂的知识与原理这里就不做过多的深入剖析了。回到我们的艺术课堂本身，我们如何在简单了解相关原理的基础上，借用一些学科知识点来进行有意思的想象造型游戏，或许可以多次尝试。

艺术与万事万物相生相长，艺术性思维也同样如此，具备一些理性的学科知识，是孩子成长的基础。但在理性的文化学习基础上，发挥感性思维的作用，是孩子心智成长的催化剂，也培养了孩子们的创造性思考方法。

这一点其实在孩子身上早已具备，只是需要有人善于引导，让这些创造性的思考有发挥的渠道。我们试着去读一读孩子的作品，每一张作品都是如此独特。这些并不是教出来的结果，也无法教，孩子们脑子里装着他们的世界，我们看不到。

❷ 对称和不对称的差异化训练，能培养孩子们的细节观察力，激发孩子们的创造力。

对称的素材很多，蝴蝶、人脸、打开的书本、眼镜，等等，数不胜数，但它们又不是绝对的对称，更多的是倾向于不完全对称。表面上看起来很接近，这种细微的差异，稍加引导，给个小提示，摸一摸，用放大镜瞧一瞧，便能帮助孩子们在细节上集中注意力。类似的游戏也有不少，比如“大家来找茬”，当然游戏并不是以对称和不对称来进行设计的，但图片素材本身符合这类主题。

对称的作品很容易创作，不对称的作品，那就更容易表现了。孩子们关注到每一个细节的不同时，会刻意地形成差异，错位也好，夸张也罢，透过孩子们稚拙的思考形成的原生态的抽象作品，基本上都改变了原有的形态，创造出了新的形象，童趣十足，生动纯真，往往很容易吸引人，也很容易打动人。

第7课 LESSON 7

东拼西凑大变身

材料准备

素描纸、线描笔等

年龄段

7~9岁

教学目标

1. 通过东拼西凑的游戏，了解创造性思维方式。

2. 借用这种创造性思维方式，来做一个想象造型绘画练习。

教学过程

1 导入：东拼西凑大变身团队游戏

游戏规则：

随机选择一个小动物，比如一条鱼，鱼是由鱼眼睛、鱼嘴巴、鱼肚子、鱼鳍、鱼尾巴等部分组成的。

老师将鱼的其中一个部位，比如鱼眼睛，用想象给它置换一下，它变成了月亮，那么这就是一条长着月亮眼睛的鱼。

将游戏传递给孩子们，每个孩子通过想象只能置换其中一个部位（*有的孩子将鱼尾巴变成了蛇的尾巴，有的孩子将鱼鳍变成了鸟的翅膀*），这样，一幅作品集中了多个孩子的想象，通过这个置换、拼装、组合，最后这条鱼变成什么样了？

（不论变成什么样，都是美好的，想象无边界，创造性思维的目的就是改变，改变得好不好且不论，有没有兴趣和胆量去改变才最重要。）

由孩子选择一个熟悉的小动物再玩一轮，也可以将所有的孩子分成两三个小组，轮流再玩一次，让每个孩子都熟悉这个游戏方法，为后面的创作做铺垫。

2 创作：每个孩子单独创作，要求不能说出自己选择置换的部位是什么，怎么变，变成什么样，这些都得保密哟！最后看谁变出来的作品最有意思。

巡场，帮助还没有及时理解游戏创作方法的孩子，让他再单独玩一次。

3 作品调整：一分钟作品评析时间。

作品展示

王嫣然　9岁

饶诗云　9岁

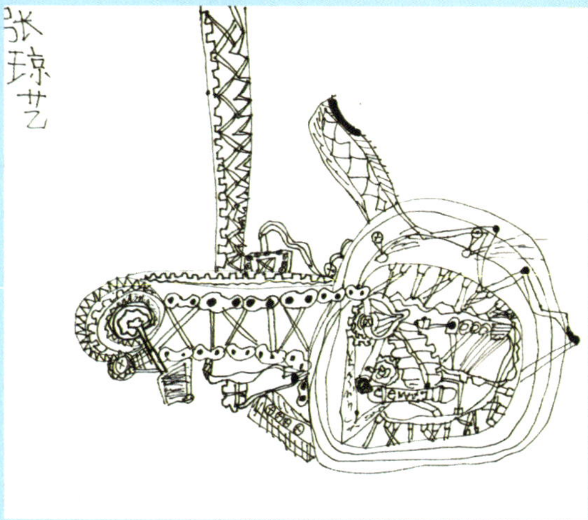

张琼艺　7 岁

张琼艺　7 岁

罗子渊　7 岁

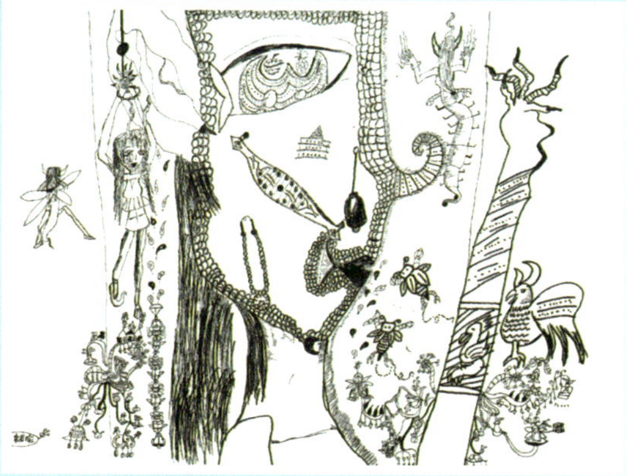
袁若瑜　8 岁

甘玥璘　9 岁

邓雯月　8 岁

吴坤阳　8 岁

邹书北　9 岁

相关课题延伸

将这个游戏带回家中去跟父母一起玩一玩，看看能把家里最常见的生活用品（桌子、凳子、鞋子、茶壶等）用这个方法变成什么样。

课后交流

创造性思维十分重要，它能打破既定状态和现有的思维方式，大家试试用想象来创造形象。

规则是客观存在的，遵循它是基于秩序的可控，比如交通规则，一旦被打破，安全便不可控，甚至整个城市的交通很有可能会面临瘫痪。这类支撑整个社会有效运转的规则，不容许打破，也不必去打破。那是否就意味着，在这种规则下，我们只能全盘接受规则呢？不一定！比如从 A 地前往 B 地，在现有的交通规则的前提下，可供我们选择的路线就很多，想要最快短距离直行，还是想沿途多看看风景绕一段弯路，都是由我们的主观意识决定的。我们只要不违背交通规则，安全到达目的地，往哪里走，怎么走，便是主观意识形态上的问题了。

艺术，其实是一样的，它的规则是表达视觉化，就是把感觉、思考、想象用看得见的形式表现出来。看得见，不等于长得像。我们能看到的极其有限，而真实、清楚、具体、形象、逼真是用眼睛可以直接获得的有效信息，日积月累形成的惯性思维，决定了我们怎么去理解，不管是已知还是未知的领域。成年人容易下意识地带着这个惯性去看待孩子的作品，去下结论、做评判，且不说评判的好坏对错。

惯性思维，也是一种规则，只不过这种规则是自设的，而不是客观的。

对绝大部分不接触艺术的人来说，“像不像”是最直观的判断。而绝大多数人可能不知道的是，“像”这个区块，是艺术和全人类产生联系最为频繁的区块。这个区块以外的“不像”“看不懂”“理解不了”，在整个艺术世界中所占的比重，宽广到无法想象，多样性、包容性也极强。而孩子们的艺术世界里，从一出生，就生长在了“不像”这块土壤里面，并且不断扎根深入。这也就是为什么孩子在不说明作画想法的情况下，成年人往往难以理解他们的作品，不明所以，等到答案揭晓，才恍然大悟。

艺术的无限可能性，毋庸置疑，就如同整个社会交通规则一样，客观存在而具体，往往是自我设定的规则限制了我们的思考。约定俗成不一定就是合理的，试着走一走不同的路，打破一下原有的直线距离，突破一下自己，定会发现“新大陆”！

第 8 课 LESSON 8

由一个喷水壶开始

材料准备

喷水壶、白纸、任何可以产生痕迹的笔（例如线描笔、签字笔、中性笔、铅笔等）

年龄段

7～9 岁

教学目标

1. 按照熟悉的方位和顺序观察方式，记录喷水壶的基本形象和二次想象创作。

2. 通过互动和游戏，引发思考和想象，用黑白线描进行创作。

教学过程

❶ 导入：摸一摸。

第一次触摸，孩子们闭上眼睛，伸手摸一摸，感受一下摸到的最小物件的形状是什么，然后再围绕着这个最小的形状，摸一摸其周围是什么样，依次往外逐步推进，慢慢地向上或向下推进，把细节慢慢地摸出来，可以边摸边说出你摸到的特点是什么。

第二次触摸，孩子们睁开眼睛，摸一摸，方法和闭上眼睛摸一样，看看物体细节特点和刚才闭上眼摸有什么不同。

❷ 练习：试着按照刚才摸的顺序，从上到下或者从下到上依序来画，尽可能抓住每一个细节。

❸ 想象与第二次创作：孩子们观察基本的形态并进行简单的记录。

师：那我们在这个基础上，开始进行想象创作。

生：怎么想象？

师： 给个小提示，喷壶是用来干吗的？

生： 喷水。

师： 那还有其他功能吗？

生： 有。

师： 有，但不要说出来，直接开始画。有了新的想法的，不能让别人知道哟，不然就变成公共的想法了；没有想到的，我们继续聊一聊，看看喷壶可不可以再增加一些新的设计和想象，能否发生一些有趣的故事，或者变化成其他的模样。（*小提示：当孩子有了表达欲望的时候，老师要适当地控制一下他们的语言表达，让孩子用画笔来进行描述，因为有不少孩子当语言描述完了，重复再来一次时就失去了表达的新鲜感和兴趣。*）

工具材料

老师巡场观察，看看孩子们的状态如何。若有的孩子思路断了，及时跟他聊天，或者抛出一个创意思路，让孩子继续思考下去。

4 调整：一分钟作品评析时间。

作品展示

杜映池　7岁

李思颖　7岁

祝嘉浚　8岁

张子周　9岁

刘睿轩　8岁

邓雯月　8岁

相关课题延伸

课后如何运用这堂课的观察方法去观察汽车？（记得要从最小的地方开始哟！）

课后交流

当画稍微复杂一点的事物或者形象时，孩子们就容易不知所措、无从下笔，其实归根结底就是观察方式出了问题。这次课主要是从改变以往的观察方式入手，从局部开始入手，结合顺序和方位，化解难度，并在熟悉的形象基础上，进行想象和创作。

关于想象，每一次思考都是一次积累，常规的学习模式只要将事物表现出来即可，我们能看懂作品的结果，如作品与写生对象像不像，表现技术如何，但我们很容易忽略一个问题，那就是艺术创作是否到此就结束了。

世界上没有画完了的作品，这是艺术圈里的共识，画到何种程度结束，因人的审美不同而有所差异。有人擅长用寥寥几笔勾勒；有人喜好精致的线条与色调，作画时间可能达数年之久；有人喜欢用缤纷色彩来表现自己的思考；有人仅仅使用黑白关系来做极简的朴素表达。

就像《蒙娜丽莎》这幅举世闻名的经典作品，我们依然可以添一绺小胡子表示自己的趣味。就如同齐白石的《虾》，我们照样能画上几根鱼线将其“钓”走，放进碗里。我们也可以在凡·高的《星空》中，再画进一只斑点狗来表达自己特立独行的思考。如此的例证数不胜数，这也意味着画画没有结束这一说，只有艺术家想到此为止，他的审美要求决定了何时停笔。

绘画表现技术指标最高点无外乎就是与艺术照片无异，虽然也可以表达情感和主题，但很难再突破。画出来一个喷水壶，技术层面已结束，但思考层面恰好才开始。喷水壶有什么作用？要如何改变它？创造性地表现出来就是突破口，没有标准与最终答案。

第2单元

UNIT 2

剪贴

第9课 LESSON 9 “老猫”小时候的故事

材料准备

剪刀、双面胶、各色卡纸等

年龄段

5～7岁

教学目标

1. 借助故事告诉孩子多去了解父母的童年故事，促进亲子关系。

2. 根据想象来手工剪贴创作一个心目中某某小时候的形象，形成个性化思考的作品。

教学过程

① 导入：“老猫”讲述小时候爬树、捅马蜂窝、偷邻居家桑葚的故事。*（故事可以替换）*

老猫： 我的故事讲完了，提一个问题，你们有没有听过爸爸妈妈或者爷爷奶奶小时候的故事呢？

孩子们自由发言。

（仔细听孩子们的故事，这个过程适当地做些笔记，记录一下孩子们描述的都是谁的小时候。）

老猫： 那我们现在来试着想象一下，比如说爸爸，当他还是小屁孩的时候，会是什么样子，想好了举手示意一下，但是要求不要说出来。*（孩子们跃跃欲试的很多）*

那我们再想一下他们小时候可能会发生什么好玩好笑的事，你们可以大胆想象搞笑的好玩的事，什么都可以，同样不要说出来。

② 创作

创作场景

老猫：已经想好的同学，接下来请用提供的材料和剪贴的方式，表现一下你想象中的某某小时候的样子。

还有问题的请举手示意一下，我们再集中聊一聊。

孩子们可自由发言，也可直接开始。

老猫：不知道如何开始表现的同学，可根据提示想几个问题。

问题一：你们脑子里想的那个人，现在的脸是什么样的？比如你的爸爸，现在脸瘦瘦的，那他小时候什么样呢？会和现在不同吗？思考一下，不用回答我。

问题二：假如你想的那个人小时候是胖脸，你们会剪出什么形状去表示呢？瘦脸呢？或者其他形状的脸呢？

问题三：这张脸上会长出什么样的眼睛、嘴巴、鼻子、耳朵？你又会选择用什么颜色去表示呢？

问题四：至于那个人的其他部分，你们想怎样表示？比如：穿什么衣服？手脚有多长？用什么颜色？

孩子们创作，老师指导，记录一下有意思的部分，为课后交流做些准备。

③ 调整作品：初步创作完成后，老师以问题的形式给一些建议，比如还有没有更好玩的事，更搞笑的地方，等等。给孩子一分钟时间，自己判断一下作品是不是已经完成了，孩子思考和调整之后，确定已经创作完毕，即结束。愿意分享的孩子，可以回家和爸爸妈妈分享今天的趣事。

作品展示

黄若桐　5岁

崔语茗　5岁

李青鸿 7岁

刘津羽 7岁

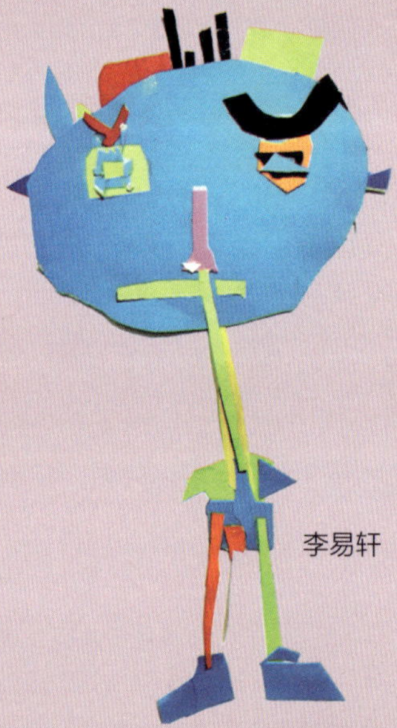

李易轩 6岁半

吴籽谦 6岁半

郭妍希 6岁

凌瑞岐 6岁

李宥岐 6岁

相关课题延伸

家里的长辈，你最喜欢谁，就请他跟你说一说他小时候的故事，记得听完以后来告诉“老猫”哟。

课后交流

这堂课很简单，没有过多的导入环节，就简单地和孩子们分享了自己童年的两三件趣事。

孩子们听得津津有味，讲到有趣处，笑声不断，大家都以为要画“老猫”，其实不然。说“老猫”小时候的故事，只是个引子，带着他们回到我小时候的年代，试着去了解在那个没有电脑、没有游戏，甚至食物、书本都匮乏的年代，孩子们是怎么度过童年的。而我最终的目的是要孩子们试着去回忆、想象、创作一下父母亲儿时的形象，看看在孩子们心目中的爸爸妈妈，这两个他们最亲近的人小时候是什么模样。

我在各个年龄段都做了一次尝试，虽然它是堂剪贴手工课，我却在教学目标中设置了一个潜在的实验，想通过孩子们想象创作父母亲儿时形象这一过程，了解一下亲子关系当中的亲疏程度。这个过程中没有任何关于父母亲的问题，没有任何部分需要孩子去做出评价与判断，就简单地选择、思考、表达，创作的过程中，每个细节表现时的情绪、参与度、创作自由度，都直接透露了亲子关系的状态。

我从中整理出下列三种状态：

一、孩子对父母亲小时候的形象很熟悉，如他们的童年故事，父母儿时的生活条件、衣着形象（甚至冬天穿过漏脚趾的鞋子）。

二、当然也有完全不知道父母过往的孩子，对爸爸妈妈的童年无从了解，只能凭着现在的记忆去想象。

三、孩子拒绝这个主题，转而选择其他人物的形象，比如爷爷奶奶，或者“老猫”……

不同生活状态的孩子，思考的角度、情感的融入、情绪的变化、创作的勇气都完全不同。

第一种状态的孩子，说故事的时候眉飞色舞，头头是道，听着都觉得他家庭幸福。有的孩子创作出了父亲小时候鼻涕流得比脖子还长的形象，有的孩子创作了缺牙、光头，甚至一根毛的形象，有趣的形象颇多。

第二种状态的孩子，这个时候要建议爸爸妈妈们行动起来了。你们的宝贝都不了解你们的童年，你们儿时的模样，而对孩子们来说，就是从同龄人的视角去深入了解父母亲背后的故事，进一步增加亲子关系的。孩子们在听“老猫”说自己还是“小猫”的时候，爬树、偷桑葚、掏鸟蛋、捅马蜂窝……孩子们眼睛放光呢！各位从那个年代成长起来的爸爸妈妈们，你们的故事肯定比我要精彩得多！整蛊“老猫”

是孩子们特别乐意做的事，在我看来，无伤大雅地整蛊老爸老妈，才是孩子们最应该要去玩的！

第三种状态的孩子，我觉得有必要适度地去梳理拉近亲子关系。父母亲的爱是世界上最伟大的爱，如此珍贵和重要，为什么孩子们会体会不到呢？如今的孩子虽衣食无缺，却渴望父母关爱陪伴，精神层面的需求很大。父母以爱之名，却没有行爱之举，融爱之心，体爱之情，这是为人父母都要必修的课业！

所以，当去掉父亲母亲的称谓，我们还剩下什么留在孩子们童年的美好记忆中呢？我们给孩子的柔软的爱与呵护去了哪里？这温柔的爱在家庭关系深入融洽的过程中，起到了决定性作用。

孩子了解父母过去，也是了解父母曾经的成长、学习，他们如何面对困难、未来的过程。这个可以好好聊、深入聊。

“老猫”的小时候发生了什么趣事不重要，重要的是诸位爸爸妈妈的儿时记忆该拿出来分享的，可不要再珍藏了！

第10课　LESSON 10　纸片人偶玩具

材料准备

剪刀、各色卡纸、扭扭棒等

年龄段

6~7岁

教学目标

1. 简单了解人类肢体关节活动的原理。

2. 将关节活动原理与拼、剪等美术活动结合，试着做一个可以活动的纸片人偶玩具。

3. 在纸片人偶的基础上，进行想象添加。

教学过程

❶ 导入：角色扮演——“我们都是木头人”

让孩子们打开双臂站立（手臂、腿部不能弯曲），模拟木头人，执行几个简单的任务，看看木头人执行任务（*走路、弯腰、喝水、拿东西*）的时候会出什么状况。

将其中一个最难完成的任务——喝水，单独提出来，孩子们自由讨论为什么木头人很难做到。

怎么让木头人轻松地喝到水呢？（*孩子们的答案有很多，不一定都符合预期，但老师的肯定与接纳是很重要的，其中也有一些答案比较接近预期的课程设定，老师根据需要将其挑选出来即可。*）

工具材料

结合孩子们自由讨论的结果，提出人体关节的重要性。演示手臂的弯曲过程，看看一个关节是由几个部分组成的。

提出问题：现在有两张卡纸纸条，假设这两张纸条就是两节手臂，如何让它们连接起来又能活动自如呢？（*自由讨论*）讨论结束之后，老师将事先准备好的关节的制作方法进行示范。

关节制作步骤：

两张纸条对接的一头，用大头针分别钻一个小孔，并将小孔重叠，用剪短的扭扭棒穿过重叠的孔，将两头分别拧成小结防止脱落，这样两张纸条连接在一起，就能和手臂一样自由活动了。（*这里要确保每个孩子都熟悉这个方法，这对后面整体制作至关重要。*）

提出问题：我们的身体，哪些部分需要活动？请大家活动身体，感受一下。（*孩子们自由活动身体，并讨论发言。*）

❷ 创作

我们运用刚才制作关节的方法来制作人偶，根据自己的想象，自由地设计人偶形象。（*要求：今天不用动笔画画，只用剪刀来创作，将需要制作的部分事先全部剪下来，摆放好之后，再来制作关节部分。*）

孩子们基本制作好一个结构完整的人偶之后，再根据想象进行添加，或者变形，想把人偶变成什么样，自己决定。

❸ 调整：给孩子一分钟整体观察作品时间，看看自己的作品是否有需要补充完善的地方，哪里不满意，就修改哪里。如果完全达到了自己满意的状态，就收拾工具，结束。

作品展示

李易轩　6岁半

李易轩　6岁半

孙哲希　6 岁半

李易轩　6 岁半

凌瑞岐　6 岁

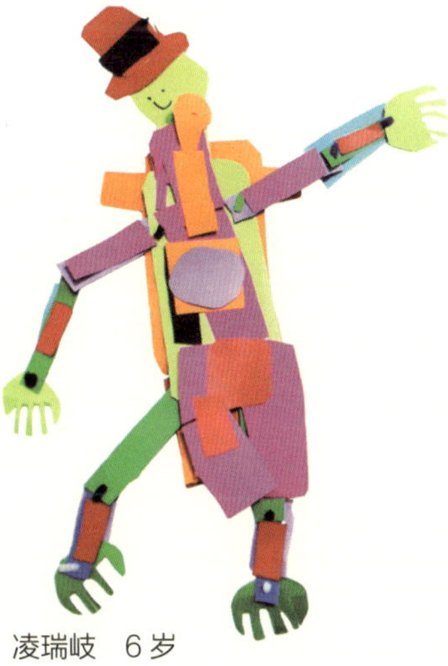

凌瑞岐　6 岁

孙哲希　6 岁半

相关课题延伸

回家之后，留意生活中哪些东西身上有像关节的地方，试着研究一下。

课后交流

没有孩子会拒绝玩具，把课堂手工作品和玩具结合在一起，孩子们一定乐意且迫不及待。

这次课题的主要目标，是解决孩子们绘画过程中习惯性画直手直脚的问题，我们很难去左右这些符号输入的源头，那就只能从孩子本身的认知入手。如何打破一个符号，并且让孩子们记忆深刻？增强体验感是一个不错的选择，所以这一次让孩子们试着模拟一下直手直脚的木头人，来体验一下最基本的生活情境，看看孩子们会有什么样的反应。比如喝水，这是生活中最常见的动作，但基本上没有孩子会过多地去关注这个动作，因为再简单不过了。

简单就没有关注的价值吗？恰好相反，越简单平常的，越容易被人忽视的，价值反而会更高。记得曾经看过一篇报道，内容是关于一个初中生因为制作了一个肥皂盒而获得专利，被某公司花高价买断批量生产。这个肥皂盒之所以被人关注，就是因为它解决了一个我们常遇到又常被忽视的小问题：盒里容易积水，肥皂经常被泡发。这位初中生发现了，并且感受到了，继而动脑筋想办法解决问题，他并没有对肥皂盒进行颠覆性的改变，仅仅在盒子内部做了一个可以弹起的支架，在肥皂盒底部开了一个小孔，仅此而已，工艺并不复杂。但就是这一点点突破，就让一件普通的生活用品在质量上得到了很大改善。创新其实就是突破概念，突破习以为常的惯性思维，形成自己思考的结果。

再回到这次课题本身，很多孩子在画人物的时候，喜欢用圆头、微笑、三角形身体、直手直脚符号。我们周围生活着各种各样的人，他们的服饰、装扮、情绪、表情、行为动作都完全不同，而我们绘画作品中的人物却千篇一律、千人一面，单一的作品说明孩子们没有真正去感受生活，也没有细致地去关心看似平淡无奇却充满生机的世界。

少儿美术教学中，提到最多的是两个词——想象力、创造力，我们仅从定义上来看看这两个关键词。

想象力是人在已有形象的基础上，在头脑中创造出新形象的能力。

创造力是指产生新思想，发现和创造新事物的能力。

从定义上来分析，想象力和创造力都是具备生活基础的。创造力是改变已知的，并形成新的东西。想象力是在已知的基础上创造新形象。美术，重在培养孩子这两种能力的表达和思考。这就意味着孩子们从小要对生活进行体验、感悟、思考、理解，因为想象力和创造力都需要深入地挖掘与引导。把美术贴近生活地玩起来，关注生活中不起眼的小事，放松大胆地去表达，获得新的生活经验，这是突破概念化思维必须要经历的蜕变成长阶段。

第3单元

UNIT 3

色彩

第11课 LESSON 11 色彩飞扬是种什么感觉？

材料准备

尖嘴颜料瓶、各色水粉颜料、牛皮纸、生宣纸（可用可不用）、水桶、清水、调色刀等

年龄段

4~5岁

教学目标

1. 体验波洛克“行动绘画”的过程，了解一种新的绘画类型。

2. 试着自己搭配颜色。

教学过程

❶ 导入：对话式的导入，抛出问题，不提供也不需要标准答案，目的是引起孩子们主动思考。

师： 请看我手里的这个尖嘴的瓶子，你们猜一猜，它到底是用来做什么的呢？*（拿出尖嘴颜料瓶）*

孩子们自由发言。

师： 你们刚刚猜了很多答案，都挺有意思的，不过大家可能只猜对了一部分，那我再拿出一个东西，你们看看这两个东西放一起，能用来干吗呢？*（把颜料和尖嘴颜料瓶同时摆出来）*

工具材料

孩子们自由发言。

师： 刚才有人回答说是用来画画的，那这个尖嘴的瓶子，到底要怎么用它来画画呢？

孩子们自由发言。

师： 你们告诉了我很多方法，这些方法可能大家都没有试过，那么接下来我们就用你们刚想出来的方法来试一试，看看你们会怎么用这个尖嘴的瓶子和颜料来画画。

创作场景

图片资料

❷ 探索尝试

a. 每个孩子分发一个瓶子、一种颜色、一张小纸，让他们自由尝试如何用手里的工具来画画，看看能试出什么结果，老师及时跟进，不用提示任何标准答案。

b. 总结分析每个孩子的探索过程和发现方法，并且给予肯定和鼓励。把适合本次课的一些创作方法单独提出来。

例：其中有孩子发现了将颜料装进瓶子，盖住使劲摇匀后朝纸上喷挤的方法，这个方法是后面创作中必须用到的，让发现此方法的孩子来示范。

❸ 创作

a. 下面正式提出今天我们课题的创作方法，先简单介绍一下波洛克，不必太详细，只要求了解“行动绘画”的表现形式即可。

波洛克：美国画家，他画画的方式很特别，不像我们拿着笔在桌子上画画，他经常铺上一大块布或者很大一张纸在地板上，用一些特别的东西，蘸着颜料，在纸上洒来洒去，有时候作画疯狂起来，会随意地泼洒颜料。他画画时更像在玩游戏，也不管要画出什么东西，只要自己玩开心就好了。

b. 在地上铺开大纸，孩子们先各自选择三种颜料装进尖嘴颜料瓶，用之前发现和总结下来的一些方法合作创作。

c. 自由创作。

❹ 作品调整：带领所有的孩子再一起看看作品，以提问的方式进行调整。

问题：我们花一分钟时间看看这张作品，哪里不满意，我们就针对哪里再想办法画一画，画到你自己满意为止。

课后收拾：收拾和清洗工具，合作收拾场地。

作品展示（集体创作）

相关课题延伸

如果家里有合适的场地，回家之后试试用牙刷、棉签、海绵等工具作画，再试一试，看看又会试出什么不一样的结果。

课后交流

可能有很多家长不明白我们这堂课是在做什么，就是拿着瓶子挤挤颜料，玩玩水，把颜色混合在一起，孩子们也就是开心地玩了一堂课。花脸猫，五彩手，衣服上五彩斑斓，裤子上混合高级灰，围兜兜也挡不住颜色的热情，一身看起来脏兮兮的，好像没学到什么东西。这么玩，要不是不好收拾场地，家里也可以做，干吗还要来这里呢？家长们先不要着急，在讲课之前，我们有两件事得了解一下。其一，先聊聊一位艺术家和他的创作形态，家长们也可以适当关注一下，毕竟多了解一个艺术类型，就多一扇窗口看懂孩子的行为和表达。其二，要了解四五岁的孩子画画的目的是什么。

首先，和家长们共同来聊聊艺术家的故事。这位个性张扬的美国艺术家，名叫杰克逊·波洛克。虽然他只活了四十几岁，但他的作品奠定了他在世界艺术史上抽象表现主义的先驱地位，如果不是酒后驾车，让他过早地去世，说不定他会有更多的突破和更高的造诣。他的作品自由奔放，震撼力强，打破画架上的美学创作，表现出更多的可能性，滴画法也由此产生。他创作时并没有提前画草图，而只是由一系列即兴的行动完成作品，把传统技法抛开，不管构图，不考虑构图中心与空间关系。对他而言，传统的绘画技巧不再重要，他摆脱一切束缚，追求极端的自由和开放。他用棍子、笔、颜料罐等作为创作工具材料，然后把颜料滴到或甩到地上的画布上，凭着直觉和经验在画布上作画。这些留在画布上纵横交错的颜料组成的图案，记录了他作画时的运动，看他的作品，可以直接看到他创作的运动状态。后人给他的创作形态命名为“行动绘画”。我们今天的课题，第一个任务，就是来体验一次行动绘画。尽管孩子们不知道行动绘画的具体含义和历史背景，针对这个年龄段的孩子也没必要刻意去讲解这些背景材料，但每个孩子天生就具备行动绘画的能力，我们只要提供一些机会与场地让他们没有拘束地去创作即可。

杰克逊·波洛克《海神的召唤》

其次，四五岁孩子，画画的目的是什么呢？他们是为了画一张漂亮的作品吗？如果家长们真的想了解孩子，就会发现他们根本不在意画出来的东西是不是漂亮。那这个年龄段的孩子在意什么、需要什么呢？他们在意绘画过程好不好玩，开心与否。基于低年龄段的儿童身心发展规律，孩子的手眼协调能力、造型能力、对作品的调控能力，都还处在比较初级的阶段，以画得“像不像”作为评判标准，显然还很不适宜。画得像有技术难度，那我们就从画得不像开始教他们，画得不像要具备哪些能力呢？这些能力，恰好就是孩子身心发展的真正需求，比如想象力的自由、表达的自信、尝试的胆量、基本的习惯。美术是一门包容性极强的学科，里面涵盖了目前所有已知和未知领域的学科知识，我们应该提供充足的条件让孩子们借助艺术的语言来多做一些尝试和体验，让他们敢想敢画。

第12课　LESSON 12　烟雾

材料准备

艾条、打火机、素描灯、可乐瓶（或者其他透明的容器）、素描纸、油画棒

年龄段
6～7岁

教学目标

1. 了解烟雾的形态，它是自由变化的。

2. 想象烟雾的色彩，并用自己的理解来表现。

教学过程

❶ 导入：体验

制造氛围：把教室灯关掉，拉上窗帘，尽可能地制造昏暗的环境，在角落里打开素描灯，光源朝下或者朝上都可以。点燃艾条，冒出烟雾即可。

观察：观察烟雾，如在无风的状态下，垂直上升的烟雾是什么形态？轻轻晃动手臂，烟雾会有什么变化？捏着艾条水平绕圈，烟雾状态又如何？可以试试用不同的方式观看烟雾的变化。

教学场景

提问：烟雾有没有形状呢？

（孩子的答案主要分为两种——有形和无形，分别让孩子简单地说明为什么无形，为什么有形。）

烟雾的无形和有形，都是存在的，无形的状态可以意会，有形的状态可直观感受。

感受烟雾的形状：可乐瓶去掉瓶盖倒立，将艾条靠近瓶口，让烟雾钻进瓶子里，直到浓度达到一定程度，瓶子里装满烟雾。

这时孩子们可以清楚地看到当有容器的时候，烟雾是有形状的。

闻：闻一闻烟雾的气味，试着联想一下可以用什么颜色来表示这些味道。

摸：烟雾升腾起来的时候，用手摸一摸，看看是否能摸到它。再把手掌摊开平放，逐步靠近烟雾的源头，看看它会产生什么变化，手又会有什么感觉。（*烟雾的浓度上升，会有轻微的触碰感，同时温度也会逐步上升。*）分别用什么色彩来表示呢？

2 创作

如何用油画棒的色彩来表现烟雾？

这没有标准答案，每个孩子根据自己感受到的烟雾状态，选择用某种颜色来表示内心的感受，都是可以的。

在创作过程中，孩子们可自创一些特别的表现技法，老师单独挑出作品，让其他的孩子都了解一下。

3 作品调整：一分钟作品欣赏时间，哪里还不够满意，就调整哪里，直到自己满意。

作品展示

胡党文　6 岁

罗子渊　6 岁半

袁若瑜　7岁

张一弛　6岁

鞠苇航　6岁

刘睿轩　7岁

彭浩然　6 岁

何欣原　7 岁

相关课题延伸

生活当中还有哪些事物和烟雾特别像，去找一找，看一看。

课后交流

这堂课的最终目的，是通过感官来感受烟雾的特性，并借助色彩来描述内心的感受。为什么要设计这堂课，我们接下来就来聊一聊。

色彩与感受，有很多相似之处，抽象但又具体存在，每个人都能感觉到，但要具体来描述又无处着手，意象就成了经常使用的一个概念，即意会之象。色彩需要载体来呈现，感受需要感官来捕捉，都需要一个渠道来外化才能呈现出来。色彩—感受—色彩，这是一个循环，从客观世界的色彩出发，寻得感受，再呈现内心的色彩。

我们做这样一个尝试，找一位身边的人，不要告诉对方你做什么，让他闭上眼睛，全身放松，你试着把手搓热，缓缓地贴在他后背上，让手掌的热量能够传递到他的背部。

问题一：请问你现在脑海中看到了一幅什么样的画面？请描述出来。

问题二：请用色彩来描述脑海里的画面，你看到了多少种色彩？

问题三：为什么会想到这些画面？

通过这个小尝试，实际就是通过触感的轻微刺激和提问，感受者形成了一系列的内心活动，产生和色彩有关的想象，这些想象有可能基于以往的经历或者知识经验，也可能基于凭空的想象，不论是何种原因，色彩通过感官刺激便形成了最后的画面。提升感官的敏锐度，打通事物与孩子内心之间的路径，是帮助孩子更好地了解世界、感受生活的方式之一。

随着全日制学习模式的诞生，学习的途径、方向、方法、目标都科学合理化了，学习频率和学习量的增加，往往让孩子们更集中和专注于老师传授和填鸭式学习这条路线，借助视觉和听觉来学习的理性知识日益增多，而综合感官需要的感性知识却往往被忽略，比如触觉、嗅觉、味觉、内心活动等，仅仅通过眼睛、耳朵获取信息和感受，对于提升孩子身心发展来说，作用是有限的。

要了解一个客观事物，途径有很多，不只有看和听。我曾经带着孩子们做过一个互动，蒙上眼睛，通过摸、闻、听、看的顺序，让他们把一堵简单的白墙描述得很有意思。在没有看到白墙的时候，孩子们所描述的词语是坚硬、光滑、冰凉，有的地方凹凸不平，灰尘的刺鼻味道、回响、隆隆声……得到了很多有意思的感受，取下眼罩让他们去看，就只剩白色这唯一视觉感受了。可见，不论看起来多么单调乏味的事物，只要真的打开感官去感受，也会变得有趣和丰富起来。

回归到自然界，和这堵白墙相比，简直就是一座宝库，淘不尽的惊喜，挖不完的乐趣。破碎的蜗牛壳，斑点甲虫，粗糙的树皮，蜿蜒的爬山虎藤蔓，水泥里的金毛的脚印，老砖墙断裂的糙面，缤纷的绣球花，草丛里掉落的毛桃，被毛毛虫啃掉一个角的梧桐叶……无数等着我们去发现的灵感就藏在其中，即便没有游乐场，没有电影院，没有乐高积木和机甲玩具，没有拼图和洋娃娃，自然界里也依然藏着令人心驰神往的精彩，等待着每一个人去发现它，并钻进他们内心里去。

生活和学习的快节奏和效率，太容易消耗心神，麻痹了伸向体外的触觉。让我们向往的精神乐园回到我们的生活里，别忘了打通事物与孩子内心之间的路径，是帮助孩子更好地了解世界、感受生活的方式之一。

第13课 LESSON 13 游戏盒子

材料准备

自制的方形纸盒、双面胶、剪刀、水彩笔、素描纸、正方形硬纸壳若干、贴好双面胶的纸条若干等

年龄段

5~6岁

教学目标

1. 简单了解正方体的制作过程。

2. 通过游戏，激发孩子们独立创造形象的兴趣。

3. 借助课堂作品进行亲子互动。

教学过程

❶ 导入：猜图游戏

游戏规则如下：请六个孩子分别在方形盒子的六个面画六个不同的图案，必须自己想象，且不能让别人知道自己画的什么。老师闭上眼睛背着所有人把画完的盒子抛出去，盒子的哪一面朝上？画这一面的孩子可以给三个提示，其他孩子根据提示来猜，猜中了即可过关，在孩子脸上贴一个纸条，没猜中画面，便在老师脸上贴一个小纸条。

（游戏要玩两轮，但不要让所有的孩子都玩到，留下一些玩的空间，让孩子充分地了解游戏规则，为最后的亲子游戏互动做铺垫。）

❷ 游戏道具制作

了解正方体的结构，把准备好的正方体拆解平摊，让孩子简单了解需要几个正方形才能拼成一个正方体。*（如图）*

将事先准备好的正方形硬卡片分发给每个孩子，并示范图①的正方形的摆放位置，其余的交给孩子们根据图形自由摆放，并将外轮廓勾勒出来。

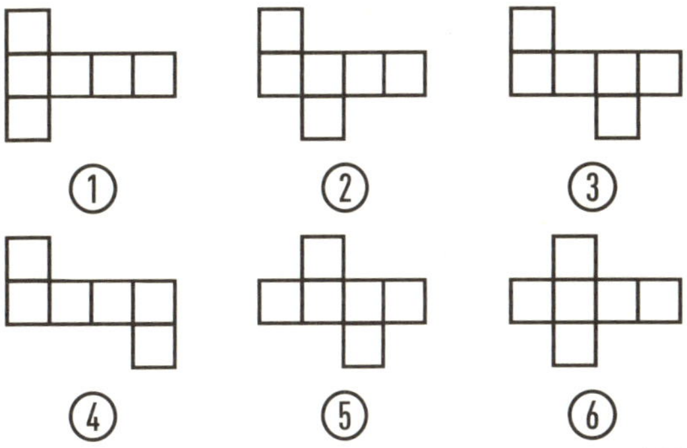

工具材料

给其中三个正方形装上两个半圆形“小翅膀”当作粘胶区，为最后的拼装做准备。*（见作品展示图）*

3 创作：在六个正方形中，让孩子们运用想象创造六种完全不同的形象。要求一：不能让别人知道自己创作的是什么，包括老师，留着惊喜到最后环节玩游戏。要求二：必须认真对待，不能为了赶快开始玩游戏而随意应付。

4 作品调整：给自己一分钟时间，看看还有什么好玩的想法没有画进去，同时不要让其他人一下子猜出来。

5 拼装：将所有“小翅膀”沿着边线朝未画画的一面折叠、贴胶，老师简单地示范如何拼贴第一步，其余步骤由孩子们自己操作。

亲子游戏时间：游戏盒子贴好之后，将事先准备的一些小纸条分发给孩子们，再次重申游戏规则，接下来便由孩子们自己去和家长进行亲子游戏喽。

作品展示

胡党文　5岁

李曦然　6岁

李易轩　6岁半

孙哲希　6岁半

于沂辰　6岁

教学总结

设计这类型的课题，尤其是在学龄前，就是要把“玩”这个字融合进去，借助我们的美术课，真正地从课堂里玩到课堂外，从老师玩到和孩子一起玩，从孩子玩到孩子和父母、朋友一起玩。孩子们的参与度都很高，基本上不需要进行课堂管理。可见，提高课堂乐趣，对教学是非常重要的。

相关课题延伸

这个游戏盒子，除开我们设定的游戏规则，还能用来怎么玩呢？

课后交流

❶ 一定要提醒家长积极参与和孩子的游戏互动。这类型的课题，课后需要交流的部分很少，更多时间和重点都在最后的亲子互动之中了。孩子在课堂里到底做了什么、想了什么、画了什么，在游戏互动中都体现得很清楚，老师无须再过多解释。

❷ 老师都不知道孩子创作了什么，家长如若对创作存疑，可以在游戏互动中了解，因为答案也在游戏中。这个部分之所以要求孩子保密，目的就是最后亲子互动，老师尽可能地把这部分的惊喜保留在最后，让家长成为了解孩子思考、想象的最直接见证者。老师只是创造更多的机会，让家长更好地了解这个阶段的孩子的创作，更注重兴趣的发掘和绘画的表达功能，别太急于求成，太早了，会得不偿失。

第 14 课　LESSON 14

感受恐怖

材料准备

油画棒、彩砂纸、干净的大头针（最好用酒精棉消消毒）

年龄段

7～9 岁

教学目标

1. 通过有效合理的情景设置，在不伤害孩子身心健康的前提下，体验“恐怖”带来的感受和情绪。

2. 用想象来创作，表达对“恐怖”的理解和思考。

教学过程

① 导入：情景设定

准备工作和要求：

不要告知孩子我们接下来的目标是什么，留有悬念。但是提前跟每个孩子打好预防针，接下来不论发生什么事情，都不能睁开眼睛，违规的孩子，请立马退出游戏。*（得严格执行哟，否则会失效，达不到最后的效果。）*

游戏步骤：

第一轮：老师提前告知会轻声数 30 个数字，边数边缓缓巡场，拿出事先准备好的大头针，随机挑选两三个孩子，用大头针轻碰一下露出来的手指，手臂，或者脖子，切记不要太用力伤到孩子，只要有轻微的刺痛感即可，直到 30 个数字数完。

（自由讨论感受，此时可以亮出大头针，让孩子知道扎人的道具是什么。）

第二轮：步骤与要求同第一轮一样。老师开始缓缓地数数，并且适当地凑近一些孩子的耳边数，有时候路过孩子身后，有时候在某个胆小害怕的孩子身后多数几个数字，故意制造一些紧张的恐怖气氛。

数字数完，趁着孩子们大舒一口气之际，老师立马提问。

问题一：说一说，第二轮游戏时你们各自心里都是什么感受。（*孩子们自由回答。*）

问题二：每个人玩游戏都有自己的体会，比如恐怖、害怕、紧张……那根据这些感觉，你们分别想到了什么？（*要求这个问题的答案不要说出来，你自己想到就可以创作了，让我们后面猜一猜你想象出来的是什么。*）

❷ 创作

（*孩子们创作时当然也会遇到个别孩子感受比较弱，或者没有头绪的情况，这个时候建议老师私下辅导，小声讨论一下恐怖的感受到底是什么，带着他们去联想一下跟恐怖有关的事物，它们的状态、颜色等，根据孩子的答案可以适当地给一些提示。*）

❸ 作品调整：一分钟作品评析时间，作品完成即可收拾工具结束。

作品展示

朱亚聃　8 岁半

饶诗云　9 岁

王嫣然　9 岁

瞿振轩　8 岁

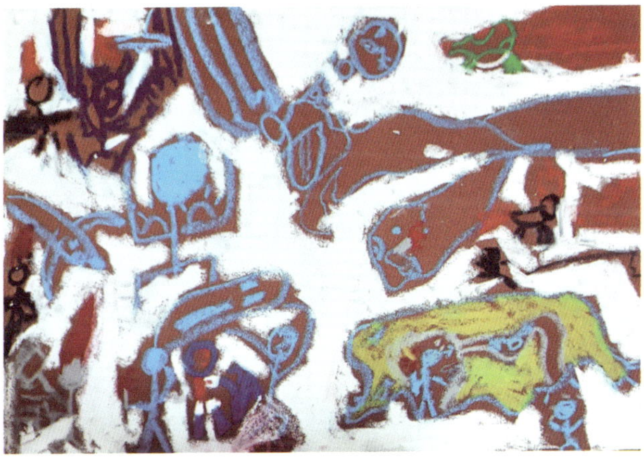

刘仕禹　7 岁

易洲成　9 岁

相关课题延伸

在日常生活中，我们学会去收集一些负面情绪的感受。比如生气发火、委屈、着急……适度用语言来描述，做做比喻、拟人等口头语言练习。如果有时间，孩子们可以自己随手画画这些情绪。

课后交流

1 把“恐怖”带进课堂，是否合适？

美术的包容性很强，我们所经历的一切，所处的环境，一切都客观存在，孩子们内心的情绪、思考、想象等一切主观意识，也都在美术课堂的表现题材范围之内。就如同儿童电影中也同样会涉及一些生老病死和残酷现实，会触及一些美好之外的部分。事物都有两面性，光明与黑暗同时都存在，适度地了解一些黑暗的部分，在不影响孩子身心健康发展的前提下，是很有帮助的。怎么设计课、怎么激发出感受、怎么解读很重要。比如葫芦兄弟，美好的解读方式，是葫芦兄弟们团结起来，通过智慧、勇气和力量营救爷爷，最终打败了蛇精。如果真的要从不美好的角度去看待这个故事，也可以发现蛇精十分狠毒和残忍，葫芦兄弟只能用以暴制暴的方式来对付。我们经常会陷入一些约定俗成的观念之中，把好和坏对立起来，把正面和负面的分裂开来看，以致急于做判断、下定论，认定这就是不好的。就比如家长看孩子的行为，做事着急，风风火火，看起来潦草马虎，于是想尽办法让孩子慢下来，工整起来，但我们从这个行为的反面来看会发现，做事着急，风风火火的孩子，最大的优点是果断、干脆、迅速不犹豫，想到什么就立马去执行，是不是这么解读起来，它们便成了优点了呢？这可是很多做事磨蹭、慢慢吞吞、优柔寡断、犹豫不决的孩子的父母求都求不来的优点呢。

所以没有是否适合的问题，只有我们怎么看待万事万物的问题，你看得到光亮，世界就一直有光，只看得见黑暗，再大的火把，也照不亮前面的路。

❷ 怎么理解最后呈现出来的作品？

在理解作品之前，我们先来看看这次的课题——恐怖。这是一个很抽象的词，表示内心的害怕、畏惧、紧张等。抽象的词汇，往往没有明确地表示出其具体的模样，不直观，看不见，具体来形容就更加难上加难了，况且没有衡量标准，每个人内心的感受又完全不同，程度也各异。

既然如此，那在理解作品之前，每位家长得先做好一个准备，即不带自己的标准去看作品，在不了解自己的孩子如何创作、如何理解、如何表达的前提下，不要做评价与判断，先静静地聆听，听出什么感受都有可能。

至于孩子的作品是否符合审美的需求，这个没有人能确定，欣赏不了，理解不了，不要紧，我们试着去接受，为什么？因为如果真的对艺术深入了解的话，我们会发现每个孩子的多种可能性，这都有可能是他们在尝试新的艺术表现方法。比如画得看起来乱糟糟的，我们去看看德·库宁、波洛克的作品；画得形象变形了，我们去看看米罗的作品，米罗大师的画面中几根线条画得跟三四岁的小孩一样，歪七扭八的；再看看克莱因、康定斯基、蒙德里安等大师的作品，我们会明白在艺术的世界里，真的只有想不到的，没有表现不出的。

看孩子的作品也一样，理解不了的时候，选择相信并不难，要知道他依旧是个孩子，愿意把这样的思考用自己的理解呈现出来，已经难能可贵了。技法上不纯熟，那是必然现象，让孩子从小独立思考并用艺术思维表达内心感受才是我们艺术教育的目标。

第 15 课　LESSON 15　从涂鸦开始的故事

材料准备

对开素描纸、墨水、油画棒、水粉颜料、刷子、水桶等

年龄段

8～9 岁

教学目标

1. 重新大胆地玩一玩涂鸦，并在涂鸦产生的各种痕迹基础上，进行借形联想。

2. 大胆地运用色彩，与想象进行结合，表达自己的思考。

3. 挑战是否能坚持完成一张大尺幅的作品。

教学过程

单元课第一课——涂鸦

① 导入

师：今天我们来玩一个没有什么目的的游戏，这个游戏我不知道要画什么。

生：那我们就一顿乱玩。

师：这个还真的可以，不过鉴于你们的爆发力都很强，如果真的一顿乱玩，我怕我的小心脏受不了。提一个要求：给你们三种工具材料——大白纸、刷子、墨水，在这张大白纸上随你们怎么玩。

生：那我们就一顿乱刷。

师：你们真的确定吗？好，那就自己去准备好工具，找好位置，一人一张，开始吧。

孩子们分别准备好一个清水桶和一个装有墨水的桶，准备开始。（*嘴上说得很有底气，到了真正开*

始涂鸦时，孩子们又都犹豫不决，不知道如何开始。）

② 涂鸦

老师方法提示：缓慢深呼吸，放松身体，让自己安静下来。先看好纸张的边缘位置，将刷子蘸上墨，再闭上眼睛，拿着刷子开始在纸上缓慢游走，你愿意往哪个方向，就朝哪里去，你想在什么地方停，就在什么地方停，你想在什么地方转几个圈，来回动一动，刷一刷，就在什么地方自己多玩一会儿。如果刷子提起来了，也不必担心，重新开始就可以了，不用去管之前画成了什么样子。

创作场景

按着这个步骤，孩子们开始涂鸦。*（这个过程中孩子总会偷看别人的作品，老师就假装没看见。）*

③ 调整：睁开眼睛，看看自己画面中哪里别扭，就去调整哪里，调整到看着不别扭为止。

④ 课后提示

师：这张涂鸦，等颜色干了，得好好收藏起来，等到下一堂课，我们要在这张纸上来玩新的游戏哦。

单元第二课、第三课——借形联想

① 导入

师：这堂课我们开始做第二个游戏，名字叫“考考你的眼力”，就是在上堂课你们画的那些看起来乱七八糟的黑墨纸上找影子，看看你能找出多少东西的影子来。

生：这还不容易，我现在就看到了许多影子。

师：嘘，我还没说完呢，要求是不能全都说出来，你说出来了，大家不都知道了吗？我们要制造点惊喜，最后让看画的人来猜里面有些什么，这才有意思。不然像我这样看着你们画完的，就完全没兴趣再看你们的作品喽。

师：能找出各种影子的同学举手示意一下，我们就可以开始下一步了。*（老师对未举手的孩子课后单独再跟进，带着他们找一找。）*

② 创作：借形联想

第一步：根据你们找出来的影子，先试着用你们喜欢的颜色表示出来，一种颜色还是几种颜色，根据自己的需要来即可。

第二步：根据影子和颜色表示出来的不同形态，进行发散性联想，你们联想到什么，就用色彩表现出来。

3 调整：这两次课是在不断的创作过程中，保持以离画一米的距离反复地进行赏阅与思考，画面上是否还有新的想法可以继续深入表现，哪里还不够满意，随时进行调整。

单元课第四课——水粉色彩，油水分离

1 总结和分析前三次课的作品呈现状态，给孩子们二十分钟时间，让他们继续调整和完成作品，可以用油画棒表现出联想的部分。

2 导入：环境与氛围

这些故事发生在什么样的环境里、什么样的氛围下，我们用色彩可以怎么表现呢？

3 使用油水分离法，用色彩大胆地表现氛围。

4 调整：自我观察和调整画面。

作品展示

欧宇哲　8岁半

邱锴霖　8岁

邹书北　8岁半

相关课题延伸

借形联想：去找一找旧墙上、路面上剥落、变色、被水泡过的痕迹等，或者观察天空中变化的云层，看看能发现什么形象，能展开什么想象。

课后交流

① 一堂课完成一张作品是否合理？（创作规律与创作的持续性）

相信很多家长都会疑惑，为什么我们经常会花几周甚至更多的时间来创作一张作品，而不是每堂课都有作品出现？在回答这个问题之前，我们要先了解的是艺术创作周期的规律是什么样的。借用量子力学中的一个定律——测不准定律，来描述艺术创作周期的规律再合适不过了。最客观的、科学的艺术创作周期的规律就是没有规律。每个人的创作习惯、思维方式都不同，灵感来得很微妙，并不是每时每刻都存在的，因人而异也就成了每个艺术创作者创作的常态。真正有价值的艺术创作，我们是摸不准到底需要多久的创作期的，比如国画大师齐白石，灵感来了，几分钟就可以挥洒出一张作品。而意大利绘画大师达·芬奇的《蒙娜丽莎》却整整画了四年。所以，表现手法的差异、情感表现的独特性、媒材的特质等都会与每一个创作者发生神奇的反应，从而出现完全无法统一的恒定的创作状态，即便面对相同的题材，也不例外。

以此为前提，我们回到孩子们的创作。真正符合孩子身心发展规律的创作，应是从相同的点出发，每个孩子都有选择，根据自己的思考来选择创作节奏，可快可慢，深入表现的方向也不尽相同，所以在这四次课的创作中，有的孩子到第三次课就已经进入创作收尾环节，有的孩子还在不断地讲着故事。

这么设计课题，适度把创作周期拉长，时间更宽裕。一是孩子们彼此创作是独立的，没有横向比较的可能性，无形中就帮助孩子放松了心里的防备，不会因为时间不够画不完，而造成心理负担。二是创作需要持续性。当下我们的艺术学习环境都是课时制，在相应的时间内完成教学任务和学习任务，这么设计是应管理需求和市场需求而产生的，从而把艺术创作的客观规律给掩盖住了。一节课完成一张作品，是一种错误的艺术创作观念，完全违背了本源，我们的孩子不应当被这种不恰当的创作意识给蒙住。

真正有价值的课程设计，理应帮助孩子建立起正确的创作意识形态。也许有人会说，万一孩子用创作周期没有固定规律来当成偷懒的借口呢？如果真的出现这类情形，我们应当找的就是自己的问题了。根源肯定出在课程设计上，我们没有能力把孩子的兴趣调动起来，把思考激活，引导他们去寻找创作灵感，那谈创作规律，也就是无稽之谈了。

② 综合材料的作用。在美术创作中，即便是同一张作品，也可以融合很多种不同的媒材，这也是现当代艺术创作很重要的一个方向。多了解不同媒材的特性，做些不同媒材融合的尝试，多一些不同视角的感受与思考，激发些新的火花，所以，综合媒材的运用，也成为当下少儿美术教学当中很重要的一个区块。比如我们这次的课题，水粉和油画棒的综合运用，借助油水分离的方法，最终呈现出的质感和肌理，是很有意思的。

版编目（CIP）数据

溢课堂 / 吴林，孙智明主编. 一长沙：湖南美术出版社，2019.7

ISBN 978-7-5356-8885-9

Ⅰ. ①溢… Ⅱ. ①吴… ②孙… Ⅲ. ①美术课－学前教育－教学参考资料 Ⅳ. ① G613.6

中国版本图书馆 CIP 数据核字 (2019) 第 183530 号

溢课堂

YI Ketang

游戏与绘画的对白

出 版 人：黄 啸

主　　编：吴 林　孙智明

编　　著：罗 晋

责任编辑：吴海恩

装帧设计：格局视觉 Gervision

责任校对：伍 兰

出版发行：湖南美术出版社

（长沙市东二环一段 622 号）

经　　销：湖南省新华书店

印　　刷：长沙新湘诚印刷有限公司

（长沙市开福区伍家岭街道新码头 9 号）

开　　本：889mm×1194mm　1/16

印　　张：32.25

版　　次：2019 年 7 月第 1 版

印　　次：2019 年 7 月第 1 次印刷

书　　号：ISBN 978-7-5356-8885-9

定　　价：196.00 元（共七册）

邮购联系：0731-84787105　邮编：410016

网　　址：http://www.arts-press.com/

电子邮箱：market@arts-press.com

如有倒装、破损、少页等印装质量问题，请与印刷厂联系调换。联系电话：0731-84363767